世界武器鉴赏系列

世界名枪
鉴赏指南
（珍藏版）
★ 第 3 版 ★

《深度军事》编委会 编著

清华大学出版社
北京

内 容 简 介

本书在第2版的基础上进行了精心修订，使其内容更新、更全，设计更美观。与第2版相比，本书删除了少数老旧的枪械，同时新增了多种新式枪械，并替换了一些质量较差的配图，补充了观赏性较强的精美大图。本书所收录的300余种枪械，均对研制厂商、制造数量、服役时间、主要结构、作战性能等内容进行了详细介绍，并配有详细而准确的参数表格。

本书紧扣军事专业知识，让读者不仅能熟悉武器历史，而且可以了解枪械的作战性能，特别适合用作广大军事爱好者的参考资料和青少年科普学习入门读物。

本书封面贴有清华大学出版社防伪标签，无标签者不得销售。
版权所有，侵权必究。举报：010-62782989，beiqinquan@tup.tsinghua.edu.cn。

图书在版编目(CIP)数据

世界名枪鉴赏指南：珍藏版 / 《深度军事》编委会编著. —3版. —北京：清华大学出版社，2020.5（2025.6 重印）
（世界武器鉴赏系列）
ISBN 978-7-302-54772-3

Ⅰ. ①世… Ⅱ. ①深… Ⅲ. ①枪械—世界—指南 Ⅳ. ①E922.1-62

中国版本图书馆CIP数据核字(2020)第013218号

责任编辑：李玉萍
封面设计：郑国强
责任校对：张彦彬
责任印制：刘 菲

出版发行：清华大学出版社
   网　　址：https://www.tup.com.cn，https://www.wqxuetang.com
   地　　址：北京清华大学学研大厦A座　　邮　编：100084
   社 总 机：010-83470000　　邮　购：010-62786544
   投稿与读者服务：010-62776969，c-service@tup.tsinghua.edu.cn
   质量反馈：010-62772015，zhiliang@tup.tsinghua.edu.cn
印 装 者：北京联兴盛业印刷股份有限公司
经　　销：全国新华书店
开　　本：146mm×210mm　　印　张：12.75　　字　数：326千字
版　　次：2014年6月第1版　2020年6月第3版　　印　次：2025年6月第14次印刷
定　　价：69.00元

产品编号：085986-01

丛书序 FOREWORD

当今世界正处于大变革时期，美苏争霸的两极格局已经终结，新的世界格局尚未形成。西方大国都在进行自二战以来最深刻、最广泛的军事战略调整。其共同的趋势是：在加强威慑和保持军事实力的基础上，由过去准备打世界性战争转为重点应付区域性冲突；由过去强调军事安全转为以经济安全为主的全方位安全政策。由于各国、各地区之间在经济上的相互依存加强，国际经济竞争日趋激烈，世界安全和国家利益均与经济密切相关，在综合国力的较量中经济因素的作用相对突出。然而，无论世界形成怎样的新秩序，军事实力仍将是一个国家综合国力的重要组成部分。

俗话说："国无防不立，人无兵不安"。一个国家的强大和安全，离不开军人的无私奉献，他们用汗水与鲜血浇灌出了一个国家强大的国防力量。不过，国家安全并不只是军人的责任，国防建设也需要人民群众的共同努力。对于人民群众来说，参与国防建设最基本的方式是增强自己的国防意识和国防精神，而最简单有效的方式是阅读军事科普图书。与其他军事强国相比，我国的军事图书在写作和制作水平上还存在许多不足之处。以全球权威军事刊物《简氏防务周刊》为例，其信息分析在西方媒体和政府中一直被视为权威，其数据库被各国政府和情报机构广泛购买。而由于种种原因，我国的军事图书在专业性、全面性和影响力等方面还存在许多不足之处。

为了给广大军事爱好者提供一套全面而专业的兵器科普图书，并为广大青少年提供一套通俗易懂的军事入门读物，我们精心编撰了"世界武器鉴赏系列"图书，其内容涵盖飞机、舰船、单兵武器、特种作战装备、枪械、坦克与装甲车等。本丛书于2014年上市后取得了不错的销售成绩，也收到了不少热心读者的反馈意见。

2017年，我们对第1版进行了精心修订，虚心接受了广大读者朋友的宝贵意见，推出了内容更新、更全的第2版。不过，由于军事知识更新较快，在近两年里出现了不少新式武器，而一些现役的武器也在不断发生变化。为了将"世界武器鉴赏系列"打造成经久不衰的兵器科普图书，我们决定再次作出修订，进一步提升图书的质量。与第2版相比，第3版删除了少数老旧的武器，同时新增了多种新式武器，并对第2版的一些过时信息进行了更新，删除了阅读价值不大的"研发历史"部分。此外，一些清晰度不高、构图不严谨的配图也被替换，并额外补充了不少精美图片。

本丛书由国内资深军事研究团队编写，力求内容的全面性、专业性和趣味性。我们在吸收国外同类图书优点的同时，还加入了一些独特的表现手法，努力做到化繁为简、图文并茂，以符合国内读者的阅读习惯。本丛书内容丰富、结构严谨，在带领读者熟悉武器历史的同时，还可以提纲挈领地了解各种武器的作战性能。在武器的相关参数上，我们参考了武器制造商官方网站的公开数据，以及国外的权威军事文档，做到有理有据。每本图书都有大量的精美图片，配合别出心裁的排版，具有较高的观赏性和收藏价值。

本丛书由《深度军事》编委会创作，参与本丛书编写的人员还有黄成、阳晓瑜、陈利华、高丽秋、龚川、何海涛、贺强、胡姝婷、黄启华、黎安芝、黎琪、黎绍文、卢刚、罗于华等。在本丛书的编写过程中，我们在内容上进行了去伪存真的甄别，让内容更加符合客观事实，同时全书内容经过了严格的筛选和审校，力求尽可能准确与客观，便于读者阅读参考。

前言 PREFACE

  枪械通常是指利用火药燃气能量发射子弹的一种射击武器，以打击无防护或弱防护的有生目标为主，是步兵的主要武器，也是其他兵种的辅助武器。在人类过去数百年的战争里，枪械都扮演了非常重要的角色。早期的枪械因射速慢、精度差、对射击姿势限制很大，所以它只是继承了弩的地位，并没有取代矛、剑等格斗武器，也没能取代弓箭。因此，14世纪到19世纪前期通常被称为火器与冷兵器并用时代。

  到了19世纪，随着枪械技术的不断发展，冷兵器开始走向衰落。在19世纪中期的多场战争中，如美墨战争、南北战争、普丹战争、普奥战争、普法战争、北美印第安战争等，枪械首次发挥其压倒性的战斗力，把以往枪械和冷兵器并用的战争模式彻底改变，世界各国争相开发和购置新式枪械。19世纪末开始，枪械的各项技术日趋成熟，小型速射枪械已经包办了近战在内的几乎所有人对人的战斗。为了应付枪林弹雨的威胁，战车也开始出现，反过来促成了比传统枪械更具单发破坏力的广义轻武器的出现，也开始超越了狭义枪械的境界。20世纪上半叶的两次世界大战，也不断催化各类枪械的发展。时至今日，尽管各种高科技武器不断出现，但枪械仍然在现代军队中占据着重要位置。

  手枪，是单人使用的自卫武器，它能以其火力杀伤50米距离内的有生目标。手枪由于短小轻便，携带安全，能突然开火，一直被世界各国军队和警察，主要是指挥员、特种兵以及执法人员等大量使用。随着技术的进步，手枪经过长期的演变过程，已经发展为种类繁多的现代手枪家族，并且性能和威力都有大幅提高。

冲锋枪，泛指使用手枪子弹的连发枪械，冲锋枪的设计者对这种武器的共同设计诉求为"轻便"及"全自动射击"。冲锋枪是介于手枪和机枪之间的武器，比步枪短小轻便，便于突然开火，射速高，火力猛，适用于近战或冲锋。

步枪，是现代步兵的基本武器装备。它主要用于发射步枪弹，杀伤暴露的有生目标，有效射程一般为400~1000米；也可用刺刀、枪托进行格斗；有的还可发射枪榴弹，具有点面杀伤和反装甲能力。

霰弹枪，是指无膛线（滑膛）并以发射霰弹为主的枪械。有一些霰弹枪为了提高精准度（发射独头弹时）会更换有膛线的枪管。一般外形和大小与步枪相似，但明显区别是有大口径和粗大的枪管，部分型号无准星或标尺。霰弹枪火力大、杀伤面宽，是近战的高效武器，已被各国军队和警察部队广泛采用。

机枪，主要发射步枪弹或更大口径的子弹，能快速连续射击，以扫射为主要攻击方式，透过密集的弹雨杀伤对方有生力量（步兵、骑兵）、无装甲车辆或轻装甲车辆，以及飞机、船艇等技术兵器。

通过阅读本书，你会对世界枪械有一个全新的了解。由于时间和编者经验有限，书中难免有疏漏和不足之处，恳请专家和读者不吝赐教。读者可以通过扫码下方的二维码获取本书赠送的写真图片等资源。

目录 CONTENTS

Chapter 01 枪械漫谈 1
    枪械发展史 2
    枪械的分类 4

Chapter 02 手枪 9
    德国鲁格 P08 手枪 10
    德国毛瑟 C96 手枪 11
    德国瓦尔特 PP/PPK 手枪 12
    德国瓦尔特 P38 手枪 13
    德国毛瑟 HSC 手枪 14
    德国瓦尔特 P1 手枪 16
    德国 HK 4 袖珍手枪 17
    德国 HK VP70 手枪 18
    德国 HK P7 手枪 19
    美国 M1911 手枪 20
    德国 HK USP 手枪 21
    德国瓦尔特 P99 手枪 23
    德国 HK Mk 23 Mod 0 手枪 24
    德国 HK 45 手枪 25

德国 HK P2000 手枪 ... 27
德国瓦尔特 PPQ 手枪 ... 28
美国 FP45 "解放者" 手枪 ... 29
美国柯尔特 "蟒蛇" 左轮手枪 ... 30
美国史密斯 – 韦森 M60 手枪 ... 31
美国 Bren Ten 手枪 ... 32
美国 Grizzly 手枪 ... 34
美国柯尔特 M45A1 手枪 ... 35
美国 M9 手枪 ... 36
美国 MEU(SOC) 手枪 ... 38
美国史密斯 – 韦森 M1076 手枪 ... 40
美国鲁格 P85 手枪 ... 41
美国 PMR–30 手枪 ... 42
美国史密斯 – 韦森 M500 手枪 ... 43
美国鲁格 Alaskan 左轮手枪 ... 44
美国泰瑟枪 ... 45
美国鲁格 P345 手枪 ... 46
俄罗斯 TT–30 手枪 ... 47
俄罗斯 APS 斯捷奇金手枪 ... 48
俄罗斯 Baikal MCM 手枪 ... 49
俄罗斯马卡洛夫 PM 手枪 ... 49
俄罗斯 SPP–1 手枪 ... 51
俄罗斯 PSM 手枪 ... 52
俄罗斯 TP82 手枪 ... 53
俄罗斯 PSS 微声手枪 ... 54
俄罗斯 MP–443 手枪 ... 55
俄罗斯 SR1 "维克托" 手枪 ... 56
俄罗斯 GSh–18 手枪 ... 57
俄罗斯 DOG–1 手枪 ... 58

比利时 FN M1900 手枪 59
比利时 FN M1903 手枪 60
比利时 FN M1906 手枪 61
比利时 FN 57 手枪 63
意大利伯莱塔 M1934 手枪 64
意大利伯莱塔 92 手枪 65
意大利伯莱塔 93R 手枪 66
意大利伯莱塔 92S 手枪 67
意大利伯莱塔 90TWO 手枪 68
奥地利斯泰尔 GB 手枪 69
奥地利格洛克 17 手枪 70
奥地利格洛克 20 手枪 71
奥地利斯泰尔 TMP 手枪 72
瑞士 SIG Sauer P220 手枪 73
瑞士 SIG Sauer P230 手枪 74
瑞士 SIG Sauer P229 手枪 75
瑞士 SMG 迷你手枪 76
瑞士 SIG Sauer P239 手枪 77
瑞士 SIG Sauer SP2022 手枪 78
以色列 "沙漠之鹰" 手枪 79
以色列杰里科 941 手枪 80
捷克共和国 Vz.61 冲锋手枪 81
捷克共和国 CZ-52 手枪 82
捷克共和国 CZ-83 手枪 83
捷克共和国 CZ-110 手枪 84
西班牙阿斯特拉 M400 手枪 85
西班牙阿斯特拉 M600 手枪 86
波兰 ViS wz.35 手枪 87
波兰 P64 手枪 88

南斯拉夫 CZ99 手枪 89
巴西 PT945 手枪 90
韩国大宇 K5 手枪 91
加拿大 P14-45 手枪 93
乌克兰 Fort-12 手枪 94
美国 ASP 手枪 95
比利时 FN FNS 手枪 96
美国春田 XD-S 手枪 97
美国 STI 5.0 手枪 98
美国柯尔特"巨蟒"左轮手枪 99
美国史密斯 – 韦森 M29 左轮手枪 100
俄罗斯纳甘 M1895 左轮手枪 101
意大利齐亚帕"犀牛"式左轮手枪 102

Chapter 03　冲锋枪 103

美国 M3 冲锋枪 104
美国汤普森冲锋枪 105
美国 Vector 冲锋枪 106
英国斯登冲锋枪 108
俄罗斯 PPD-40 冲锋枪 109
俄罗斯 PPSh-41 冲锋枪 110
俄罗斯 KEDR 冲锋枪 111
俄罗斯 PP-2000 冲锋枪 112
德国 MP18 冲锋枪 113
德国 MP40 冲锋枪 114
德国 MP5 冲锋枪 115
德国 HK MP7 冲锋枪 116
德国 HK UMP 冲锋枪 118
法国 MAT-49 冲锋枪 119

比利时 FN P90 冲锋枪 120

以色列乌兹冲锋枪 122

南非 BXP 冲锋枪 123

英国斯特林 L2A3 冲锋枪 124

意大利伯莱塔 M12 冲锋枪 125

奥地利斯泰尔 TMP 冲锋枪 126

亚美尼亚 K6-92 冲锋枪 127

芬兰索米 M1931 冲锋枪 128

波兰 PM-63 冲锋枪 129

美国 MAC-10 冲锋枪 130

捷克斯洛伐克 ZK 383 冲锋枪 131

韩国 K7 冲锋枪 133

Chapter 04 步枪 134

美国 AR-15 突击步枪 135

美国 AR-18 突击步枪 136

美国 M16 突击步枪 137

美国巴雷特 REC7 突击步枪 138

俄罗斯 AK-47 突击步枪 139

俄罗斯 AKM 突击步枪 140

俄罗斯 TKB-022 突击步枪 142

俄罗斯 AK-74 突击步枪 143

俄罗斯 AK-101 突击步枪 144

俄罗斯 AK-102 突击步枪 146

俄罗斯 AK-103 突击步枪 147

俄罗斯 AK-104 突击步枪 148

俄罗斯 AK-105 突击步枪 149

俄罗斯 AK-107 突击步枪 150

俄罗斯 SR-3 突击步枪 151

俄罗斯 9A-91 突击步枪 ………………………………… 152
俄罗斯 AN-94 突击步枪 ………………………………… 153
俄罗斯 AK-9 突击步枪 …………………………………… 154
俄罗斯 AK-12 突击步枪 ………………………………… 155
德国 StG44 突击步枪 …………………………………… 156
德国 HK G3 突击步枪 …………………………………… 157
德国 HK G36 突击步枪 ………………………………… 158
德国 HK416 突击步枪 …………………………………… 159
法国 FAMAS 突击步枪 ………………………………… 161
奥地利 AUG 突击步枪 ………………………………… 163
瑞士 SIG SG550 突击步枪 ……………………………… 165
比利时 FN FNC 突击步枪 ……………………………… 166
比利时 FN F2000 突击步枪 …………………………… 167
比利时 FN SCAR 突击步枪 …………………………… 168
意大利 AR70/90 突击步枪 ……………………………… 170
捷克共和国 Vz.58 突击步枪 …………………………… 171
捷克共和国 CZ-805 Bren 突击步枪 …………………… 172
以色列加利尔突击步枪 …………………………………… 173
加拿大 C7 突击步枪 …………………………………… 174
阿根廷 FARA-83 突击步枪 …………………………… 175
墨西哥 FX-05 突击步枪 ………………………………… 176
南非 R4 突击步枪 ……………………………………… 177
南非 CR-21 突击步枪 ………………………………… 178
克罗地亚 VHS 突击步枪 ……………………………… 179
日本丰和 89 式突击步枪 ……………………………… 181
韩国 K2 突击步枪 ……………………………………… 182
瑞典 AK 5 突击步枪 …………………………………… 183
乌克兰 Fort-221 突击步枪 …………………………… 184
乌克兰 Vepr 突击步枪 ………………………………… 185

- 美国雷明顿 M1903A4 狙击步枪 186
- 美国雷明顿 M40 狙击步枪 187
- 美国 M21 狙击手武器系统 188
- 美国麦克米兰 TAC-50 狙击步枪 189
- 美国雷明顿 M24 狙击手武器系统 190
- 美国 M25 轻型狙击步枪 191
- 美国巴雷特 M82 狙击步枪 193
- 美国奈特 SR-25 半自动狙击步枪 194
- 美国巴雷特 M107 狙击步枪 195
- 美国巴雷特 XM109 狙击步枪 197
- 美国巴雷特 M98B 狙击步枪 198
- 美国巴雷特 M95 狙击步枪 199
- 美国巴雷特 M99 狙击步枪 200
- 美国阿玛莱特 AR-50 狙击步枪 201
- 美国阿玛莱特 AR-30 狙击步枪 202
- 美国风行者 M96 狙击步枪 203
- 美国哈里斯 M96 狙击步枪 204
- 美国 CheyTac M200 狙击步枪 205
- 美国雷明顿 R11 RSASS 狙击步枪 206
- 美国巴雷特 XM500 半自动狙击步枪 208
- 美国奈特 M110 半自动狙击手系统 209
- 美国 SRS 狙击步枪 211
- 美国巴雷特 MRAD 狙击步枪 212
- 美国雷明顿 MSR 狙击步枪 213
- 美国雷明顿 XM2010 狙击步枪 214
- 俄罗斯莫辛-纳甘 M1891/30 狙击步枪 215
- 俄罗斯 SVD 狙击步枪 216
- 俄罗斯 SVDK 狙击步枪 218
- 俄罗斯 VSS 微声狙击步枪 219

俄罗斯 OSV-96 狙击步枪 ………………………………… 220
俄罗斯 SVU 狙击步枪 ……………………………………… 221
俄罗斯 VSK-94 微声狙击步枪 …………………………… 222
俄罗斯 SV-98 狙击步枪 …………………………………… 223
俄罗斯 KSVK 狙击步枪 …………………………………… 225
俄罗斯 VKS 狙击步枪 ……………………………………… 226
英国 No.4 Mk I (T) 狙击步枪 …………………………… 227
英国 L42A1 狙击步枪 ……………………………………… 228
英国帕克黑尔 M82 狙击步枪 …………………………… 229
英国帕克黑尔 M85 狙击步枪 …………………………… 230
英国 PM 狙击步枪 ………………………………………… 231
英国 SA80 突击步枪 ……………………………………… 232
英国 AW 狙击步枪 ………………………………………… 233
英国 AW50 狙击步枪 ……………………………………… 234
英国 AS50 狙击步枪 ……………………………………… 235
英国 AE 狙击步枪 ………………………………………… 236
德国 PSG-1 狙击步枪 …………………………………… 237
德国 MSG90 狙击步枪 …………………………………… 238
德国 SP66 狙击步枪 ……………………………………… 239
德国 WA 2000 狙击步枪 ………………………………… 240
德国 G3SG/1 狙击步枪 …………………………………… 242
德国 SL9SD 狙击步枪 …………………………………… 243
德国 DSR-1 狙击步枪 …………………………………… 244
德国 SSG-82 狙击步枪 …………………………………… 245
德国 86SR 狙击步枪 ……………………………………… 246
德国 R93 战术型狙击步枪 ……………………………… 247
法国 FR-F1 狙击步枪 …………………………………… 248
法国 FR-F2 狙击步枪 …………………………………… 249
法国 PGM Hecate II 狙击步枪 ………………………… 250

奥地利 SSG 69 狙击步枪 251
奥地利 Scout 狙击步枪 253
奥地利 SSG 04 狙击步枪 254
奥地利 HS50 狙击步枪 255
奥地利 TPG-1 狙击步枪 256
瑞士 SSG 2000 狙击步枪 257
瑞士 SSG 3000 狙击步枪 258
瑞士 B&T APR 狙击步枪 259
比利时 FN30-11 狙击步枪 261
比利时 FN SPR 狙击步枪 262
比利时 FN 弩炮狙击步枪 263
捷克共和国 CZ700 狙击步枪 264
以色列 SR99 狙击步枪 265
以色列 M89SR 狙击步枪 266
芬兰 Sako TRG 狙击步枪 267
加拿大 C14 MRSWS 狙击步枪 268
南非 NTW-20 狙击步枪 269
南斯拉夫 Zastava M76 狙击步枪 270
南斯拉夫 Zastava M91 狙击步枪 271
匈牙利 Gepard 狙击步枪 272
阿塞拜疆 Istiglal 狙击步枪 273
波兰 Bor 狙击步枪 273
波兰 Alex 狙击步枪 274
克罗地亚 RT-20 狙击步枪 275
挪威 NM149S 狙击步枪 275
日本九七式狙击步枪 276
日本九九式狙击步枪 277
美国 M1 "加兰德" 半自动步枪 278
美国 M14 自动步枪 279

美国 M14 DMR 狙击步枪 280
美国 M39 EMR 半自动步枪 281
美国 SAM-R 精确射手步枪 282
美国 MK12 特种用途步枪 283
德国 Kar98K 手动步枪 284
德国 HK417 精确射手步枪 285
德国 HK G28 精确射手步枪 286
比利时 FN FAL 自动步枪 287
伊拉克 Tabuk 自动步枪 288
日本丰和 64 式自动步枪 289

Chapter 05　霰弹枪 290

美国雷明顿 M870 霰弹枪 291
美国雷明顿 1100 霰弹枪 293
美国温彻斯特 M1897 霰弹枪 293
美国温彻斯特 M1912 霰弹枪 294
美国 AA-12 霰弹枪 295
美国伊萨卡 37 霰弹枪 296
美国莫斯伯格 500 霰弹枪 296
美国 M26 模组式霰弹枪系统 297
意大利伯奈利 Nova 霰弹枪 299
意大利伯奈利 M1 Super 90 霰弹枪 300
意大利伯奈利 M3 Super 90 霰弹枪 301
意大利伯奈利 M4 Super 90 霰弹枪 302
意大利弗兰基 SPAS-12 霰弹枪 303
意大利弗兰基 SPAS-15 霰弹枪 304
意大利伯莱塔 S682 霰弹枪 304
俄罗斯 KS-23 霰弹枪 305
俄罗斯 Saiga-12 霰弹枪 306

比利时勃朗宁 Auto-5 霰弹枪 307
南非"打击者"霰弹枪 308
韩国 USAS-12 霰弹枪 309

Chapter 06 机枪 311

美国 M1918 轻机枪 312
美国 M1941 轻机枪 313
美国斯通纳 63 轻机枪 314
美国 M60E3 轻机枪 315
美国斯通纳 86 轻机枪 316
美国阿瑞斯"伯劳鸟"轻机枪 317
美国 M60E4 轻机枪 318
美国 M249 轻机枪 319
美国加特林机枪 320
美国 M1917 重机枪 321
美国 M1919A4 重机枪 322
美国 M1919A6 重机枪 323
美国 M2 重机枪 324
美国 M61 重机枪 326
美国 M60 通用机枪 327
美国 M134 重机枪 328
美国 XM312 重机枪 329
美国 M2E2 重机枪 330
德国 MG13 轻机枪 331
德国 MG30 轻机枪 332
德国 MG34 通用机枪 333
德国 MG42 通用机枪 334
德国施瓦茨劳斯机枪 336
德国 MG45 通用机枪 337

德国 HK 21 通用机枪	338
德国 MG3 通用机枪	339
德国 MG15 航空机枪	340
德国 MG17 航空机枪	341
德国 MG81/MG81Z 航空机枪	342
俄罗斯 DP/DPM 轻机枪	343
俄罗斯 RPD 轻机枪	344
俄罗斯 PK 通用机枪	345
俄罗斯 RPK 轻机枪	346
俄罗斯 Pecheneg 通用机枪	347
俄罗斯 AEK-999 通用机枪	348
俄罗斯 DShK/DShKM 重机枪	349
俄罗斯 SG43 重机枪	350
俄罗斯 NSV 重机枪	351
俄罗斯 Yak-B 重机枪	352
俄罗斯 Kord 重机枪	353
俄罗斯 ZPU 系列高射机枪	354
英国刘易斯轻机枪	355
英国布伦轻机枪	355
英国 L7 通用机枪	356
英国马克沁重机枪	357
英国维克斯重机枪	358
比利时蒙蒂尼重机枪	360
比利时 FN MAG 通用机枪	361
比利时 FN Minimi 轻机枪	362
比利时/美国 Mk 48 轻机枪	363
比利时/美国 Mk 46 轻机枪	364
比利时 FN BRG15 重机枪	365
捷克共和国 ZB-26 轻机枪	366

捷克共和国 Vz.59 通用机枪 367
法国 AAT-52 通用机枪 368
法国 M1909 轻机枪 369
法国 FM24 轻机枪 370
以色列 Dror 轻机枪 371
以色列 Negev 轻机枪 372
日本大正十一式轻机枪 374
日本九六式轻机枪 375
日本三式重机枪 376
新加坡 Ultimax 100 轻机枪 376
新加坡 CIS 50MG 重机枪 378
瑞士富雷尔 M25 轻机枪 379
芬兰 M26 轻机枪 380
丹麦麦德森轻机枪 381
波兰 UKM-2000/ UKM-2013 通用机枪 382
西班牙阿梅利轻机枪 383
意大利布瑞达 Mod.30 轻机枪 384
南非 SS77 通用机枪 385
韩国大宇 K3 轻机枪 386
南斯拉夫 M72 轻机枪 387

参考文献 388

德国 DSR-1 狙击步枪

Chapter 01
枪械漫谈

　　枪械是指其口径小于 20 毫米的身管射击武器,它利用火药燃气能量发射弹头,以打击无防护或弱防护的有生目标为主。枪械是步兵的主要武器,也是其他兵种的辅助武器。

枪械发展史

枪械自诞生以来已经走过了700多个春秋。据史料记载，1259年，中国就制成了以黑火药发射子窠（铁砂、碎瓷片、石子、火药等的混合物）的竹管突火枪，这是世界上最早的管形射击火器。随后，又发明了金属管形射击火器——火铳。火铳的出现，使热兵器的发展进入一个新阶段。

火药技术和金属管形火器从13世纪开始传入欧洲，并在欧洲获得了快速发展。到15世纪时，西班牙人研制出了火绳枪。火绳枪从枪口装入黑火药和铅丸，点火机构是1个简单的呈C形的弯钩，其一端固定在枪托一侧，另一端夹着1根缓燃的火绳。

由于火绳雨天容易熄火，夜间容易暴露，在16世纪后，意大利人又发明了燧发枪。最初的燧发枪是轮式燧发枪，用转轮同压在它上面的燧石摩擦点火，之后又出现了几种利用燧石与铁砧撞击点燃火药的撞击式燧发枪。同火绳枪相比，燧发枪具有射速快、口径小、枪身短、重量轻、后坐力小等特点，逐渐成为军队的主要武器。

燧发枪

1520年，德国铁匠戈特发明了直线式线膛枪，又称来复枪。来复枪将膛线由直线形改为螺旋形，这样可使出膛的铅丸高速旋转，飞行更加稳定，从而提高了射击精度、增加了射程。1776年，英国人帕特里克·弗格森制造了新的来复枪，除在枪膛内刻上了来复线外，还在枪上安装了调整距离和瞄准的标尺，从而提高了射击命中率。

19世纪初,人们发现了雷汞以及含雷汞击发火药的火帽。把火帽套在带火孔的击砧上,打击火帽即可引燃膛内的火药,这就是击发式枪机。

1812年,法国出现了弹头、火药和纸弹壳组合一体的定装式枪弹,于是,人们开始从枪管尾部装填弹药。1835年,普鲁士人德莱赛成功发明了后装式步枪,他把自己造的枪称为"针枪"。在使用时,射手用枪从后面将子弹推入枪膛,在扣动扳机后,枪机上的击针穿破纸弹壳并撞击底火,引燃火药将弹丸击发。1867年,德国制造了世界上第一支使用金属外壳子弹的机柄式步枪。这种枪有螺旋膛线,使用定装式枪弹,操纵枪机机柄可实现开锁、退壳、装弹和闭锁。19世纪末开始出现了自动枪械并被应用到第一次世界大战之中。1884年,第一种现代意义上的自动枪械研制成功,这就是著名的马克沁重机枪。在索姆河战役中,德国使用马克沁重机枪对冲击德军阵地的英法联军扫射,使英军一天的伤亡就达到了6万人。马克沁重机枪一战成名,在此役之后,各国军队纷纷开始装备,并被称为最具威慑力的陆战武器。于是自动枪械开始取代手动枪械,成为战场上一颗崛起的新星。

马克沁重机枪

有了一战的前车之鉴,在二战中,参战各国都装备了大量的自动武器,主要为机枪、冲锋枪和半自动步枪。这个时期传统的拉栓式步枪火力明显严重不足,逐渐被新发展出的半自动步枪和自动步枪所取代。在二战前期单兵火力较弱的情况下,手枪在夜战和近战中也发挥了一定的作用。

M4 卡宾枪

二战结束之后，枪械设计和制造工艺得到飞速发展。现代步枪以突击步枪、狙击步枪、自动步枪和卡宾枪为主，机枪以重机枪、轻机枪和通用机枪为主，而冲锋枪在军事上的用途已经逐渐被突击步枪和卡宾枪取代，目前主要装备特种部队和警察部门。

随着科学技术的发展，未来的枪械或许经不再仅限于依靠火药产生杀伤力，激光和电磁或许会成为现代枪械的"接班人"。

枪械的分类

手枪

手枪是一种由单手握持的小型枪械，主要用于近战和自卫。发射威力较小的手枪弹，杀伤距离在50米左右。现代手枪主要有左轮手枪、自动手枪（实际是半自动手枪）和全自动手枪3种类型。左轮手枪是一种手枪类的小型枪械，其转轮一般有5～6个弹巢，子弹安装在弹巢中，可以逐发射击。半自动手枪又叫自动装填手枪，是通常意义上的自动手枪，区别于全自动手枪。它是指仅能自动装填弹药的单发手枪，即射手扣动1次扳机，只能发射1发枪弹。全自动手枪是可以连发射击的手枪，即手指按着扳机，可以连续射击，直到弹仓里没有子弹为止。

"沙漠之鹰"手枪

冲锋枪

　　冲锋枪是一种发射手枪弹的短枪管轻型自动武器,有着短小轻便、火力凶猛、携弹量大的特点,是一种非常有效的冲击和反冲击武器。冲锋枪使用的是手枪弹,相比装药量较大的步枪弹而言后坐力较小,因此这也造成了冲锋枪威力较小、有效射程较近的缺点。所以在突击步枪出现之后,冲锋枪已经逐渐被其取代。

　　目前,除了微型冲锋枪和微声冲锋枪仍有一定的生命力之外,普通的冲锋枪已经逐渐被突击步枪所取代。

P90 冲锋枪

步枪

步枪是单兵肩射的长管枪械,主要用于发射枪弹杀伤暴露的有生目标,有效射程一般为 400 米。步枪也可用刺刀、枪托格斗,有的还可发射枪榴弹,具有点面杀伤和反装甲能力。传统步枪已经被淘汰,现代步枪主要分为突击步枪、狙击步枪以及卡宾枪。

突击步枪是一种能够选择半自动和全自动射击模式的步枪,它专为战斗而设计,是现代士兵的标准武器。

狙击步枪是一种远距离步枪,它通常附带有光学瞄准具,主要用于攻击远距离的高价值目标,通常分为非自动和半自动。

卡宾枪实际上是一种短管步枪,有着枪管短、重量轻、体积小的特点,其后坐力相对较小,在持续射击时可控性好。

SCAR 步枪

霰弹枪

霰弹枪是一种没有膛线的发射霰弹的枪械,许多霰弹枪具有多种用途,不仅能够发射霰弹,还能用来发射其他弹药,比如,催泪弹、木棍弹等。霰弹枪的外形与半自动步枪相似，不过霰弹枪的枪管非常粗大，其口径通常可达 18.2 毫米，而且许多霰弹枪大都没有可拆卸的弹匣。

UTS-15 霰弹枪

机枪

　　机枪是一种快速连续射击的全自动枪械，可分为轻机枪、重机枪以及通用机枪等。

　　轻机枪主要以两脚架为依托进行抵肩射击，具有重量轻、机动性强的特点，可为步兵提供 500 米范围内的火力支援。

　　重机枪一般是指重量在 25 千克以上的机枪（含三脚架），拥有较好的远距离射击精度和火力持续性，能有效地歼灭或压制 1 000 米内的敌方有生目标、火力点和轻装甲目标，而且还具有一定的低空防御能力。

　　通用机枪是一种兼具重机枪和轻机枪特点的机枪，它不仅拥有重机枪射程远、威力大、连续射击时间长的特点，还具备轻机枪携带方便、使用灵活的长处，是机枪家族中的后起之秀。

M60E3 机枪

Chapter 02
手 枪

　　从火绳枪、燧发枪到拥有膛线的左轮手枪,再到现在的全自动手枪,可以说自从有了热兵器,手枪就一直出现在人们的视野中,并且在不断地改进。尽管它在战争中的作用并不是很大,但因其轻巧、便于携带,是军队、警察甚至是特种部队必备的自卫武器之一。另外,还有一些手枪出现的时间较短,但极具历史性意义,例如,美国FP45"解放者"手枪。

德国鲁格 P08 手枪

鲁格 P08 手枪是两次世界大战中德军具有代表性的手枪之一,在诸如《兄弟连》《辛德勒名单》等以二战为题材的电影中,时常看到它的身影。虽然该枪目前已经停产,但仍然有着较高的知名度。

★ 性能解析

鲁格 P08 最大的特色是其肘节式闭锁机,它参考了马克沁重机枪及温彻斯特贡杆式步枪的工作原理。该枪有多种变形,其中 P08 炮兵型是该系列手枪中的佼佼者,射击精度较高,能够命中 200 米处的人像靶,由德国 DWM 公司于 1914—1918 年生产,仅生产 2 万支。

基本参数	
制造商	德国 DWM 公司
口径	9 毫米
全长	222 毫米
枪管长	98 毫米
空枪重量	871 克
有效射程	50 米
枪口初速	350~400 米/秒
弹容量	8/32 发

★ 总体设计

鲁格 P08 制造商名称 DWM 或 Erfurt 被标于套环前端。序列号标于枪管延长部位左侧,最后 3 个或 4 个数字几乎出现在每个可拆卸部件上。手动保险位于套筒座后部左侧,向上为保险,向下为射击。弹匣扣为按压式按钮,位于套筒左侧、扳机后方。

由于 P08 手枪的"蜗牛"式弹匣性能不佳,现已很少与这种枪配用。炮兵和海军型号握把底部有镂空,用于安装木质枪托。

德国毛瑟 C96 手枪

　　C96 手枪是德国毛瑟公司在 1896 年推出的，是德军在两次世界大战期间使用的手枪之一。C96 手枪非常有趣的一项特色是它的枪套，由于枪套是木质盒子，将其倒装在握柄后，立即转变为一支冲锋枪，成为肩射武器，这是当时非常流行的做法。

性能解析

　　C96 在击发时，后坐力使得枪管兼滑套及枪机向后运动，此时枪膛仍然是在闭锁状态。由于闭锁榫前方是钩在主弹簧上，因此有一小段自由行程。由于闭锁机组上方的凹槽，迫使闭锁榫向后运动时，只能顺时针向下倾斜，因此脱出了枪机凹槽。此时，枪管兼滑套因为闭锁榫仍套在其下，后退停止。枪机则因为闭锁榫脱出，得以自由行动，完成抛壳等动作，最后因力量用尽，复进簧将枪机推回、上弹，回复到待击状态。

基本参数	
制造商	毛瑟公司
口径	7.63/9 毫米
全长	288 毫米
枪管长	140 毫米
空枪重量	1130 克
有效射程	100 米
枪口初速	425 米/秒
弹容量	6 / 10 / 20 / 40 发

德国瓦尔特 PP/PPK 手枪

瓦尔特 PP 是由德国卡尔·瓦尔特运动枪有限公司制造的一款半自动手枪。瓦尔特 PPK 是瓦尔特 PP 的改良型,相对于瓦尔特 PP 尺寸略小。这两种手枪是《007》系列电影中的常客,虽然两者都已经诞生了 80 多年,但仍是小型手枪的经典之作。

性能解析

瓦尔特 PP/PPK 构成了一个适合于特殊工作需要的自卫手枪族,它们的结构极为简单,两枪的零件总数分别是 42 件和 39 件,而其中可以通用的零件为 29 件。瓦尔特 PP/PPK 采用外露式击锤,配有机械瞄准具。套筒左右都有保险机柄,套筒座两侧加有塑料制作的握把护板。弹匣下部有 1 个塑料延伸体,能让射手握得更牢固。两者都使用 7.65 毫米柯尔特自动手枪弹。

基本参数	
制造商	瓦尔特公司
口径	7.65 毫米
全长	170 毫米
枪管长	98 毫米
空枪重量	685 克
有效射程	30 米
枪口初速	256 米/秒
弹容量	8 发

使用情况

瓦尔特 PPK 手枪的变种 PPK/S 属于混合型,采用 PPK 的套筒和枪管以及 PP 的套筒座,这样做旨在增大尺寸以绕过 1968 年通过的美国枪支管理法的限制。该枪只销往美国。1945 年 4 月,希特勒使用他的 PPK 手枪(7.65 毫米/.32 ACP)在柏林元首地堡开枪自杀。此外,瓦尔特 PPK 手枪(也是 7.65 毫米/.32 ACP)在许多电影和虚构的小说中也屡见不鲜,更是秘密特工 007——詹姆斯·邦德的代名词。

德国瓦尔特 P38 手枪

瓦尔特 P38 是二战中使用广泛的手枪之一。二战后,随着德国的战败,P38 的辉煌时代也宣告结束。1945 年,瓦尔特公司所在地采拉－梅利斯州的图林根被美国和法国占领,后来划归苏联管辖,由于害怕成为战犯,瓦尔特公司的首脑们携带了大量的枪械设计和加工图纸,秘密从图林根撤离,南下进入美军占领的乌尔姆地区。1950 年,瓦尔特公司重新注册,开始了二次创业。但由于盟军的限制,很长一段时间内没能再生产武器。

性能解析

P38 手枪击发后,火药气体将闭锁在一起的枪管和套筒后推,经过自由行程后,弹膛下方凸耳内的顶杆抵在套筒座上,并向前撞击闭锁卡铁后端斜面迫使卡铁向下旋转,使上凸笋离开套筒上的闭锁槽,实现开锁。该手枪还有 1 个安全可靠的双动系统,这样,即使膛内有弹也不会发生意外。同其他瓦尔特手枪一样,二战结束前后的型号在外形尺寸上有细微差别。战后的 P38 手枪有 1 个铝合金框架,而不是原设计的钢架。该枪是第一款采用双动发射机构的后膛闭锁手枪,可在枪弹上膛且击锤向下时携带,此时只需扣动扳机即可发射第一发子弹。枪身的铭文内容标于套筒左侧,序列号标于套筒左侧以及套筒座左侧、扳机护圈前方。保险位于套筒后部左侧,弹匣扣位于握把左侧、扳机后方。

基本参数	
制造商	瓦尔特公司等
口径	9 毫米
全长	216 毫米
枪管长	125 毫米
空枪重量	800 克
有效射程	50 米
枪口初速	365 米/秒
弹容量	8 发

使用情况

瓦尔特 P38 手枪在 1938—1963 年一直被生产制造。但是 1945—1957 年，德国军队没有配备 P38。1957—1963 年，P38 再次成为德国军警的标准手枪。之后瓦尔特 P38 手枪陆续衍生出其他的变种，部分被出口到欧洲各国。20 世纪 90 年代，德国军方开始更换 P1 手枪。2004 年，瓦尔特 P38 手枪 (又称 P1) 最终被淘汰。

德国毛瑟 HSC 手枪

与早期复杂而精致的军用武器不同，HSC 手枪内部零件尽可能采用冲压加工件，而且采纳了琴用钢丝弹簧代替了较昂贵的机械加工弹簧，使其成为 1 支简洁而粗犷的手枪，适合大批量生产。

性能解析

毛瑟公司手枪的理念是，在保证手枪不降低其功能的前提下，尽可能地减少枪械零件，而 HSC 手枪充分地体现了这一点。该枪的很多活动件都具备 2 个或 2 个以上功能，例如，无弹匣保险也可起到空仓挂机和抛壳挺的作用。

基本参数	
制造商	毛瑟公司
口径	7.65 毫米
全长	165 毫米
空枪重量	596 克
有效射程	40 米
枪口初速	290 米 / 秒
弹容量	8 发

总体设计

　　HSC 手枪外形十分独特，可以说是当年少有的"漂亮"手枪之一。对比勃朗宁系列的各款手枪，其外形平添了三角形带来的"完整感"和"稳定感"。

　　HSC 手枪采用击锤回转击发，自动方式为自由枪机式双动扳机设计。毛瑟 HSC 手枪的套筒造型非常别致，套筒前方下部带有 1 个斜面，与下方套筒座很好地结合在一起。套筒左侧刻有毛瑟商标与"Mauser–Werke A.G.Oberndorda. N. Mod Hsc Kal 7.65mm"铭文。套筒右侧的抛壳窗后露出 1 个很短的抽壳钩。套筒顶部带有 1 条很长的防反光纹，点状准星与凹型缺口照门分别在套筒两端。套筒后部左右两侧各带有 20 条纵向防滑纹。左侧防滑纹中间设有手动保险，该手动保险是一款针对击针的保险。保险向上，露出下面的红色圆心是解除保险状态，射手可以随时进行射击；保险向下扳动，挡住红色圆心，露出上方的 S 字样，说明处在保险位置，这时击针被保险卡住，确保手枪内的枪弹无法击发。

使用情况

　　首批生产的 HSC 手枪在完成后交付德国海军使用。随后这款手枪的握把固定螺丝被向上移动，改到握把中部继续生产。很快德国国防军也开始订购并装备该枪，国防军订购版本在扳机护圈后部刻有纳粹鹰与"655""135"和"WaA135"。第三帝国的警察部门也注意到这款新型手枪，随后大量订购，警察版本的扳机护圈后部刻有纳粹鹰与"L"或"F"。

　　最后商贸版本上市，起初被卖到美国和英国，不过很快就只能在德国和其他轴心国售卖了。商贸版本在右侧扳机护圈后部刻有 1 只纳粹鹰和"N"字样。当美军占领毛瑟工厂后，这款手枪才停止生产。此时，毛瑟 HSC 半自动手枪的产量已经达到了 251 939 把。

德国 P1 瓦尔特手枪

瓦尔特 P1 手枪在二战期间被广泛采用,尽管该枪的出现是为了取代成本昂贵的鲁格 P08 手枪,然而直到二战结束时也没有完全取代它。

性能解析

P1 手枪虽然加工优良,但结构复杂、成本高、双动机构调整困难,枪管从套筒凸出的整体配置方式陈旧,制造上相当麻烦。加上在 20 世纪 70 年代,联邦德国军队装备的 P1 手枪已明显老化,由于零件的磨损导致该枪接二连三地出现故障。于是,联邦德国军方决定进行新一代制式手枪的选型试验。

瓦尔特公司在生产 P1 手枪的同时,开始研制继承 P1 操作性能的新枪。最后瓦尔特公司又在 P38 的基础上加上了击针偏移式保险,并切短了枪管生产出了另一种手枪——P38K,该枪参加军方选型试验后,被军方看中,命名为 P4 手枪。

P1 手枪自动方式为枪管短后坐式,闭锁方式为闭锁卡铁式。击发后,枪管和套筒一起后坐,枪管弹膛下的顶杆撞击闭锁卡铁后端斜面后,卡铁向下偏转,其下凸笋转入套筒座内,上凸笋离开套筒的闭锁槽而开锁。开锁后,枪管被套筒突肩阻住,停止后坐。套筒继续后坐,完成抽壳、抛壳等动作。P1 式手枪在套筒尾部、击锤上方凸出 1 个指示杆,可指示膛内是否有弹。P1 手枪可双动击发,也可单动击发,有空仓挂机机构。采用 U 形缺口照门表尺、片状准星。

基本参数	
制造商	瓦尔特公司
口径	9 毫米
全长	218 毫米
枪管长	124 毫米
空枪重量	772 克
有效射程	50 米
枪口初速	350 米/秒
弹容量	8 发

德国 HK 4 袖珍手枪

HK 公司于 1967 年推出了一款手枪——HK 4 袖珍手枪,于 1968 年正式上市,1984 年停产。在 16 年的时间里,该枪生产总数大约 3.8 万支,其中有 1/3 交给了德国警方和一些政府部门的官员使用。

除了 HK 公司生产该枪之外,法国 MAS 枪厂也曾经生产过该枪,并交付驻守西柏林的制服警察使用。这批由 MAS 所生产的 HK 4 袖珍手枪,约有 500 支被销售到美国,不过销往美国的款式只能发射 8.12 毫米和 9.65 毫米口径的 ACP 枪弹。

基本参数	
制造商	HK 公司
口径	5.59/8.12/9.65 毫米
全长	157 毫米
枪管长	85 毫米
空枪重量	480 克
有效射程	50 米
枪口初速	356 米/秒
弹容量	8 发

总体设计

HK 4 手枪保险位于套筒后部左侧。向下为保险,向上为射击。退弹过程中,让保险装置处于保险状态,按动位于握把尾部的弹匣扣,卸下弹匣。后拉套筒退出枪膛中的枪弹。松开套筒时,套筒仍处于敞开状态,可检查枪膛。扣动扳机,将松开套筒,并让击锤处于待击状态。再次扣动扳机,击锤将处于保险状态。

德国 HK VP70 手枪

HK VP70 手枪是一款新颖的、结构特殊的半自动手枪。当单手射击时，可作为手枪使用；当将枪套作为枪托使用时，可作为冲锋枪使用，并可进行三发点射。HK VP70 手枪靠套筒惯性和复进簧力来控制套筒的后坐运动。该枪的一个重要特点是双动式结构，因此，枪上没有保险装置；另一个特点是大量采用塑料件和铝质件，如套筒座为塑料件。HK VP70 手枪的改进版 HK VP70M 手枪为军用型，VP70Z 式手枪为民用型（只能进行半自动射击），此外，它的另一种改进版 HK VP71 手枪取消了 3 发点射连发机构。

基本参数	
制造商	HK 公司
口径	9 毫米
全长	204 毫米
枪管长	116 毫米
空枪重量	820 克
有效射程	50 米
枪口初速	360 米/秒
弹容量	18 发

总体设计

VP70 手枪采用反冲式枪机设计。除了使用聚合物料制造外，最独特的是 VP70M 的一体式枪套连枪托，手枪独立使用时只可单发半自动射击，装上聚合物枪托（枪套）后可进行三连发射击，理论射速达到 2200 发/分，而射击模式选择钮装在枪托上。VP70 为纯双动式扳机设计，以避免新手使用时发生走火的意外，因此扳机扣力较大。然而，因其扳机扣力较大，而且扣动距离过长，使得射手反而较难进行准确瞄准。

使用情况

VP70 手枪在 1973 年推出，在 1989 年停产。9×21 毫米 IMI 口径版本 VP70Z 约制造了 400 支，可装上枪托，但不能三发点射，主要在意大利民用市场发售，而 9×19 毫米口径版本主要提供给军队及警队。

德国 HK P7 手枪

　　HK P7 是由 HK 公司生产的一款手枪，不仅在德国警察、军队中服役相当长的时间，至今英国特别空勤团、美国三角洲特种部队、美国中情局等众多著名部队、机构都在使用。

▶ 性能解析

　　HK P7 手枪与大部分半自动手枪不同，它背离了传统手枪的结构设计。采用气体延迟式开闭锁机构。击发后，部分火药燃气从枪管弹膛前方的小孔进入枪管下方的气室内，当套筒开始后坐时，作用在与套筒前端相连的活塞上的火药燃气给套筒一股向前的力，这样就延迟了套筒的后坐，从而减轻了后坐震动，使工作更加平稳。

基本参数	
制造商	HK 公司
口径	9 毫米
全长	166 毫米
枪管长	105 毫米
空枪重量	785 克
有效射程	50 米
枪口初速	351 米/秒
弹容量	8 发

　　此外，该枪弹膛有弹情况下也可以安全携带，在需要快速出枪时又可以立即解除保险进行射击。这种独特的导气式延迟开锁机构、握把保险和击发机构，使得该枪不仅设计风格独树一帜，而且其性能更是鹤立鸡群。

▶ 总体设计

　　HK P7 手枪射击前无须将枪调整为射击状态。装备独特的握把保险，可将扳机与待击和发射机构咬合。射击时，只需手握握把并扣动扳机，手枪将待击并释放击针。当枪不慎掉落时，握把被松开，手枪即刻处于保险状态。

美国 M1911 手枪

M1911 是柯尔特公司于 20 世纪初研制的一款半自动手枪,1911 年开始在美军服役,之后经历了两次世界大战和多次局部战争,实属名枪中的老枪。

性能解析

M1911 半自动手枪使用起来非常安全,不容易出现走火等事故。它采用了双重保险设计,其中包括手动保险和握把式保险。手动保险在枪身左侧,处于保险状态时击锤和阻铁都会被锁紧,套筒不能复进。握把式保险则需要用掌心保持按压力度才能保持战斗状态,松开保险后手枪就无法射击。M1911 半自动手枪性能优秀,其 11.43 毫米的大口径能够确保在有效射程内快速让敌人失去战斗能力,而且该手枪的故障率很低,不会在一些关键时刻"掉链子",这两点对手枪来说非常关键。此外,该手枪结构简单,零件数量较少,而且比较容易拆解,方便维护和保养。

基本参数	
制造商	柯尔特公司等
口径	11.43 毫米
全长	210 毫米
枪管长	127 毫米
空枪重量	1 105 克
有效射程	50 米
枪口初速	251.46 米/秒
弹容量	7 发

使用情况

在通过所有试验后,柯尔特的参选手枪在 1911 年 3 月 29 日正式成为陆军的制式手枪,定名为 M1911,并且在 1913 年成为美国海军、美国海军陆战队的制式手枪,在一战开始前,柯尔特已经进行大量生产以满足美军的要求,国营的春田兵工厂亦有参与生产。

　　一战中的经验令军方提出对 M1911 进行一些外部改进，改进时间自 1920 年年中开始。包括扳机稍微后移、加大扳机护弓、加阔准星、握把近扳机护弓的位置加上凹槽、加长握把式保险上方的凸出部以避免射手虎口被击锤锤伤、加厚握把尾部（后来版本又再被简化了）、加长击锤以利于操作及简化了握把上的纹路等。这些改进在 1924 年完成，1926 年定案，新版本定名为 M1911A1，由于没有进行内部修改，因此内部零件仍可与 M1911 互换。

德国 HK USP 手枪

　　USP 的英文全称为 Universal Self-loading Pistol，其含义为"通用自动装填手枪"，是德国 HK 公司研发的一款半自动手枪，该枪性能优秀，被世界多个国家的军队和警察用作制式武器。

性能解析

　　USP 手枪由枪管、套筒座、套筒、弹匣和复进簧组件 5 个部分组成，共有 53 个零件。其滑套是以整块高碳钢加工而成，表面经过高温和氮气处理，具有很强的防锈和耐磨性。该枪的枪身由聚合塑胶制成，为避免滑套与枪身重量分布不均，在枪身内衬了钢架降低重心，以增强射击稳定性。

基本参数	
制造商	HK 公司
口径	9/10/11.43 毫米
全长	194 毫米
枪管长	108 毫米
空枪重量	748 克
有效射程	50 米
枪口初速	340 米/秒
弹容量	15/13/12 发

USP手枪的撞针保险和击锤保险为模块式,且扳机组带有多种功能,可以根据射手的习惯进行选择。9毫米型号的载弹量为15发,10毫米和11.43毫米型分别为13发和12发,相比其他手枪有载弹量大的特点。该枪的结构合理、性能可靠,经过双重复进簧装置抵消后坐力,其快速射击时的精度也大大提高,而且还可以加装多种战术组件,大大增强了在特殊环境下的作战性能。

总体设计

USP手枪采用勃朗宁凸耳后膛闭锁系统,并采用由复进簧和缓冲器组成的后坐缓冲系统。套筒座由玻璃纤维塑料制成,手枪金属部件经过抗腐蚀表面处理。该枪最初发射10.16毫米史密斯-韦森手枪弹,后来的型号可发射11.43毫米ACP手枪弹或9×19毫米巴拉贝鲁姆手枪弹。所有型号都可选配如下装置:手动保险、待击解脱杆、自动待击、双动发射机构,以及左右手控制装置。

德国瓦尔特 P99 手枪

瓦尔特 P99 是德国瓦尔特公司研制的一款 9 毫米口径的半自动手枪,它也有 10 毫米口径型。该枪是瓦尔特 P5 和瓦尔特 P88 手枪的后继产品,被世界多个国家的警方、军队及民间用户采购。瓦尔特 P99 手枪采用武器射击后,枪管因火药能量后坐一小段距离,使用特殊材料制作而成。该枪的握柄采用聚合物制作而成,滑套为经过氮化的钢材制作。滑套表面的硬度极高,具有很强的抗磨损、抗金属疲劳和抗锈蚀性。它的瞄准器可进行风偏调整和上下瞄准调整,而且新推出的版本还可以加装战术手电和光束指示器。

总体设计

瓦尔特 P99 是一款自动装填手枪,套筒和套筒座分别由钢材和聚合材料制成。它采用无击锤设计以免挂破衣物,扳机有 3 种:纯双动 (DAO)、快动 (配以部分预装的主动击针) 和反压 (AS)。所有控制部件 (套筒卡笋、弹匣扣和待击解脱按钮) 都适合左右手使用。套筒上有枪弹上膛指示器,可通过观察和触摸感知。使用者可更换大小合适的后垫板。

基本参数	
制造商	瓦尔特公司
口径	9 / 10 毫米
全长	180 毫米
枪管长	102 毫米
空枪重量	710 克
有效射程	50 米
枪口初速	408 米 / 秒
弹容量	10 / 16 发

使用情况

瓦尔特 P99 手枪被德国北莱茵 – 威斯特法伦州、莱茵兰 – 普法尔茨州的警方广泛采用,并被不来梅、汉堡和石勒苏益格 – 荷尔斯泰因州及波兰警方和芬兰军队特种部队和军事警察等部门指定为 PIST 2003 型用枪。

2012 年，瓦尔特 P99 取代芬兰警方、海关和边防警卫使用的左轮手枪。2013 年，该型枪取代荷兰警察所使用的瓦尔特 P5。

德国 HK Mk 23 Mod 0 手枪

HK Mk 23 Mod 0 手枪被定位为一款比赛级军用手枪，在最初的美国市场中，HK Mk 23 Mod 0 只准出售 10 发弹匣，以符合美国在 1994 年颁布的暴力犯罪控制和禁止攻击武器条款。由于该条款已于 2004 年 9 月过期，因此 HK Mk 23 Mod 0 手枪可以使用美国特种部队司令部使用的 12 发弹匣。

性能解析

HK Mk 23 Mod 0 进行了一连串严格测试之后，证明了其在恶劣环境下不仅有着特别高的耐久性、防水性和耐腐蚀性，而且可以发射数万发子弹，枪管不会损坏也不需要更换，完全符合特种部队作战的要求。HK Mk 23 Mod 0 使用 1 条特制的六边形设计枪管，目的在于提高准确性和耐用性。它还有 1 个设于枪身两边的手动保险和弹匣卡笋，使得双手皆能轻松操作。

基本参数	
制造商	HK 公司
口径	11.43 毫米
全长	245 毫米
枪管长	149 毫米
空枪重量	1 210 克
有效射程	25 米
枪口初速	260 米/秒
弹容量	12 发

总体设计

HK Mk 23 Mod 0 手动保险的位置是在大型待击解脱杆的后部，而弹匣释放按钮的位置是在扳机护圈的后部，并且两者都设计得很大，以便双手的大拇指能够直接操作和戴上手套射击时轻松上弹。设于左侧的大型待击解脱杆是在手动保险的前部，能降低外置式击锤以锁上全枪。复进簧之中也装上了1个申请了专利的后坐力缓冲部件以降低射击时的后坐力，从而提高精确度。HK Mk 23 Mod 0 是1个大规模的武器系统的一部分，包括1个可加装的消声器、LAM 和其他一些附加功能，包括发射特殊的高膛压比赛等级弹药。

德国 HK 45 手枪

HK 45 是由德国 HK 公司于 2006 年设计，2007 年生产的半自动手枪，其设计目的是要满足美军"联合战斗手枪"计划之中的各项规定。

性能解析

HK 45 基本上是 HK USP45 和 HK P2000 手枪的经验合并，并借用了一些 HK P30 的改进要素，所以 HK 45 具有以上手枪的许多内部和外部特征。它最明显的外表变化是略向前倾斜的套筒前端，在扳机护圈前方有皮卡汀尼导轨，握把前方带有手指凹槽。HK 45 有可更换的握把背板，以适应使用者手掌大小。为了更符合人体工学，HK 45 可使用容

基本参数	
制造商	HK 公司
口径	11.43 毫米
全长	191 毫米
枪管长	115 毫米
空枪重量	784 克
有效射程	40~80 米
枪口初速	260 米/秒
弹容量	10 发

量为 10 发的专用可拆式双排弹匣。

总体设计

HK 45 标志着 HK USP 的技术发展和提升以及同一间公司内同一类型的武器都采用了相同的操作模式和规则。与 HK USP 一样,其扳机也有着将近 10 种修改版本(官方称为衍生型),而且设计也比 USP 更好。

HK 45 是一款全尺寸型号手枪,相比起以前黑克勒－科赫设计的经典手枪,其结构上并没有进行重大创新。但黑克勒－科赫经过重大的努力,包括吸收了一部分在 HK P2000 和 HK P30 上都有使用和发现的特色;加上大量使用了新型材料和新技术加工工艺,加上良好的人机工效设计,从而使得该枪的操作十分方便,并且具有优良的功能扩展性。最明显的外表变化就是略向前倾斜的套筒和底把前端,使得 HK 45 的人机工效比起全尺寸型号 HK USP 的 .45 口径更出色。同时其外形一改以往德式武器的棱角分明的冷峻风格,所有边角均被处理为弧形,整个外部轮廓呈现优美的流线型。

人体工学的改进手法包括延长套筒锁(空枪挂机杆),使得两手皆可让拇指非常舒服、灵巧地操作,更具符合人体工学结构的手指凹槽的握把以及握把使用了模块化的可更换式后方握把片,令使用者可以因其手掌大小而调节握把的形状和尺寸,更适合不同的手形。新型握把和后方握把片可以令手枪放在手掌更低的位置,从而更轻易地控制武器以及 .45 口径严重的后坐力和枪口上扬问题。为了适应更小、更符合人体工学的握把,HK 45 使用的是容量 10 发的专用可拆卸式双排弹匣而非 HK USP45 的 12 发弹匣。

德国 HK P2000 手枪

HK P2000 手枪跟随现代手枪设计趋势，为了减轻全枪重量和降低生产成本，大量采用耐高温、耐磨损的聚合物和钢材混合材料。

▶ 性能解析

该枪采用模组化设计，以适应不同使用者的需要，这与 HK 公司生产的其他手枪一样。套筒下方、扳机护圈前方的防尘盖整合了 1 条通用配件导轨，以安装各种战术灯、激光瞄准器和其他战术配件。安装后的配件十分稳固，无须使用其他辅助工具。但它使用的是 HK 公司手枪专有的配件导轨，所以限制了可以使用的战术配件种类。另外，该枪装有非常灵巧的套筒锁（空枪挂机杆）和弹匣卡笋，安装在扳机护圈附近的两侧，两手皆可让拇指舒服地操作，进而快速识别弹量和更换弹匣。

基本参数	
制造商	HK 公司
口径	9 毫米
全长	173 毫米
枪管长	93 毫米
空枪重量	620 克
有效射程	50 米
枪口初速	355 米/秒
弹容量	10/12 发

▶ 总体设计

HK P2000 是 1 支短后坐行程作用原理、闭膛待击半自动手枪，它使用了改良勃朗宁式无闭锁凸耳的枪机，而垂直倾斜枪管的设计也是来自 HK USP 系列自动装填手枪，以及现代化的无闭锁凸耳半自动射击系统。以钢材、冷锻法和镀铬工艺制造出来的枪管具有多边形的轮廓，而套筒是由硝酸渗碳所制成的钢材所制成，十分坚硬。

德国瓦尔特 PPQ 手枪

瓦尔特 PPQ 手枪是由瓦尔特公司为民间射击、安全部队和执法机关而设计的，目的是取代过去的瓦尔特 P99 手枪。它是一款枪管短行程后坐闭膛式半自动手枪，使用的闭锁系统是从勃朗宁大威力手枪改进的凸轮闭锁系统。底把是由玻璃钢增强聚合物材料制造，套筒和其他部件为钢质，所有金属表面都经过镍铁表面处理。

性能解析

瓦尔特 PPQ 手枪设有 3 个保险装置，即扳机保险、内置式击针保险和快速保险功能。该枪套筒、抛壳口上方的开口具有上膛指示器，如果在膛室内装弹的话，使用者可以通过该开口看到。另外，该手枪装有 1 根使用传统型阳膛和阴膛的枪管，子弹通过这种枪管时非常稳定，不会"东倒西歪"。枪管下方的复进簧导杆尾部加装了 1 个蓝色聚合物帽，这既能减少枪管与复进簧导杆尾部接触位置的摩擦损耗，又能够防止使用者在维护手枪后，安装复进簧导杆时出现倒装的装配问题。

基本参数	
制造商	瓦尔特公司
口径	9 毫米
全长	180 毫米
枪管长	102 毫米
空枪重量	615 克
有效射程	50 米
枪口初速	408 米/秒
弹容量	10/15/17 发

总体设计

PPQ 手枪的套筒和其他金属部件采用了先进的特尼弗氮化处理过程（一种渗氮工艺，也在格洛克手枪上使用）。特尼弗表面处理的厚度为 0.04~0.05 毫米。这种处理的特点是具有极高的耐摩擦性和耐腐蚀性，它会渗入金属和表面处理部分，甚至在表面以下的一定深度也会变成类似的性质。在特尼弗氮化处理过程中会产生磨砂灰色、无眩光表面和 64 HRC 等级（相比之下，1 颗工业钻石的评级为 70 HRC）、99% 的抗海水腐蚀（达到或超过不锈钢规格）和 1200~1300 牛/平方毫米（N/mm^2）的抗拉强度。采用了这种处理工艺使得瓦尔特 PPQ 特别适合作为个人隐蔽携带的手枪，而高聚氯乙烯处理可以减少手枪受到汗水的影响。

美国 FP45 "解放者" 手枪

基本参数	
制造商	通用汽车公司
口径	11.43 毫米
全长	141 毫米
枪管长	102 毫米
空枪重量	454 克
枪口初速	250 米/秒
供弹方式	手动装填/单发

FP45"解放者"手枪虽然外形丑陋,但在美国历史上却有一定的地位。每把 FP45"解放者"手枪连同 10 发 11.43 毫米 ACP 弹和 1 根小木棍被装在 1 个涂了石蜡的厚纸板盒内,用小木棍拆开纸盒可以看到 1 组绘画说明书,就算不识字的人也会按照图画操作。

性能解析

由于这种枪的枪管制造得非常粗糙,也没有膛线,因此射击精度非常差,再加上每次只打 1 发,因此使用者往往是拿着一把装好子弹的手枪,潜伏在路边,等待落单的敌人经过时,以迅雷不及掩耳之势跳出来,在极近的距离射击要害部位。如果一枪不能干掉敌人,就没有机会再打第二枪了,但是这种枪由于是超近距离射击,所以命中率非常高,几乎是一枪一个。

使用情况

FP45"解放者"手枪主要是用来抢夺敌人的武器弹药,集中武装和壮大抵抗队伍。二战结束后,大批 FP45"解放者"手枪被美国回收和销毁,许多收藏家想要找 1 把 FP45"解放者"手枪也相当不容易。销毁 FP45"解放者"手枪这个愚蠢的行为导致的后果是,当 CIA 想要在其他战场使用类似的东西时,他们不得不重新设计和制造,并命名为"鹿枪"。然而,他们并没有学到前辈们的经验教训。大量的"鹿枪"也在"越战"后被销毁,结果"鹿枪"比 FP45"解放者"更罕见。

美国柯尔特"蟒蛇"左轮手枪

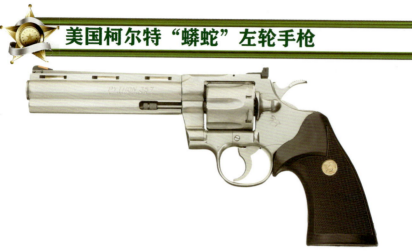

"蟒蛇"左轮手枪是在柯尔特公司诞生150周年时推出的,该枪具有精确的战斗型机械瞄具和顺畅的扳机。

性能解析

最初的"蟒蛇"左轮手枪有皇家蓝色和镀光亮镍两种颜色,之后又推出了不锈钢和鲜浓的蓝色带紫色调手枪,有一种高贵气质。"蟒蛇"左轮手枪的扳机在完全扳上时,弹巢会闭锁以便于撞击子弹底火,弹巢和击锤之间相差的距离较短,使扣下扳机和发射之间的距离缩短,以提高射击精度和速度。

基本参数	
制造商	柯尔特公司
口径	9毫米
全长	203毫米
枪管长	152.4 / 63.5 / 106.1 / 203.2毫米
空枪重量	935.5克
枪口初速	400米/秒
弹容量	6发

总体设计

"蟒蛇"左轮手枪枪管是螺纹接进底把的,枪管上面有1个斜坡形的肋条,根据枪管长度的不同,肋条下与枪管外壁之间分别设有1~4个排气孔式的长方形孔洞,这样的设计据说是防止多次射击后枪管表面的热气影响瞄准视野。在枪管下面有一直延伸到枪口端面的枪管下凸耳,枪管下凸耳里面是空的,因此重量并不大,退壳杆收容在枪管下凸耳中。

"蟒蛇"左轮手枪的战斗型机械瞄具很适合快速瞄准。片状准星用销子固定在枪管顶肋条骨顶的斜坡上,可以在枪厂或通过专业枪匠更换,准星嵌有橙色的塑料片,在光线昏暗的条件下也容易使用;缺口式照门也可以拆卸和更换,可用改锥来调整风偏和高低。所有的型号都能安装瞄准镜,瞄准镜架固定在肋条上。

"蟒蛇"左轮手枪有 4 种不同长度的枪型，最初推出时只有 6 英寸枪管型，后来针对不同的需要分别推出了枪管长度为 2.5 英寸、4 英寸和 8 英寸的型号，通过肋条内的假排气孔数目能辨认出这些型号来。

 美国史密斯 – 韦森 M60 手枪

M60 是史密斯 – 韦森公司于 1965 年推出的左轮手枪，与以往型号不同的是，M60 既可使用 9 毫米马格努姆弹，也可以使用 9.65 毫米特种弹。该枪有体积小巧、质量轻、携带方便、不易被发现以及抽枪比较容易等特点，是针对那些经常在户外活动的人而设计的。

性能解析

M60 左轮手枪结构设计以及表面处理都做得相当完美，其所有结合处的表面，如枪管与枪身、退壳杆与侧板等处都处理得非常精细；那些难以加工的地方，如扳机护圈、枪身轮廓、枪管下方的凸耳等也做得相当好。

这些被人忽视的细节被史密斯－韦森精心设计，使得全枪看起来相当完美。该枪照门为方形缺口式，可调整高低和风偏，准星为斜坡式，且斜坡上有1个内凹的红点。由于在瞄准射击时，过于光滑的枪管表面会产生反光，所有枪管上端面设计有锯齿状条纹。在9米处，当使用雷明顿7.13克JHP弹时，初速为325米/秒，最大散布直径为51毫米；雷明顿8.10克铜被甲弹的初速311米/秒，最大散布直径为64毫米，霍纳蒂冲孔弹的散布直径与雷明顿8.10克铜被甲弹的相同，但初速却是227米/秒；在使用重弹头枪弹时，诺尔玛10.24克软弹的初速为248米/秒，最大散布直径为64毫米；雷明顿10.24克半冲孔弹的初速为252米/秒，最大散布直径为76毫米。

当M60使用9.65毫米特种弹时，总体感觉较好；当使用9.07毫米马格努姆弹时，射手必须紧紧握住握把，否则拇指很容易被撞伤。总体来说，M60是一款非常小巧、质量较轻且手感很舒适的转轮手枪，但并不真正适合9.07毫米马格努姆弹。

基本参数	
制造商	史密斯－韦森公司
口径	9 / 9.65 毫米
全长	127 毫米
枪管长	47.63 / 53.98 / 76.2 / 127 毫米
有效射程	50 米
弹容量	5 发

美国 Bren Ten 手枪

Bren Ten 手枪是在捷克斯洛伐克的CZ-75手枪的基础上改进而来，其结构原理和CZ-75手枪大体相同，但略有改进。

Chapter 02 手　枪

▶ 性能解析

由于 Bren Ten 手枪是纯手工生产和装配,所以产量非常低,当时的产量不足 1500 支。另外,由于两个合伙人想回笼资金,所以 Bren Ten 手枪并没有进行严格的测试,他们就开始接受订单,导致 Bren Ten 手枪市场崩溃。而 Bren Ten 手枪的弹匣是在意大利生产的,当时意大利海关禁止其战争物资投放到美国民用市场,因此该枪的第一批客户在 2 年里都无法买到备用的弹匣。此后,各大客户都开始取消订单。1986 年,Bren Ten 手枪公司被迫申请破产。

基本参数	
制造商	多诺斯和迪克逊企业公司
口径	10 毫米
全长	222 毫米
枪管长	127 毫米
空枪重量	1100 克
有效射程	40 米
弹容量	8/ 10/ 15 发

▶ 总体设计

Bren Ten 手枪的整体设计基本上是由 CZ–75 略为放大和改变口径而成的,具有 CZ–75 的仿制衍生型结构原理,和 CZ–75 基本相同但略有改进。该手枪有单动或双动并有自动击针保险。拇指操作的手动保险有待击解脱功能,个别型号安装有两侧手动保险。Bren Ten 采用全可调的三点式瞄具。全枪由不锈钢制成,表面分别有烤蓝或镀铬处理。

美国 Grizzly 手枪

Grizzly 手枪是由美国人派瑞·阿奈特在 20 世纪 80 年代初期设计的,后来他把生产和销售权卖给了 L.A.R. 公司(公司名字来源于三位创办人名字的缩写：Larisch、Augat 和 Robinson)。该枪的设计源于 M1911 手枪,只是把 M1911 手枪尺寸放大了,许多部件之间可以互换。

Grizzly 手枪使用威力更大的 11.43 毫米温彻斯特-马格南子弹,而不是原版 M1911 手枪的 11.43 毫米 ACP 子弹。此后推出的 Grizzly V 型手枪还可以发射 11.17 毫米马格南和 12.7 毫米 AE 子弹。由于该枪的尺寸、重量和后坐力较大,其主要市场是在狩猎和金属靶射击。Grizzly 手枪于 1999 年停止生产,但直到现在生产商仍然生产着相关的备用零件。

基本参数	
制造商	L.A.R. 公司
口径	11.43 毫米
全长	260.35 毫米
枪管长	165.1 毫米
空枪重量	1 360 克
有效射程	50~80 米
枪口初速	426 米/秒
弹容量	7 发

总体设计

标准 Grizzly 手枪具有 1 个全长 139.7 毫米的套筒,最常见是装有 1 根 165.1 毫米的枪管,而有 1 英寸从套筒向外延伸出来；较不常见的是使用与套筒适型的 139.7 毫米枪管搭配原厂装配的衬套式枪口缓冲补偿器。另外,也为狩猎和金属轮廓靶子竞赛而少量生产具有 203.2 毫米和 254 毫米枪管的特殊型号。Grizzly 手枪口径的改装套件通常包括 1 根枪管、1 个弹匣、抛壳顶杆、抽壳钩、枪管衬套和复进簧。一些手枪还包括 1 个衬套式枪口缓冲补偿器和用于装上补偿器的扳手。

Chapter 02 手　　枪

美国柯尔特 M45A1 手枪

  美国海军陆战队人员日益增多，加上 MEU(SOC) 手枪的部件磨损和撕裂，所以他们试图寻找能替代 MEU(SOC) 的手枪。最开始美国海军陆战队打算购买春田兵工厂的专业型号手枪替代 MEU(SOC) 手枪，但最终放弃了这个想法。

  随后，柯尔特公司以 M1911 手枪为蓝本，设计了一款全新手枪——柯尔特磁道炮手枪。柯尔特公司将该枪交予海军陆战队进行测试，经测试后，该枪的各项性能符合他们的要求，于是便采用了该枪，并命名为 M45A1 手枪。美国海军陆战队与柯尔特签了一份为期 5 年的买卖合约，总价值 2 250 万美元。

基本参数	
制造商	柯尔特公司
全长	215.9 毫米
枪管长	127 毫米
空枪重量	1 034.76 克
有效射程	50 米
枪口初速	310 米/秒
弹容量	7 发

总体设计

  M45A1 手枪是以柯尔特 XSE 手枪为蓝本，并加以改进而成，因此枪身上仍然留下了很多柯尔特 XSE 手枪的影子。作为其中 1 把 M1911 型号的手枪，它的膛室设计和发射的通常都是 .45 ACP 子弹；而且不少零部件也可与其他 M1911 型号通用或改用商业市场出售的相关零部件，例如，握把侧板、机械瞄具和弹匣。

  M45A1 手枪是 1 支全尺寸型号的 M1911 手枪，装有 1 根 127 毫米锻压不锈钢国家比赛等级的枪管。底把和套筒都是由锻压钢制造。不锈钢和黑色、沙色枪身型柯尔特磁道炮的机匣表面分别使用了拉丝亚光和 Cerakote 氮化表面转换处理。柯尔特磁道炮采用单一的全尺寸型复进簧导杆，以及串联式复进簧组件，因此需要在套筒的前面留下多条锯齿状凸起的防滑纹以加强其在强大压力下的抗变形力。

美国 M9 手枪

M9 手枪于 1985 年被美军选为制式手枪，此后各个军种的特种部队都有使用。2003 年，美国军方推出了 M9 的改进型，名为 M9A1，主要加入了皮卡汀尼导轨以对应战术灯、激光指示器及其他附件。

性能解析

M9 手枪的套筒座，包括握把都是铝合金制成的，不过为了减轻枪的重量，握把外层的护板是木质的。在保险装置上，不再是过去的按钮式，而是变成了摇摆杆。扳机护圈的增大，即便戴上手套扳动扳机也非常顺手。另外，M9 手枪在风沙、尘土、泥浆及水中等恶劣战斗条件下适应性强，其枪管的使用寿命高达 1 万发。从 1.2 米高处落在坚硬的地面上不会出现偶发，一旦在战斗中损坏时，较大故障的平均修理时间不超过半小时，小故障不超过 10 分钟。

基本参数	
制造商	伯莱塔公司
口径	9 毫米
全长	217 毫米
枪管长	125 毫米
空枪重量	952 克
有效射程	50 米
枪口初速	353.56 米/秒
弹容量	15 发

总体设计

M9 手枪沿用 92F 的设计，采用短行程后坐作用原理、单/双动扳机设计，以 15 发可拆式弹匣供弹，保险制及弹匣释放钮左右两面皆可操作。M9 手枪配发 M12 手枪套（伯莱塔 UM84 手枪套系统中的一部分），但也有士兵采用其他手枪套。2003 年，军方推出 M9 的改进型，命名为 M9A1，主要加入了皮卡汀尼导轨以对应战术灯、激光指示器及其他附件。M9A1 配发物理气相沉积胶面弹匣来提供更高可靠性以便在阿富汗和伊拉克等沙漠地区顺利运作。

美军士兵使用 M9 手枪

美国 MEU(SOC) 手枪

MEU(SOC) 手枪官方命名为 M-45 MEUSOC,是一种气冷式、弹匣供弹、枪管短行程后坐作用、单动操作的半自动手枪。它已经成为美国海军陆战队远征队侦察部队的备用枪械,并且从 1985 年使用至今。

性能解析

MEU(SOC) 手枪的组件都是由手工装配,因此不能互换。武器的序列号的最后 4 个数字分别印在枪管的顶部和套筒部件的右侧。早期的套筒在前端没有防滑纹,为了便于射手轻推套筒来确认膛内是否有弹,新的套筒在前面增加了防滑纹。该枪安装了 1 个纤维材料的后坐缓冲器,缓冲器可以降低后坐力,在速射时尤其有利。但缓冲器本身似乎不太耐用,而且其上小碎片容易积累在手枪里面导致故障,但大多数陆战队员认为这没多大问题,因为在陆战队里面所有的武器都能得到定时和充分的维护,但这个装置还是一直受到争议。

基本参数	
制造商	美国海军陆战队步枪队装备工作室
口径	11.43 毫米
全长	209.55 毫米
枪管长	128.27 毫米
空枪重量	1 105 克
有效射程	70 米
枪口初速	252.98 米/秒
弹容量	7 发

总体设计

MEU(SOC) 手枪是以军方原来发配给部队的柯尔特 M1911A1 政府型手枪作为基础,在弗吉尼亚州提科镇的美国海军陆战队精确武器工场经过人手挑选、分解、清理毛刺和做好装上新部件的准备。然后装上售后市场上的配件,其包括:由 Videcki 公司生产的握把式保险、圆形击锤、左右两面皆可由拇指操控的手动保险和更轻的扳机,由 Bar-Sto 公司生产的经过改进、提高命中率的机械瞄具和比赛级不锈钢枪管和由威尔逊战斗产品公司生产的 Pachmayr 橡胶握把以及前端的锯齿状防滑纹。

美国海军陆战队队员试射 MEU (SOC) 手枪

美国史密斯-韦森 M1076 手枪

M1076 手枪最早是被美国 FBI 使用,不过其使用时间不到 5 年,实属 FBI 手枪中的"短命鬼"。

性能解析

M1076 手枪被称为史密斯-韦森公司的第 3 代半自动手枪,该枪舍弃了已经沿用多年的安置在套筒尾部的待击解脱杆,而改为安装在底把上的待击解脱杆。

由于没有了手动保险,因此第一发总是双动击发,后续的都是单动。该枪枪身大部分由不锈钢制成,弹匣也是不锈钢,标准的弹匣容量为 9 发,并且 FBI 还为其特工配备 11 发和 15 发加长弹匣。瞄准具为柱形准星和缺口照门,准星和照门都可横向调整且嵌有夜间瞄准用的氚光点。

基本参数	
制造商	史密斯-韦森公司
口径	10 毫米
全长	200 毫米
枪管长	127 毫米
空枪重量	780 克
有效射程	50 米
枪口初速	350 米/秒
弹容量	9 发

美国鲁格 P85 手枪

20 世纪 80 年代末,鲁格公司的 P85 手枪和伯莱塔公司、史密斯－韦森公司的新型手枪,一起参加了美军新手枪选型会第二轮竞争。虽然最后 P85 手枪并没有获得胜利,但是对喜爱鲁格公司产品的人来说,它还是有着不小的吸引力。

性能解析

该手枪有几个突出的特点,第一,全枪只有 56 个零件,而且没有复杂的零件,分解结合十分方便。第二,瞄准具设计独特,准星为刀形,靠 2 个横销固定在套筒上,方形缺口照门与套筒滑动配合,如遇风偏影响,照门可作横向移动进行修正,射手可快速发现目标并获得正确的瞄准图像。第三,耐用性好,该枪的套筒与不锈钢枪管牢固地结合在一起,然后两者一起后坐,后坐一段距离后,枪管从其锁定位置开始向下浮动,而套筒继续后坐并完成抽壳和抛壳过程。

经测试,使用该枪发射 20 000 发子弹,枪械受力件没有出现破损,同时结构内部的运动件也没有出现明显的磨损痕迹。

基本参数	
制造商	鲁格公司
口径	9 毫米
全长	198 毫米
枪管长	114 毫米
空枪重量	907 克
有效射程	50 米
枪口初速	287 米/秒
弹容量	15 发

美国 PMR-30 手枪

PMR-30 半自动手枪是 Kel-Tec 公司在 2009 年年底推出的，发射 5.59 毫米口径的温彻斯特-马格南枪弹，采用双排双进的 30 发弹匣。

性能解析

PMR-30 半自动手枪不仅容易操控，而且弹匣容量大，足足有 30 发。但发射的枪弹尺寸很小，所以这个双排双进的塑料弹匣长度跟普通 9 毫米口径手枪的 15 发双排弹匣差不多，不过宽度要小很多，因此握把比 9 毫米口径手枪的要窄，手掌较小的人也能握得很稳。该手枪非常适合女性防身。

PMR-30 半自动手枪采用回转式击锤击发，击锤就藏在套筒内，在外面看不到，因此只能采用纯双动击发。扳机是简单的 1 道火扣压，它的扳机手感和 Kel-Tec 其他手枪一样糟糕，再加上是纯双动，所以要想上靶可得多练习。该枪左右两侧都有手动保险，可用拇指操控。它的套筒为钢质，底把为聚合物，枪管表面有开槽，既为了减重，也为了增加散热速度。

基本参数	
制造商	Kel-Tec 公司
口径	5.59 毫米
全长	200.66 毫米
枪管长	109.22 毫米
空枪重量	385.6 克
有效射程	50 米
枪口初速	374.89 米/秒
弹容量	30 发

总体设计

PMR-30 半自动采用了直接后坐作用的枪机，加上膛室内部的凹槽，大大减少了抽壳时弹壳和枪膛之间的摩擦力。它具有 23 牛顿扣力的单动操作扳机和在底把后端的手动安全装置。它的膛室是特别为了发射 .22 温彻斯特马格努姆凸缘式弹型子弹而设计的。由于该子弹的弹壳长度比常见的 .22 LR 运动步枪子弹更长和更大的装药量，膛室内加工有横向的环形凹槽，发射时弹壳膨胀变形陷进凹槽里，抽壳阻力增大，以达到延迟后坐力的目的。这样的自动方式在现代手枪中不多见。如此设计可以防止炸壳及套筒后坐速度过大。而其原厂可拆卸式弹匣具有 30 发的容量，弹匣释放按钮的位置是在扳机护圈的后部。当不完全分解此枪时只需要移除位于枪身中间的 1 根插销。

美国史密斯 – 韦森 M500 手枪

很多人都认为"沙漠之鹰"是威力最大的手枪，其实不然，美国史密斯 – 韦森公司的 M500 左轮手枪口径比"沙漠之鹰"大，威力更胜一筹。

M500 手枪发射 12.7 毫米马格努姆大威力手枪弹，由于子弹太大，一般的左轮手枪弹膛能装 6 发弹，而 M500 只能装下 5 发。

该枪所发射的子弹的动能是其他手枪无法相比的，3517 焦耳已经达到了大威力步枪弹的动能，称为手枪实在太小觑于它，"手炮"才能完全诠释它的威力。不过 M500 手枪并非军事用途，而是用于狩猎大型猎物，一枪打死一头非洲象也不在话下。

基本参数	
制造商	史密斯 – 韦森
口径	12.7 毫米
全长	228.6 毫米
枪管长	70 毫米
空枪重量	1 550 克
有效射程	50 米
枪口初速	632 米 / 秒
弹容量	5 发

美国鲁格 Alaskan 左轮手枪

2005年的美国手枪展会上,鲁格公司推出了Alaskan(阿拉斯加人)左轮手枪。该枪的设计理念是"世界上口径最大的短枪管左轮手枪",这一理念再次激起了崇尚大威力手枪爱好者的热情。

性能解析

生活在美国北部山区地带的阿拉斯加人是该枪的忠实拥护者,因为在这个远离城市的地区,外出行走可能会遇到野兽,而一把大威力手枪可以保护自己。此外,在这里盛行各种实弹射击比赛,适当的大威力手枪似乎成了人们的最佳选择。

基本参数	
制造商	鲁格公司
口径	11.17毫米
全长	190毫米
枪管长	63毫米
空枪重量	1 200克
有效射程	50米
枪口初速	427米/秒
弹容量	6发

总体设计

Alaskan左轮手枪的转轮座使用410不锈钢制成,转轮对410不锈钢棒进行切削加工成型,内部枪管则对400系列不锈钢进行冷锻加工成型。内部枪管周围加工有螺纹,以旋进的方式组合到转轮座内。该枪的制造加工方法与"超级红鹰"手枪完全相同。

美国泰瑟枪

泰瑟枪的外形和普通的手枪十分相似,但这种枪并不能发射传统意义上的火药式的枪弹,而是靠发射带有电流的"飞镖"。该枪枪身里面有1个充满氮气的气压弹匣,扣动扳机后,弹匣中的高压氮气迅速释放,将枪膛中的2个电极发射出来,2个电极就像2个小"飞镖",它们前面有倒钩,后面连着细绝缘铜线,命中目标后,倒钩可以钩住犯罪嫌疑人的衣服,枪膛中的电池则通过绝缘铜线释放出高压,令罪犯浑身肌肉痉挛,失去行动能力。

泰瑟枪的电"镖箭"的电压虽然很大,但电流却很小,只有160毫安。被攻击的目标因"电休克"导致其神经系统暂时受损而失去作战能力,不会使对手死亡和造成永久性的身体创伤。因此,使警方不会误杀他人。

基本参数	
制造商	泰瑟公司
最大射程	7米
"飞镖"飞行速度	60米/秒
单次放电持续时间	百万分之一秒

为了帮助专家对电击枪进行全面的分析,同时也为了在法庭上有强力的证据,从2005年起,泰瑟公司为自己生产的电休克手枪安装摄像装置。另外,使用者在扣动扳机后,枪膛后面会弹出许多小纸屑,上面印有本枪的序列号,调查人员可通过它们轻而易举地查到枪的主人。此外,枪内还有1个微型芯片,专门记录每次射击的日期和时间。

美国鲁格 P345 手枪

鲁格公司一改以往手枪风格，推出了 P345 手枪，给人一种耳目一新的感觉。P345 手枪的套筒座前部装有导轨，保险机构设计新颖，是市场上较具安全性的手枪之一。

性能解析

P345 手枪凸耳外形独特，枪管后下部的凸耳带有凹槽，与复进簧导杆后部的凸耳啮合在一起，完成开闭锁过程中的枪管偏移动作。凸耳连接方式由铰链结构改为啮合结构，极大地提高了武器的耐用性。在复进簧导杆上除了装有复进簧外，还增加了 1 个缓冲簧，以缓和套筒后坐到位时的撞击。

P345 手枪的套筒座前部装有导轨，保险机构设计新颖，是市场上较具安全性的自动手枪之一。P345 手枪采用勃朗宁式枪管短后坐工作原理，枪管偏移式闭锁机构。虽然这种工作原理与 P85 手枪相同，但 P345 手枪复进簧导杆上的凸耳有较大改进。P85 手枪上的凸耳受柯尔特政府型手枪结构的影响，以铰链方式连接。但 P345 手枪的凸耳外形独特，枪管后下部的凸耳带有凹槽，与复进簧导杆后部的凸耳啮合在一起，来完成开闭锁过程中的枪管偏移动作，即使射击几万发枪弹，也不容易松动。

基本参数	
制造商	鲁格公司
口径	11.43 毫米
全长	194 毫米
枪管长	107 毫米
空枪重量	832 克
有效射程	50 米
枪口初速	241 米/秒
弹容量	8 发

俄罗斯 TT-30 手枪

TT-30 手枪是由苏联著名枪械设计师托卡列夫于 1930 年设计,茨拉兵工厂生产的一款半自动手枪。该手枪于 1930 年被苏联采用,成为苏联的军用制式手枪,目前已被淘汰。

性能解析

TT-30 手枪使用 7.62×25 毫米口径手枪子弹,在外观和内部机械结构方面,与 FN M1903 手枪有异曲同工之妙,不过不同的是 TT-30 手枪发射子弹时枪机后坐距离较短。TT-30 手枪在开始投产后简化了一些设计,如枪管、扳机释放钮、扳机及底把等,以便更易生产,这种改进型名为 TT-33。为了降低生产成本,苏联在 1946 年再一次对 TT-33 手枪进行了简化的设计。

1954 年苏联停止了 TT-33 的生产后,便把生产设备卖给多个友好国家,并允许它们进行仿制,有些国家至今仍在生产及采用。20 世纪 80 年代,TT-33 仍在多个国家的军警中服役或用作储备(包括俄罗斯及乌克兰)。

基本参数	
制造商	茨拉兵工厂
口径	7.62 毫米
全长	196 毫米
枪管长	116 毫米
空枪重量	840 克
有效射程	50 米
枪口初速	420 米/秒
弹容量	8 发

俄罗斯 APS 斯捷奇金手枪

APS 斯捷奇金手枪是世界上唯一被列为制式军用装备的冲锋手枪,1951年与马卡洛夫 PM 手枪一起被苏联军队采用。

性能解析

为了在全自动射击时容易控制,APS 手枪在握把内安装了 1 个插棒式弹簧缓冲器,并把套筒后坐行程延长到相当于马卡洛夫 PM 手枪弹长度的 2 倍,使理论射速降低到 600 发/分。固定片形准星安装在套筒前方,缺口式照门的射程可调,表尺刻度有 25 米、50 米、100 米和 200 米。

为了进一步增大射程和提高全自动射击时的散布精度,APS 手枪采用了一种可驳接到手枪上充当枪托的硬壳式枪套,既可以通过腰带卡把枪套挂在腰上,也可以通过手枪握把尾端的引导槽驳接枪套,当作枪托使用。

APS 手枪采用简单的自由后坐式工作原理,结构类似于 PM 手枪,外露式击锤,双动扳机,复进簧套在枪管外,双排双进弹匣。APS 手枪比起广泛装备的 PM 手枪有更好的精度和更大的弹容量,而且既能以半自动模式迅速地射击,也能在室内近战的紧急情形下进行全自动射击。现在尽管有更现代化和威力更大的手枪出现,如 GSh–18 手枪,但 APS 手枪由于使用库存量足和价格便宜的 9×18 毫米手枪弹以及良好的射击精度和较低的后坐力,直到现在仍然被俄罗斯的执法机构尤其是特种部队使用。

基本参数	
制造商	图拉兵工厂
口径	9 毫米
全长	225 毫米
枪管长	140 毫米
空枪重量	1 220 克
有效射程	50 米
枪口初速	340 米/秒
弹容量	20 发

俄罗斯 Baikal MCM 手枪

Baikal MCM 手枪是 1948 年由苏联枪械设计师米哈伊尔·马戈林研制的,目的是提供给 25 米标准手枪比赛项目的选手使用。该枪符合所有国际赛事的标准,于 1950 年被正式采用。该枪射击精度高、性能可靠,并且符合当时经济效益,但是在瞄具上有一点小缺陷,这也许与设计师米哈伊尔·马戈林本身是一名盲人有关系,不过这一点小缺陷无伤大雅。

Baikal MCM 手枪还有一款称为 Margo 的衍生型,Margo 的特点是比 Baikal MCM 体积更小,比较方便隐蔽携带。另外,Margo 枪管更短和简化了瞄具,适合用于非正式目标射击及防身用途。

基本参数	
制造商	伊热夫斯克机械厂
口径	5.58 毫米
全长	245 毫米
枪管长	130 毫米
空枪重量	910 克
有效射程	50 米
枪口初速	330 米/秒
弹容量	5/6/10 发

俄罗斯马卡洛夫 PM 手枪

马卡洛夫 PM 手枪由尼古拉·马卡洛夫设计，20 世纪 50 年代初成为苏联军队的制式手枪，1991 年开始逐渐退出现役，但目前仍在俄罗斯和其他许多国家的军队及执法部门中被大量使用。

性能解析

马卡洛夫 PM 手枪的结构与瓦尔特 PPK 手枪基本相同,其区别主要在 6 个地方。第一,马卡洛夫 PM 手枪为左旋复进簧。第二,马卡洛夫 PM 手枪的击锤头与 PPK 手枪不同。第三,马卡洛夫 PM 手枪没有子弹上膛显示器。第四,马卡洛夫 PM 手枪的弹匣卡笋设在握把底部。第五,马卡洛夫 PM 手枪将击锤发弹簧改为弹片。第六,马卡洛夫 PM 手枪有滑套卡笋,在最后一发子弹射出后弹匣托扳会顶住卡笋,使滑套停留在后方。

基本参数	
制造商	伊热夫斯克机械厂
口径	9 毫米
全长	161.5 毫米
枪管长	93.5 毫米
空枪重量	730 克
有效射程	50 米
枪口初速	315 米/秒
弹容量	8 发

总体设计

马卡洛夫 PM 手枪为单动/双动式扳机设计。在完成装填和上膛后,此枪能够在扳机待态和锁上保险的状态下携带。若要开火,用户需把位于滑套上的保险装置调到"待发"的位置,然后再扣动扳机。在双动模式时,射手在打第一枪,扣动扳机的同时会使击锤扳起,故这一枪所需的动扳机压力较大。而随后的射击则会透过其反冲作用的循环而完成抛壳、重新上弹和令扳机待态的过程。而在单动模式时其动扳机压力则较少。

马卡洛夫 PM 手枪是一种半自动手枪,其射速取决于射手每次扣动扳机的速度。射击后弹壳会在射手右方和后方抛出 18~20 米远。在锁定保险的时候,手枪的击锤会同时扳起。这是因为其保险装置具有 1 块阻铁,它会妨碍击锤撞击击针,所以才能够安全地让击锤扳起来。

马卡洛夫 PM 手枪的标准弹匣容量为 8 发,在打完最后一枪后其滑套会处于锁定开放状态,以完成空仓挂机的作用。而在换上 1 个装弹的弹匣后,射手需把位于枪身左边的滑套释放装置推下或直接把滑套向后拉以使把第一发子弹推进膛室。当然,射手也可选择单发装填。马卡洛夫 PM 手枪的弹匣释放钮位于握把底部,这是为了阻止弹匣意外掉出而设。

俄罗斯 SPP-1 手枪

SPP-1 手枪是苏联海军为了在与敌方战斗蛙人对阵时有更大的战术优势，于 20 世纪 60 年代后期要求中央精密机械研究所研制的水下手枪，SPP 是"特种水下手"（Spetsialnyj Podvodnyj Pistolet）英文首字母的缩写。1971 年，该枪开始装备苏联海军的战斗蛙人部队。后来 SPP-1 经过改进，重新定型为 SPP-1M。目前，SPP-1M 仍然被俄罗斯海军特种部队所装备，并通过由俄罗斯政府控制的军事销售组织出口到其他国家。

性能解析

SPP-1 枪管组件前部通过 1 个销轴铰接于底把上，其后部由 1 个锁扣固定在发射位置上。装填时像民用单管或双管猎枪那样扳开枪管，从枪管尾部装填。枪管内没有膛线。

SPP-1 的双动击发机构采用 1 个旋转击针，每次扣动扳机时击针向后进入待发位置，同时击针座会旋转 90°对准下 1 个未发射的枪管位置。在手枪底把的左侧有 1 个扳把，有 3 个功能，位于顶端时是打开枪管用于装填，中间位置时是"保险"，而扳到底部时则是"发射"状态。

基本参数	
制造商	中央精密机械工程研究所
口径	4.5 毫米
全长	244 毫米
枪管长	203 毫米
空枪重量	950 克
有效射程	20 米（水下）
枪口初速	250 米/秒（水上）
弹容量	4 发

水下手枪的主要技术难关是冲破水中阻力和水中操作问题。为冲破水中阻力，SPP-1 配有专用的 SPS 水下枪弹。这种枪弹的口径为 4.5 毫米，拥有形似钢矛的长钉式弹头。弹头长 115 毫米，是口径的 26 倍，加上弹头和弹体又连成直线，因而提高了弹头在水中的稳定性。

俄罗斯 PSM 手枪

PSM 手枪是由苏联 KBP 仪器设计厂于 1969 年设计的，原先打算提供给苏联军队中的高阶军官作自卫武器，但此枪紧凑的枪身，令其成为苏联警察的常用武器。1973 年，该枪在伊热夫斯克机械厂正式投产。该枪有 1 个与其他手枪不一样的地方，就是没有空仓挂机装置，故射手在把子弹打光后难以察觉枪支已弹尽。全枪大部分零件均由钢制成，而其握把护板则是由薄铝板制成，但较新的型号则使用由硬质塑料制造的握把护板。

基本参数	
制造商	伊热夫斯克机械厂
口径	5.45 毫米
全长	155 毫米
枪管长	84.6 毫米
空枪重量	460 克
有效射程	25 米
枪口初速	315 米/秒
弹容量	8 发

总体设计

PSM 手枪采用后坐作用机制运作，扳机为双动式设计，保险装置与滑架一体化。PSM 手枪使用的弹药为中央精密机械工程研究院研制的 5.45×18 毫米枪弹，这种弹药具有高贯穿力的特点，其性能甚至超越了 .22 LR 和 .25 ACP 两种同类型的弹药。

俄罗斯 TP82 手枪

TP82 手枪从外形上看确实是一支真真切切的"手枪",但是它采用的是 3 根枪管,并且不发射传统意义上的手枪弹,而是发射 12.5 毫米霰弹及 5.45 毫米步枪弹,因此与我们通常所说的手枪有实质上的不同。

性能解析

TP82 手枪的 3 根枪管均采用精密压锻直接成型,呈上下两层排列,上层是 2 根发射 12.5 毫米霰弹或 12.5 毫米信号弹的滑膛枪管,下面是 1 根发射 5.45 毫米口径步枪弹的线膛枪管。

TP82 手枪还配有 1 个设计特殊的分体式枪托,该枪托可以拆分为 1 把砍刀和 1 个刀鞘。砍刀既可以用来在树丛中开路、劈柴,也可以将它当铲子用于挖坑。刀鞘可通过砍刀柄上的连接卡笋与其相连,再通过砍刀柄上的定位卡笋与 TP82 手枪握把连接,便可以变身为枪托,用于抵肩射击。

基本参数	
制造商	图拉兵工厂
口径	12.5 毫米(霰弹)、5.45 毫米(步枪弹)
有效射程	20 米(霰弹) 200 米(步枪弹)
枪口初速	300 米/秒(霰弹)、840 米/秒(步枪弹)

俄罗斯 PSS 微声手枪

世界上常见的微声手枪大多是在枪管前加装消声器，而 PSS 微声手枪却独辟蹊径，采用了一种独特的 SP-4 消声弹，通过阻止火药燃气流出达到消声、消焰的目的。这种子弹的有效射程为 50 米，能够穿透 25 米范围内的标准钢盔。发射原理是：枪管前部的内膛做成与弹头直径一样的尺寸，枪管后部的内膛则与弹壳直径相同，然后在弹壳中装入活塞，射击时活塞推动弹头前进，当前进至枪管变径处时，活塞被阻止，而弹头单独继续向前飞行。

总体设计

PSS 微声手枪使用的枪弹称为 7.62×41.5 毫米 SP-4 枪弹，41.5 毫米表示的是弹壳长。这种枪弹的发射药位于轻金属活塞的下方，活塞中央的尖头插入弹头的底部，起到定位弹头的作用。弹头由钢材制成，其前端带有黄铜导引部。弹壳由镀铜钢板制成。底火安装在弹底窝内，以保证在火药燃气的压力下不会被顶出。

基本参数	
制造商	中央精密机械工程研究所
口径	7.62 毫米
全长	165 毫米
空枪重量	700 克
有效射程	50 米
枪口初速	331 米/秒
弹容量	6 发

俄罗斯 MP-443 手枪

MP-443 手枪可与格洛克 17 手枪相媲美，目前，已被俄罗斯军队、保安人员以及政府官员当作自卫武器。

性能解析

MP-443 手枪可单动发射也可双动式发射。在握把上方左右两侧成对配置手动保险杆，左右手均可操作。手动保险杆推向上方位置为保险状态，不仅锁住扳机和阻铁，也锁住了击锤和套筒。枪管后端装有卡铁，该卡铁为 1 个独立件，便于加工。复进簧导杆与空仓挂机轴装在枪管后端的下方，空仓挂机扳把设在套筒左侧。弹匣为钢质件，有 10 发和 17 发两种容弹量，弹匣托弹板由聚合物制成。弹匣扣设在扳机护圈后部，枪身左右两侧和缺口式照门前方设有较大的斜坡，以便装入手枪套时不会被挂住。

基本参数	
制造商	伊热夫斯克机械工厂
口径	9 毫米
全长	198 毫米
空枪重量	950 克
有效射程	50 米
枪口初速	465 米/秒
弹容量	10/17 发

使用情况

2003 年，MP-443 手枪被俄罗斯军队和执法机关以下的各个部队所采用，与 GSh-18 和 SPS 一样作为制式手枪。截至 2008 年，它只在少数的北高加索地区的特种部队所采用。2008 年 10 月，俄罗斯内政部长计划让俄罗斯警察都装备 MP-443 手枪。但由于财政问题和事实上马卡洛夫手枪在俄罗斯的数量仍然是如此丰富，只好作罢。因此在多年以后，马卡洛夫手枪仍然是俄罗斯最主要的警用手枪。2011 年，MP-443 手枪开始大量生产。2012 年，西部军区的军官接受了该武器。

俄罗斯 SR1 "维克托" 手枪

SR1 "维克托" 手枪威力较大，可以在 50 米内轻易穿透大多数防弹衣。因其出口型套筒侧面刻有斑蝰蛇图案，因此也被人称为"斑蝰蛇"手枪。

性能解析

该枪能发射 7N29 手枪穿甲弹、7N28 手枪弹和 7BT3 穿甲曳光手枪弹。发射手枪穿甲弹，在 50 米距离上可穿透汽车侧板，100 米距离上可击穿 1.4 毫米钛钢板或 30 层凯芙拉材料制成的防弹背心。

它的有效射程和火力密集度可比冲锋手枪，而射击精度和侵彻效果又好于冲锋手枪。它的优良性能远远超过一般手枪，堪称世界半自动战斗手枪中的上品。另外，枪体表面光滑，可迅速从枪套或口袋中取出。

基本参数	
制造商	中央精密机械工程研究所
口径	9 毫米
全长	195 毫米
枪管长	112.5 毫米
空枪重量	950 克
有效射程	100 米
枪口初速	420 米/秒
弹容量	18 发

总体设计

SR1 "维克托" 手枪全枪长 195 毫米，枪管长 112.5 毫米，手枪空重 950 克，弹匣容弹量 18 发。它设有 2 道自动保险，既便于安全携带，又可缩短应急射击准备时间。它能发射 7N29 手枪穿甲弹、7N28 手枪弹和 7BT3 穿甲曳光手枪弹。

俄罗斯 GSh-18 手枪

GSh-18 手枪是专为近距离战斗设计的军用半自动手枪，它的优点是体积小、质量轻、弹匣容弹量大和射击稳定性好等，是俄罗斯乃至世界新一代军用手枪中的佼佼者。

性能解析

GSh-18 手枪采用了枪管短行程后坐作用，以及一个不寻常的凸轮偏转式闭锁结构，枪管外表面具有 10 个组成环状、分布均匀的锁耳，回转角度约为 18°。冷锻法制造的枪管具有 6 条多边形膛线，扳机机构为击针击发、双动操作，并设有 1 个默认式扳机，扳机上装有 3 毫米厚的钢板。

基本参数	
制造商	KBP 仪器设计厂
口径	9 毫米
全长	184 毫米
枪管长	103 毫米
空枪重量	470 克
有效射程	50 米
枪口初速	535 米/秒
弹容量	18 发

使用情况

GSh-18 手枪是专为近距离战斗设计的军用半自动手枪，具有体积小、质量轻、弹匣容弹量大和射击稳定性好等优点，是俄罗斯乃至世界新一代军用手枪中的佼佼者。俄罗斯多个执法机关已经装备了 GSh-18 手枪，它最受俄罗斯警察特别是车辆检查人员的欢迎。GSh-18 手枪体积小，便于随身携带，在配用 7N31 穿甲弹时还可以击毙车辆内负隅顽抗的罪犯。

俄罗斯 DOG-1 手枪

俄罗斯瓦杰斯基波利亚尼兵工厂受警察的要求来研发一款使用大口径发射特种弹的左轮手枪,该厂的产品就是 DOG-1 手枪。该枪采用过去整体左轮方式的设计,这种结构设计是由于左轮座上无铰接件,装弹与排壳必须拔出左轮轴,取下左轮。左轮弹膛内发射后的空弹壳,用左轮轴逐发推出,然后重新逐发装填。这种极原始的操作方式不仅麻烦,而且左轮轴容易丢失和跌落。

该枪可使用 12.5 毫米口径的特种弹,包括钢球弹、塑料弹、橡胶弹、催泪毒气弹和染色弹等。发射方式为常规双动式,击锤外露扣动扳机可双动发射,也可手扳击锤以单动方式发射。该枪操作性能相比其他左轮手枪而言有明显不足,至今尚无改进的信息,现在只有试制品,无批量生产。

基本参数	
制造商	瓦杰斯基波利亚尼兵工厂
口径	12.5 毫米
全长	230 毫米
空枪重量	870 克
有效射程	50 米
枪口初速	320 米/秒
弹容量	6 发

比利时 FN M1900 手枪

FN M1900 手枪的问世，宣告了非自动手枪时代的终结，同时也宣告了自动手枪时代的兴起。该枪是由勃朗宁设计的，也是其与 FN 公司合作推出的第一支自动手枪。他们为这支手枪设计了 1 个独特的旗标，其图案直接采用了这支手枪的左侧外观图形，并且铭刻在手枪左侧枪管座外平面上。从外形上看，FN M1900 手枪的最大特点是扁薄平整、坚实紧凑、简洁明快、大小适中。在结构性能方面，FN M1900 手枪结构简单、动作可靠、保险可靠，特别是在战斗使用方便与安全可靠性方面的考虑甚为周到。

基本参数	
制造商	FN 公司
口径	9 毫米
全长	172 毫米
枪管长	102 毫米
空枪重量	625 克
有效射程	50 米
弹容量	8 发

性能解析

FN M1900 手枪在结构布局上采用了复进簧上置而枪管下置，这种布局的最大优点是，使枪管轴线降低到与射手的持枪手虎口同高，射击时，后坐力几乎均匀地作用在持枪手虎口上。该手枪的枪机质量相对较大，与套筒的共同作用基本消除了射击时枪口上跳，使基础精准度进一步加大。

FN M1900 手枪的枪机上方，有带 V 形缺口和纵向照准槽的照门座。其下方有与套筒复进簧槽相配合的导棱，并有 2 个直径为 6 毫米的套筒驻螺孔。拨杆是1个具有击锤、弹膛有弹指示以及复进机连杆三重作用的杠杆。

FN M1900 手枪的手动保险也设在套筒座左侧靠后的地方，当右手握枪时，拇指可以非常方便且平滑地拨动保险。当保险处于下方位置时，其上方露出 FEU 字样，表示解除保险，此时可以拉动套筒，推弹上膛并扣动扳机发射；当保险被拨向上方位置时，其下方露出 SUF 字样，表示手枪处于保险状态，此时不能拉动套筒也扣不动扳机。

比利时 FN M1903 手枪

FN M1903 手枪在使用安全可靠性方面，除设置手动保险、不到位保险外，还增加了握把保险和无弹匣保险。

性能解析

FN M1903 手枪保持了勃朗宁一贯的创新、简单、实用的传统设计思想，全枪只有 37 个零件。在总体结构布局上，FN M1903 采用了复进簧下置方案。早期生产的 FN M1903 手枪只有 7.65 毫米口径一种，1908 年以后，开始生产 9 毫米口径型号。两种型号除了口径不同外，主要不同点在于，前者的套筒与枪口套是 2 个分开的零件，后者则为 1 个整件。

FN M1903 手枪最典型的结构创新是采用了内置式击锤的发射机构，这种机构有两个优点：第一，它通过击发阻铁解脱击锤来击打击针，比平移式击针击发机构要可靠得多，因为击锤通过击锤簧获得的击发能量，要比靠

基本参数	
制造商	FN 公司、柯尔特公司
口径	7.65/9 毫米
全长	205 毫米
枪管长	127 毫米
空枪重量	930 克
有效射程	50 米
枪口初速	318 米/秒
弹容量	8 发

击针簧张力进行平移运动击发的能量更大、更稳定；第二，内置式击锤的结构布局，满足了当时人们对小型自卫手枪外部总体造型布局的需要，FN M1903 手枪具备可靠性和外观协调性，"鱼与熊掌兼得"，受到赞赏当在情理之中。

使用情况

因为 FN M1903 手枪设计和制造都很简单，1905 年西班牙开始大量仿制，尤其是 1905—1935 年，西班牙生产的大量不同口径的廉价自动手枪都是其仿制品。FN M1903 是约翰·勃朗宁在 1902 年设计的，并在 1903 年由比利时 FN 公司及美国的柯尔特公司正式生产。由于勃朗宁 FN M1903 手枪以当时而言的高可靠性、高准确度、重量轻及装填迅速，在推出后便成了当时世界上生产和销售范围最广泛的半自动手枪，为巴拉圭、瑞典（合法生产，名为 Husqvarna m/ 1907）、土耳其（仿制型）、爱沙尼亚，甚至是俄罗斯军队或警队的制式手枪，而比利时及荷兰只装备其警队。勃朗宁 M1903 手枪的设计亦影响其后推出的手枪，包括 FN M1911、TT-30/ 33、马卡洛夫手枪（Makarov，又名 PM）等。后来，美国把一批进口的 FN M1903 改为更常见的 9.65 毫米 ACP 口径。由于它坚固的金属部件，其可靠性比 100 年后制造的 9.65 毫米手枪相当甚至更高。

比利时 FN M1906 手枪

FN M1906手枪是由勃朗宁于1904年研发的,是世界上第一支袖珍型半自动手枪。

性能解析

FN M1906手枪结构简单,只有33个零件,可迅速分解为套筒、枪管、复进簧及其导杆、击针和击针簧组件、套筒座、弹匣、连接销7个部分。FN M1906手枪延续并改进了在FN M1903手枪上应用的一种新型结构,即在枪管下方设计了3个肋状闭锁凸笋,从而有效地与套筒座相扣合,使分解非常容易。

基本参数	
制造商	FN公司
口径	6.35毫米
全长	114毫米
枪管长	53.5毫米
空枪重量	350克
有效射程	30米
枪口初速	210米/秒
弹容量	6发

总体设计

FN M1906手枪尺寸较小,全枪长仅为114毫米,比成年男性的手掌要短得多,即使握在手中也不引人注目。枪身宽约25毫米,体积只比一包香烟略大,紧急情况下在衣袋内即可直接射击。该枪质量较轻,空枪重量350克,带1个实弹匣,质量仅400克,因此颇受上流社会淑女的青睐。

FN M1906采用自由枪机式自动方式,惯性闭锁机构将该枪套筒向后拉到位,使手动保险卡入套筒左侧前部缺口,然后将枪管向抛壳窗方向旋转90°,使凸笋释放,左手握住套筒并拔下保险,将套筒向前取下,再将枪管转回原位,使其尾部向下脱离抱弹槽,即可向后抽出枪管。此外,击针兼有抛壳挺的作用,击发后,套筒后坐到一定位置时,击针先停止运动并与抽壳钩配合,将弹壳向右后方抛出。

比利时 FN 57 手枪

　　FN 公司还针对美国市场把 57 手枪分成两种型号——IOM 型和 USG 型。IOM 型（Individual Officer Model，官员个人型）是供给执法机构或军事人员使用。USG 型（United States Government，美国政府型）则是供美国的执法部门或平民使用。两种型号在外观上几乎没有区别，主要识别特征是 IOM 型握把侧板上为粒状花纹，USG 型为格子状花纹；IOM 型扳机护圈维护原来的双弧形状，USG 型扳机护圈底部为平直设计；IOM 型弹匣扣很小，而 USG 型较大。另外两种手枪的照门缺口形状也稍有不同。

性能解析

　　FN 57 手枪采用枪机延迟式后坐，非刚性闭锁，回转式击锤击发等设计。该枪首次在手枪套筒上成功采用钢－塑料复合结构，支架用钢板冲压成型，击针是用机械加工，用固定销固定在支架上，外面覆上高强度工程塑料，然后表面再经过磷化处理。

基本参数	
制造商	FN 公司
口径	5.7 毫米
全长	208 毫米
枪管长	122 毫米
空枪重量	617 克
有效射程	50 米
枪口初速	716 米/秒
弹容量	10/20/30 发

意大利伯莱塔 M1934 手枪

伯莱塔 M1934 自动手枪是伯莱塔公司于 20 世纪 30 年代研制的，具有结构简单、坚固、动作可靠和制造成本低等特点。它是二战结束时美军手中价值较高的战利品之一，这点甚至影响了战后美国手枪的选型。

性能解析

1915 年，伯莱塔研制出伯莱塔 M1915 式半自动手枪，1919 年，又推出了改进型伯莱塔 M1919 手枪，从该枪开始，伯莱塔公司设计的手枪均采用顶部削薄的套筒，以减轻全枪重量。1931 年，伯莱塔综合过去各种手枪的优点研制出 M1931 手枪，次年推出了M1932 手枪。1934 年，意大利陆军对这些手枪进行试验，最后选择 M1932 手枪修改型作为制式武器，命名为"伯莱塔 M1934"。

基本参数	
制造商	伯莱塔公司
口径	9 毫米
全长	149 毫米
空枪重量	660 克
有效射程	50 米
枪口初速	240 米 / 秒
弹容量	8 发

M1934 手枪采用自由枪机后坐自动方式，枪身铭文标于套筒左侧，序列号标于套筒右侧和套筒座上。手动保险位于套筒座左侧、扳机上方。保险向前拨动为保险，向后拨动为射击。弹匣扣位于握把底部。

意大利伯莱塔 92 手枪

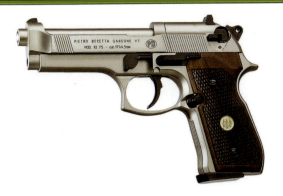

伯莱塔 92 手枪的产量不足 5000 支,除了被巴西陆军采用外,只有极少量被意大利海军的蛙人突击队采用。

性能解析

伯莱塔 92 手枪采用枪管短后坐式工作原理,通过上下摆动的闭锁卡铁进行开锁和闭锁。套筒座由航空铝材制成,套筒用钢制造,而握把护板则采用木材。

伯莱塔 92 手枪的手动保险位于套筒座的尾端,而弹匣扣则在握把的后下方。另外,伯莱塔 92 手枪的抽壳钩还兼有膛内有弹指示功能,当弹膛内有弹时,抽壳钩会在侧面凸出并显示出红色的视觉标记,即使在晚上也能通过触摸感觉到。伯莱塔 92 手枪采用航空铝材制成的底把,是伯莱塔公司超过 30 年的冶金试验的成果。伯莱塔产品传统的开顶式套筒设计容易分解和维护。伯莱塔 92 手枪采用 15 发的大容弹量弹匣。弹匣扣位于握把左侧、扳机后方。

基本参数	
制造商	伯莱塔公司
口径	9 毫米
全长	217 毫米
枪管长	125 毫米
空枪重量	950 克
有效射程	50 米
枪口初速	381 米 / 秒
弹容量	15 发

使用情况

巴西军队是第一支采用伯莱塔 92 手枪作为制式手枪的军队。在增加"跌落保险"装置后的伯莱塔 92 型手枪被重新命名为 92S 型,为意大利国家警察及意大利宪兵所采用。1986 年被采用为美军制式手枪,命名为 M9 手枪,装备美国海陆空三军、海军陆战队与海岸警备队。与此同时,美国许多执法部门也装备了 M9 手枪。

意大利伯莱塔 93R 手枪

20 世纪 70 年代,意大利国内恐怖活动日益猖獗,为了保证执法单位人员安全,伯莱塔公司设计了一款火力强大、可随身携带的小型自动武器——伯莱塔 93R 手枪,该枪的设计源于 M1951 手枪。

伯莱塔 93R 手枪采用单动式扳机设计,这是和伯莱塔 92 手枪最大的不同。另外,该枪可选择单发或三发点射,所以比伯莱塔 92 手枪多出了 1 个射击选择钮,位置在拇指的上方,当选择钮对准上方的 1 个白点时,手枪只能射出 1 发子弹,对准下方的 3 个白点时,则可以 1100 发 / 分的射速打出 3 发子弹。

伯莱塔 93R 手枪的三发点射模式表面上看起来可以节省子弹、提高命中率,事实上却限制了它的火力。由于执法人员对此产品的评价一向不高,所以该枪很难打入市场,现在早已停产。

基本参数	
制造商	伯莱塔公司
口径	9 毫米
全长	250 毫米
枪管长	157 毫米
空枪重量	1170 克
有效射程	50 米
枪口初速	375 米 / 秒
弹容量	20/15 发

意大利伯莱塔 92S 手枪

伯莱塔 92S 手枪是由意大利伯莱塔公司生产的一款手枪，目前在多个国家服役，如意大利、美国和加拿大等。

性能解析

1980 年，美国空军开始对参加对比测试的各型 9 毫米口径半自动手枪进行评估。与此同时伯莱塔公司根据一些警察和军队的反馈，对伯莱塔 92S 手枪进行改进，推出一款增加了击针保险装置的新型号，命名为"伯莱塔 92SB"。这种新的击针保险装置能始终卡住击针避免意外击发，只有在扣动扳机时击针保险才会释放击针。

基本参数	
制造商	伯莱塔公司
口径	9 毫米
全长	197 毫米
空枪重量	950 克
有效射程	50 米
枪口初速	390 米/秒
弹容量	13 发

总体设计

伯莱塔 92S/92SB 手枪采用手动保险分隔扳机和阻铁，在射击时，除非扳机被完全扣压到位，否则撞针总是处于锁定状态。其撞针靠惯性运转，有半待发位置。握把前面和后面有凹处，更方便握持。

意大利伯莱塔 90TWO 手枪

相对于伯莱塔 92FS 手枪（美国 M9 手枪）来说，伯莱塔 90TWO 手枪最明显的变化是增设了手枪套筒座内的缓冲垫，该缓冲垫的增设有利于缓和后坐力，进一步提高命中精度。套筒座握把部位前端比 92FS 手枪更薄，新设计的骷髅状击锤也引人注目。

性能解析

伯莱塔公司对 90TWO 手枪外形的线条进行了前卫的设计，并考虑到收枪和掏枪时的动作，特意采用带有弧度的轮廓，并重新采用了 92SB 手枪的弧线形扳机护圈。90TWO 手枪外观设计中的另一个看点在于增加了 1 个导轨护套，采用导轨护套的目的是在遭到意外撞击时保护导轨。

基本参数	
制造商	伯莱塔公司
口径	9 毫米
全长	217 毫米
枪管长	125 毫米
空枪重量	921 克
有效射程	50 米
枪口初速	365~381 米/秒
弹容量	10 发

90TWO 内部机构的整体设计与 M92FS 基本上没有什么变化，只是对细部进行了一些改进。最明显的是增设了 90TWO 手枪套筒座内的蓝色缓冲垫，该部件安装在套筒座内与后退的套筒撞击的部分，向前方凸出约 2 毫米。该缓冲垫的增设有利于缓和后坐力，进一步提高命中精度。

奥地利斯泰尔 GB 手枪

奥地利军队对 Pi18 式手枪情有独钟，但由于长时间使用这一款手枪，士兵难免有所不满。1970 年，由斯泰尔公司设计、生产了一款新型手枪——GB 手枪，该手枪是根据 Pi18 式手枪改造的。虽然只是改造版，但是也无法阻挡该枪闻名于世的脚步，曾经还与世界名枪瓦尔特 P88 手枪一起参加美国陆军 1983—1984 年的手枪竞标试验。

性能解析

GB 手枪采用了半自由枪机式工作原理，借助射击后流入气室内的火药气体达到延迟后坐的作用。枪管外表面和套筒之间形成 1 个封闭的环形空间作为气室，枪管外有 1 个导气孔，射击时部分气体流入环形空间从而产生高压，并作用于套筒前端以阻滞强烈的后坐从而产生阻滞作用。另外，该枪使用双排弹匣供弹，配有空仓挂机结构。

基本参数	
制造商	斯泰尔公司
口径	9 毫米
全长	216 毫米
枪管长	136 毫米
空枪重量	845 克
有效射程	50 米
枪口初速	360 米/秒
弹容量	18 发

奥地利格洛克 17 手枪

格洛克 17 手枪是奥地利格洛克公司研制的第一款手枪，于 1983 年成为奥地利军队的制式手枪，此后被世界上数十个国家的军队和执法机构所采用。

性能解析

格洛克 17 手枪及其衍生型都以可靠性著称。因为坚固耐用的制造和简单化的设计，它们能在一些极端的环境下正常运作，并且能使用相当多种类的子弹，更可改装成冲锋枪。而且它的零件也不多，因此维修相当方便。和所有格洛克系列手枪一样，格洛克 17 手枪也有 3 个安全装置。另外，格洛克手枪可在水下发射，不过格洛克公司指出如在水下发射可能会使射手受伤，即便如此，部分蛙人部队还是装备格洛克 17 手枪以备应急之用。

基本参数	
制造商	格洛克公司
口径	9 毫米
全长	202 毫米
枪管长	114 毫米
空枪重量	625 克
有效射程	50 米
枪口初速	370 米/秒
弹容量	10/17/19 发

总体设计

2010 年之后的格洛克 17 手枪采用了新的纹理设计，握把由粗糙表面改凹陷表面，而握把略为缩小，而且以往的不能更换改为可以更换握把片（分别是中型和大型，亦可不安装握把片直接使用），以调整握把尺寸，更适合不同的手形。套筒内部的复进簧改为双复进簧式设计，大大降低了后坐力和提高了全枪的寿命。为了适应双复进簧式设计，套筒下的聚合物枪身前端部分较前一代格洛克 17 手枪略为加宽。弹匣经过改进，左右手皆可以直接按下加大化的弹匣卡笋以更换弹匣，也可以与旧式弹匣共用，但其只可以右手按下弹匣卡笋以更换弹匣。

奥地利格洛克 20 手枪

格洛克 20 手枪是针对美国安全部队而设计的，由于威力比格洛克 17 手枪更强大，因此手枪的尺寸亦略大于格洛克 17 手枪，虽然在许多小部件上可以交换使用(接近 50% 的零部件通用性)，但由于主要部件扩大令其不能交换使用。

性能解析

格洛克 20 手枪经历了 4 次改良，新推出的格洛克 20 手枪为了提高人机工效，握把由粗糙表面改凹陷表面，并且可以调整握把尺寸，以便适合不同的手形。套筒内部的复进簧改为双复进簧式设计，降低了后坐力，提高了全枪的寿命。

为了适应双复进簧式设计，套筒下的聚合物枪身前端部分较前一代格洛克 20 手枪略为加宽。左右手皆可以直接按下加大化的弹匣卡笋来更换弹匣，也可以与旧式弹匣共用，但只可以右手按下弹匣卡笋来更换弹匣。

基本参数	
制造商	格洛克公司
口径	10 毫米
全长	209 毫米
枪管长	117 毫米
空枪重量	785 克
有效射程	50 米
枪口初速	380 米/秒
弹容量	10/15 发

奥地利斯泰尔 TMP 手枪

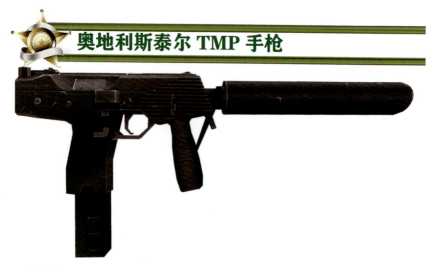

斯泰尔 TMP 手枪结构简单、操作简便,并且包含了冲锋枪和手枪两种武器性能,它由 41 个零部件组成,大部分零件采用塑料材质。该枪是由斯泰尔公司根据北约个人自卫武器概念研制的,于 1992 年正式推出,随后装备于奥地利军队车辆、飞机驾驶员,以及工兵、通信兵、重武器射手等。

性能解析

该枪采用管退式工作原理,枪机回转式闭锁方式,拉机柄设在武器后面表尺座的下面,向后拉便可使枪待击,利用双动扳机选择单、连发射击方式,当扳机位于第一个作用点时为单发,继续扣压扳机通过单发点后即为连发射击。

基本参数	
制造商	斯泰尔公司
口径	9 毫米
全长	282 毫米
枪管长	130 毫米
空枪重量	1 300 克
有效射程	50~100 米
枪口初速	380 米/秒
弹容量	15/30 发

总体设计

斯泰尔 TMP 手枪横闩式保险卡笋具有 3 个设定位置,即保险、单发和连发。当设定在中间位置时,扳机的运动受到限制,此时只能实施单发射击。斯泰尔 TMP 手枪配有前握把,并可在枪口处加装消声器。9 毫米特种用途手枪只能单发射击,而且没有前握把,其他结构与斯泰尔 TMP 相同。斯泰尔 TMP 手枪采用机械瞄准具,由片状准星和缺口式照门表尺组成。

瑞士 SIG Sauer P220 手枪

基本参数	
制造商	SIG 公司
口径	9 毫米
全长	198 毫米
枪管长	112 毫米
空枪重量	800 克
有效射程	50 米
枪口初速	350 米/秒
弹容量	9 发

　　P220 手枪是由瑞士 SIG 公司（瑞士西格公司成立于 1853 年，1974 年收购了德国绍尔公司。更名为西格·绍尔公司，简称 SIG 公司）设计的 SIG Sauer 系列手枪中最早的型号，其性能完善、安全可靠，而且价格也相对便宜。

性能解析

　　P220 手枪有许多创新的特点，其中之一就是简化了勃朗宁发明的延迟后坐闭锁方式，只用套筒的抛壳口直接与弹膛的外部的闭锁块配合来进行闭锁，而不需要专门在枪管上增加闭锁凸耳，在套筒内铣出闭锁沟槽来配合。

　　P220 手枪的底把材料为铝合金，表面做亚黑色阳极化抛光处理，铝底把在当时来说是较为少见的设计，可减轻手枪的重量。套筒是由 1 块 2 毫米厚的钢板冲压成型，再通过电焊把整个枪口部接上，经回火后钻孔，再用机器做深加工。击锤、扳机和弹匣扣均为铸件，而分解旋柄、待击解脱柄和空仓挂机柄均为冲压钢件，枪管是用优质钢材冷锻生产。握把侧片的材质是塑料，复进簧则是缠绕钢丝制成。枪机体用 1 根钢销固定在套筒尾部。

总体设计

　　P220 待击解脱杆位于握把左侧，连接销位于扳机后方。向下按压，则解脱击锤并使其处于安全凹槽中。自动击针保险装置使击针始终处于锁定状态，只有扣动扳机的最后时刻才会解锁。握把左侧上方的卡钮为套筒锁，用于拆卸手枪而不是保险装置。弹匣扣位于握把底部。卸下弹匣，后拉套筒退出枪膛中的枪弹，通过抛壳口检查枪膛，松开套筒，扣动扳机。

瑞士 SIG Sauer P230 手枪

P230 手枪是 SIG 公司首次生产的一款袖珍型半自动手枪,于 1977 年推出,主要供高级军官及便衣刑警使用。

▶ 性能解析

P230 手枪的特色在于它配备有双动式扳机系统及击锤管制系统。由于该手枪在设计时主要是针对便衣刑警,因此为了缩小枪支的体积,采用单排式弹匣。在枪支的外观设计上,也尽量做到避免有零件凸起的情况发生。P230 手枪使用小口径枪弹,所以无闭锁装置,它的枪管以弹簧销固定在枪身座上,复进簧则直接缠绕在枪管上再套上滑套,这使 P230 手枪经快速分解后仅有 4 项组件,可简化保养步骤。

基本参数	
制造商	SIG 公司
口径	9 毫米
全长	168 毫米
枪管长	92 毫米
空枪重量	460 克
有效射程	35 米
枪口初速	275 米/秒
弹容量	7 发

▶ 总体设计

P230 手枪无手动保险。待击解脱杆位于套筒座左侧,可让待击击锤安全释放。自动击针保险装置使击针始终处于锁定状态,只有扣动扳机的最后时刻才会解锁。弹匣扣位于握把底部。卸下弹匣,后拉套筒退出枪膛中的枪弹,通过抛壳口检查枪膛,松开套筒,扣动扳机或按压待击解脱杆。

瑞士 SIG Sauer P229 手枪

P229 是一款大口径手枪，经过多次改进之后，现在是一款性能非常可靠的手枪。

性能解析

P229 手枪有两个非常突出的优点：第一，结构紧凑，解脱杆安装在套筒座上，精巧的布局使其操作简单；第二，精度好，它在与世界名枪 M4006 对比射击中，命中率要优于 M4006 手枪。

P229 手枪在保险装置设计与左轮手枪有些相似，其扳机有前后 2 个位置，当在安全状态下，使用者可通过放重锤按钮使滑膛后的重锤放下，同时带动扳机前移。另外，枪身内部的保险杆深入撞针槽，挡住撞针前后移动，使其不能与上膛子弹底火发生接触，即使枪掉在地上也不容易发生走火。

基本参数	
制造商	SIG 公司
口径	9 毫米
全长	180.34 毫米
枪管长	99.06 毫米
空枪重量	907.18 克
有效射程	50 米
枪口初速	340 米/秒
弹容量	15 发

使用情况

P229 手枪在德国埃肯弗特的西格－绍尔公司和美国新罕布什尔州埃克塞特城的 Swiss Arms 公司（简称 SIGARMS 公司）两地同时生产。P229 手枪在美国及欧洲一些国家的执法部门和军队中被广泛使用，诸如美国海岸警卫队、国土安全部、美国外交安全局和一些州的警察局，英国军队、瑞典警察等。

瑞士 SMG 迷你手枪

瑞士"枪匠"公司将柯尔特大蟒型左轮手枪按比例缩小而制作出来一款迷你型的左轮手枪——SMG 迷你手枪。

性能解析

SMG 迷你手枪被众多军迷视为收藏珍品,但因为其具有杀伤性,所以这款"工艺品"枪支要经过瑞士火器局核准的人士才能购买。自 2005 年上市以来,SMG 迷你手枪销量已经达到 500 支,主要都是被中东和远东的收藏家购买。

该枪枪柄有多种款式,其中包括乌木枪柄、手工雕刻枪柄、镶有钻石或者其他宝石的黄金枪柄。不锈钢乌木枪柄型的售价约为 3 000 欧元,而黄金版则要至少 3 万欧元。据说有客户订购了 1 支镶嵌了 15 颗钻石的 SMG 迷你手枪,售价 12 万美元。

基本参数	
制造商	"枪匠"公司
口径	2.34 毫米
全长	55 毫米
空枪重量	68 克
有效射程	30 米
枪口初速	180 米/秒
弹容量	6 发

瑞士 SIG Sauer P239 手枪

SIG Sauer P239 手枪是用于个人防身的半自动手枪,可使用双动、单动 2 种发射模式。和所有 SIG 公司的半自动手枪产品一样,SIG Sauer P239 手枪具有 1 个待击解除杆,该特点使在双动、单动机构已将子弹入膛的情况下,也可安全地携带。这意味着首发子弹只能是在扳机被实际扣下才能被发射。后续的子弹可在单动模式下被击发,即手枪可利用反冲自动回到待击状态。

总体设计

SIG Sauer P239 手枪手动保险位于握把后缘的顶部。待击解脱杆位于握把左上方,按住它可释放击锤。自动击针保险始终锁定击针,除非将扳机扣到底。弹匣扣位于握把左边或右边、扳机后方。卸下弹匣,后拉套筒退出枪膛中的枪弹,松开套筒,扣动扳机。

基本参数	
制造商	SIG 公司
全长	168 毫米
枪管长	91 毫米
空枪重量	714 克
有效射程	50 米
枪口初速	245 米/秒
弹容量	8 发

瑞士 SIG Sauer SP2022 手枪

SIG Sauer SP2022 手枪是瑞士 SIG 公司 SP 系列手枪的最新型，该枪不仅价格低，而且结构紧凑、使用安全、操作简便，因而深受军警部门青睐。

性能解析

弹容量多达 15 发且配用 9 毫米口径弹药，它正是 SP2022 手枪的魅力所在。只要选择重弹头枪弹，在护身方面，就会有一些困难，而该枪将这个方面做得非常完美，成为最令人信服的手枪。该枪配用 15 发容弹量的直弹匣，射手可以根据弹匣侧面 13 个数字观察剩余弹数，其排列与格洛克手枪弹匣类似。弹匣底座有长底座与短底座 2 种，后者与 P229 手枪的弹匣相似，适宜隐蔽携枪时配用。SP2022 手枪继承了 SIG P220 系列手枪的工作原理及基本结构，并在设计上有所创新和改进，从而使该枪具有结构紧凑、牢固、安全性良好和操作简便等特点。该枪继承 P220 系列手枪采用的枪管短后坐式工作原理及枪管摆动式闭锁方式。枪管弹膛下方的椭圆孔与 P210、CZ75 手枪相同。套筒后退时，空仓挂机的轴与枪管后端椭圆孔的开锁斜面相互作用，使枪管尾端向下倾斜，枪管与套筒脱离，实现开锁。套筒复进时，空仓挂机的轴与椭圆孔的闭锁斜面相互作用，使枪管尾端上抬，闭锁凸笋进入套筒的闭锁槽，实现闭锁。SP2022 手枪与其他 SIG 手枪均采用传统的击锤式击发机构，同样可单动或双动击发。SP2022 手枪的创新之处是握把与套筒座后方装有发射机构控制模块，可以简便地更换模块选择双动/单动和纯双动功能。SP2022 与 P220 系列手枪一样具有扳机力较小的特点，但扳机力不如 P220 系列手枪平滑（SP2022 的扳机力单动 18N，双动 45N）。

基本参数	
制造商	SIG 公司
口径	9 毫米
全长	187 毫米
枪管长	98 毫米
空枪重量	765 克
有效射程	50 米
枪口初速	390 米/秒
弹容量	15 发

以色列"沙漠之鹰"手枪

"沙漠之鹰"手枪是以色列军事工业生产的一种大口径半自动手枪,该枪的体积和重量很大,威力极强,拥有极高的知名度,是世界著名的大口径、大威力手枪。该枪曾在许多电影和电视剧中亮相,当剧本中提到大威力手枪时,几乎都会选择"沙漠之鹰"手枪作为道具。

性能解析

"沙漠之鹰"手枪采用常用在步枪上的气动机构,这是因为它发射的是大威力子弹,而一般的气动机构在面对这种子弹时强度有所不足。该枪的握把很大,通常采用硬塑胶整体制造,用弹簧销固定。为了降低后坐力,它采用了2根平行的复进弹簧。它在射击时会产生很大的噪声,而且后坐力极大,故障率也较高。过高的杀伤力也是军方和警方对该枪的兴趣大大降低的原因之一,因为这样无论是对射手还是射手旁边的人都存在很大的安全隐患。

基本参数	
制造商	IMI 公司
口径	9 毫米
全长	269 毫米
枪管长	152 毫米
空枪重量	1 360 克
有效射程	50 米
枪口初速	402 米/秒
弹容量	9 发

使用情况

"沙漠之鹰"手枪因在射击时所产生的高噪声导致军、警方拒绝采用,又因"沙漠之鹰"的贯穿力强,甚至能穿透薄墙,因此"沙漠之鹰"目前仅少量用于竞技、狩猎、自卫。该型枪被波兰陆军特种部队机动反应作战部队所采用;被葡萄牙的特别行动小组使用。

以色列杰里科 941 手枪

杰里科 941 手枪是以色列军事工业公司推出的一种新型手枪。早期杰里科手枪缺乏强大的营销支持,所以没有成功向公众推广。后来为了能够进入美国市场,IMI 推出了杰里科 941 手枪。

性能解析

杰里科 941 手枪采用枪管短后坐式工作原理,枪管偏移式开闭锁机构,内部结构类似勃朗宁手枪系统。它可以双动射击,套筒在套筒座导轨上运动,有利于保证射击精度。手动保险柄左右手都可单手操作。该枪还可通过迅速变换枪管、弹匣等部件发射其他口径枪弹。此外,它采用可调整风偏的片状准星和缺口照门,准星和照门上都有发光点,以利于夜间射击。

基本参数	
制造商	IMI 公司
口径	9 毫米
全长	207 毫米
枪管长	112 毫米
空枪重量	1 000 克
有效射程	50 米
枪口初速	400 米/秒
弹容量	12 发

使用情况

杰里科 941 手枪于 1990 年出口至美国,后以进口的莫斯伯格父子命名为"乌兹鹰"(Uzi Eagle)和"小沙鹰"(Baby Eagle)。以色列各警察和安全部队也采用该枪进行执法行动。同时该枪也为菲律宾武装部队、菲律宾国家警察、韩国 707 特战营使用。

捷克共和国 Vz.61 冲锋手枪

基本参数	
制造商	乌尔斯基·布罗德国营兵工厂
口径	9 毫米
全长	270 毫米
枪管长	115 毫米
空枪重量	1 300 克
有效射程	50~100 米
枪口初速	320 米 / 秒
弹容量	10 / 20 发

20 世纪 50 年代末,枪械设计师米罗斯拉夫·里巴兹设计出了 Vz.61 冲锋手枪,主要装备捷克斯洛伐克特种部队和警察,有一部分非洲国家军队和警察也装备该枪。Vz.61 冲锋手枪可点射、连射。连发射击时,可使用折叠钢丝枪托。与其配套的附件还有瞄准装置、消声器、臀挎手枪套和肩挎手枪套等。该枪采用机械瞄准具,前方为柱形准星、后方为觇孔照门。

Vz.61 冲锋手枪结构比较简单,采用传统的自由枪机式工作原理。枪身上装有 1 个射速减缓器,当枪机后坐到位时,枪机撞击拨弹轮使其绕轴销向上转动,撞击缓冲簧顶杆,解脱枪机并开始击发。

总体设计

Vz.61 冲锋手枪运用了常见且简单的反冲作用和闭锁式枪机的机制,弹匣装在机匣底部,并配有 1 具可折叠式枪托。而它与其他冲锋枪最不同的地方在于:Vz.61 冲锋手枪有极为细小的尺寸,以闭锁式枪机运作的同时也以位于手枪握把内的降速器来降低全自动射击时的射速。

在全自动射击时,Vz.61 冲锋手枪会以 800~850 发 / 分的理论射速进行射击。其快慢机位于机匣左边的后部,手枪握把的上方。它具有 3 个位置,"0"为保险模式,"1"为半自动射击模式,而"20"则为全自动射击模式。Vz.61 冲锋手枪手枪弹匣容量通常为 20 发,但也有较小的 10 发弹匣可供选择。

捷克共和国 CZ-52 手枪

CZ-52 手枪是捷克共和国 CZ 公司研制的一款半自动手枪，是该公司甚至全世界著名的手枪之一，发射 7.62×25 毫米 M48 枪弹。

性能解析

CZ-52 手枪采用后坐反冲式设计，8 发单排可卸式弹匣。此枪在设计时受到德国 MG42 通用机枪的滚轴闭锁系统影响，这种机构很少被用在手枪上，而 CZ-52 手枪却运用了该系统。CZ-52 手枪采用威力过大的 7.62 毫米 M48 枪弹（这种弹药原本是供给冲锋枪用的），有着较大的后坐力，此外，精准度和寿命都不比发射 9 毫米鲁格弹的手枪优秀，所以 CZ-52 手枪的用户并不多。

基本参数	
制造商	CZ 公司
口径	7.62 毫米
全长	209 毫米
枪管长	120 毫米
空枪重量	950 克
有效射程	50 米
枪口初速	500 米/秒
弹容量	8 发

总体设计

CZ-52 手枪的枪管组件由枪管、枪管座、枪管座销、闭锁楔铁和左右闭锁滚柱组成。CZ-52 手枪是第一把采用滚轴闭锁的半自动手枪，以稳定可靠而闻名，采用后坐反冲式设计，8 发单排可卸式弹匣，单动模式。CZ-52 使用威力过大的 7.62 毫米 M48 子弹，有着较大的后坐力。这种弹药原本是供给冲锋枪用的。

捷克共和国 CZ-83 手枪

CZ-83 手枪是 CZ 系列中具代表性的手枪型号之一，由出生于捷克的奥古斯丁·内卡设计。

性能解析

CZ-83 手枪有几个非常突出的优点：第一，转换套件的设计思想，使该枪能够发射多种型号的枪弹，简化了后勤保障及武器对枪弹口径的依赖性；第二，该枪的握把设计以人体工程学为基础，发射机构采用的是双动原理，使用简便快捷；第三，它的扳机护圈较大，便于射手戴手套时射击。枪套筒两侧经过抛光处理，但顶部未抛光，以防止瞄准时反光。

基本参数	
制造商	切斯卡·日布罗约夫卡兵工厂
口径	9 毫米
全长	173 毫米
空枪重量	720 克
有效射程	50 米
枪口初速	305 米/秒
弹容量	15 发

捷克共和国 CZ-110 手枪

CZ-110 手枪是 1 把枪管短行程后坐式、后膛装填的半自动手枪，装有短行程后坐式的枪管，利用枪管的 1 块大型锁耳与套筒内壁相应的位置啮合并且闭合抛壳口实行闭锁，如果需要开锁，枪管需要利用置于枪管下方的凸轮和底把内部的凸轮导杆向下摆动。底把是由耐碰撞的高硬度聚合物制造的，套筒则由钢制造。

性能解析

CZ-110 手枪的击针可以由套筒的复进循环令其完全竖起，如果不是必须立即开火的话，可以利用待击解脱杆降低击锤来锁上全枪。该枪内部还装有携带时令击针不能做任何移动而仍然保持上膛的特殊保险。该枪还设计有双动操作的扳机机构，然而，如果需要更准确地发射第一发子弹（扳机在单动操作模式），就需要向后拉动套筒大约 10 毫米并竖起击针。

基本参数	
制造商	切斯卡·日布罗约夫卡兵工厂
口径	9 毫米
全长	180 毫米
枪管长	98 毫米
空枪重量	665 克
有效射程	50 米
枪口初速	320 米/秒
弹容量	13 发

西班牙阿斯特拉 M400 手枪

M400 手枪于 20 世纪 20 年代初期研制成功，1921 年被西班牙军队定为制式武器。该枪也被广泛出口到其他国家，其中德国国防军购买的数量相当大。该枪因外形酷似雪茄，所以昵称为"雪茄手枪"。

性能解析

M400 半自动手枪采用枪机后坐式自动原理，击锤发火的单动发射机构，发射 9 毫米口径 Largo 手枪弹（伯格曼－贝亚德手枪弹），内部结构受勃朗宁 M1903 手枪的影响。该枪通用性很强，枪膛能够兼容几乎所有的 9 毫米手枪弹。

9 毫米口径 Largo 手枪弹是一种 9×23 毫米的大型手枪弹，当时绝大多数的 9 毫米手枪弹都比它短，而 M400 半自动手枪又没有强制性闭锁机构，因此只要枪弹能上膛，就能够顺利地完成击发动作。

基本参数	
制造商	Esperanza Unceta 公司
开始服役时间	1921 年
口径	9 毫米
全长	278 毫米
生产数量	35 800 支
空枪重量	875 克
有效射程	50 米
枪口初速	365 米/秒
弹容量	8 发

使用情况

阿斯特拉 M400 手枪在西班牙内战期间作为西班牙军队的标准手枪，二战期间也在德国军队中服役过。该型手枪直到 1950 年仍在继续生产。1956—1965 年，西班牙军方有 106 175 支手枪存货向民用批发商出售。

西班牙阿斯特拉 M600 手枪

阿斯特拉 M600 手枪是阿斯特拉 M400 手枪的改进型，与 M400 手枪的区别是，它除了将配用弹药由 9 毫米口径 Largo 弹改为 9 毫米口径巴拉贝鲁姆弹外，还将弹匣扣由握把底部的爪钩式改为握把侧面的按钮式，另外枪管也稍有缩短。

性能解析

由于采用枪机后坐式自动原理的武器没有专用的闭锁机构，发射时只靠枪机的惯性与复进簧的簧力关闭弹膛。这种结构虽然简单可靠，但需要较重的枪机与较大的复进簧力来完成闭锁动作，不适合发射大威力手枪弹，因此 M400 手枪与 9 毫米口径 Largo 弹的组合就是一种比较考验射手力量与技巧的组合。而 M600 手枪与 9 毫米口径巴拉贝鲁姆弹的组合，从尺寸、威力等各方面来说都显得更为平衡一些，再加上机构简单、动作可靠，因而受到了军方用户的青睐。

M600 手枪未设置手动保险，而是在握把背部设计了握把保险，只有在射手正确握持时，才能解脱阻铁，实现击发。另外，该手枪射击时有 1 个相当于自动保险的机构，当套筒未完全闭锁时，扳机连杆与阻铁会被隔断，这样就能保证套筒复进不到位时枪弹不会被击发。

基本参数	
制造商	Esperanza Unceta 公司
研发时间	1943 年
口径	9 毫米
全长	278 毫米
生产数量	12 000 支
空枪重量	875 克
有效射程	50 米
枪口初速	365 米/秒
弹容量	8 发

波兰 ViS wz.35 手枪

ViS wz.35 手枪的不少设计借鉴了勃朗宁 M1911 手枪,采用了与 M1911 手枪相同的枪管短行程后坐作用原理,但是在外形上与其所不同。

使用情况

ViS wz.35 手枪于 1935 年开始装备波兰军队,在波兰战役前,约有 49400 支已经交付波军。虽然之后德国占据波兰,但是此枪并没有因此而停止生产,并且还装备德军及警察。战后波兰军队在开始采用苏联的装备,因此 ViS wz.35 手枪停止了生产。

ViS wz.35 虽然停产了,不过该枪的影响力却是非常巨大,一直都被认为是有历史以来较好的手枪之一,更是一些枪械收藏家的珍藏。

基本参数	
制造商	波兰兵工厂
口径	9 毫米
全长	205 毫米
枪管长	115 毫米
空枪重量	1 123 克
有效射程	50 米
枪口初速	345 米/秒
弹容量	8 发

波兰 P64 手枪

在波兰军队装备的武器中，很大一部分是购买于苏联、德国等国家，而 P64 手枪是波兰本土研发生产的一款手枪。其结构类似苏联的马卡洛夫手枪，也吸取了德国瓦尔特 PP 式手枪的一些特点。

P64 手枪采用自由枪机式工作原理，子弹被击发后，火药气体压力推动套筒弹底窝平面，使套筒后坐，完成抽壳、抛壳等动作。

总体设计

P64 手枪手动保险机柄在套筒左后方，显示红点为发射位置，红点被手动保险机柄挡住为保险状态。为便于手枪握持，该枪弹匣底部向前伸出了 1 个凸角。

基本参数	
制造商	波兰兵工厂
口径	9 毫米
全长	155 毫米
枪管长	84 毫米
空枪重量	636 克
有效射程	50 米
枪口初速	314 米/秒
弹容量	6 发

南斯拉夫 CZ99 手枪

基本参数	
制造商	扎斯塔瓦武器公司
口径	9 毫米
全长	190 毫米
枪管长	104 毫米
空枪重量	965 克
有效射程	50 米
枪口初速	380 米/秒
弹容量	15 发

　　CZ99 手枪由南斯拉夫扎斯塔瓦武器公司生产，自 1990 年和 1991 年开始在美国和法国销售。

性能解析

　　CZ99 手枪与 SIG Sauer 公司的 P226 手枪极其相似，都采用枪管短后坐式工作原理。但是 CZ99 手枪套筒采用两件焊接，套筒座用铝合金制成，并进行了黑色无光氧化处理。此外，该枪膛内有 1 个有弹指示器，可进行直观和触摸检查弹量情况。套筒座两侧都配有弹匣解脱钮，15 发装弹匣可轻易地从机匣中抽出。该枪动作安全可靠，即便放在冰天雪地或 50°C 高温下，射击 15 发弹仍无故障，处于待击状态时从 1.5 米高处跌落下也不会出现走火现象。表尺和准星均以燕尾槽固定在套筒上，其上有便于夜间瞄准的氚光点。

总体设计

　　CZ99 式手枪与 SIGP226 式手枪设计极其相似，采用枪管短后坐式工作原理。但是它有许多不同之处：其一是套筒采用两件焊接。其二是有 1 个膛内有弹指示器，可进行直观和触摸检查。手枪的控制装置的作用：首先，当套筒被锁定在开启位置时，待击解脱杆可以将其释放，使它向前复进闭锁。其次，这个杆能将击锤处于半待击槽内，使手枪可以随身携带，能迅速拔枪射击。套筒座两侧都配有弹匣解脱钮，15 发装弹匣可轻易地从机匣中抽出。该枪配有 1 个自动保险。在套筒里，有 1 个击针保险杆，在扳机的压力下发挥作用。套筒座用铝合金制成，并进行了黑色无光氧化处理，套筒也进行了无光处理。

巴西 PT945 手枪

PT945 手枪是巴西陶鲁斯公司生产的第一种发射 11.43 毫米口径 ACP 枪弹的半自动手枪，于 1995 年正式推出。

PT945 手枪采用由陶鲁斯公司设计的 3 位置保险系统，该保险系统早从 1991 年起就开始在陶鲁斯自动手枪中普遍使用。在该枪套筒座后部两侧各有 1 个手动保险柄，使手枪可以在待击状态下安全携带，将保险柄下压到底可安全解脱待击的击锤。除手动保险外，还有击针自动保险和弹膛有弹指示器。

PT945 手枪在封闭的套筒顶部装有可调风偏的低高度三点式瞄具。单排弹匣可容 8 发枪弹，握把细长扁平，射手使用该握把时，不会像使用其他 11.43 毫米口径 ACP 手枪那样，感到自己的手指短小。

基本参数	
制造商	陶鲁斯公司
口径	11.43 毫米
全长	189 毫米
空枪重量	850 克
有效射程	50 米
枪口初速	345 米/秒
弹容量	8 发

韩国大宇 K5 手枪

1989 年，韩国大宇公司研制生产一款新型半自动手枪——K5 手枪，这是一款结构紧凑而且轻巧的手枪，枪身和套筒分别是由铝合金、烤蓝钢制成。该枪有多种衍生型号，已知的有 DP51、DP51C 和 D-40，其中 DP51 手枪是 K5 手枪的民用型版本，DP51C 手枪是 DP-51 手枪的紧凑型。

性能解析

K5 手枪设计有一个称为"快速行动"的扳机模式，由于这种扳机需要的扣力较小，非常方便受伤者或身心障碍人士使用。还配备有击针块，可阻止击针因为碰撞向前移，可以防止手枪走火，除非使用者扣下扳机，这一设计使 K5 手枪安全系数大大提高。此外，K5 手枪还设计有 1 个灵巧、安全的三点式准星。

基本参数	
制造商	大宇公司
口径	9 毫米
全长	191 毫米
枪管长	105 毫米
空枪重量	800 克
有效射程	50 米
枪口初速	350 米/秒
弹容量	12 发

总体设计

K5 手枪为 9 毫米帕拉贝鲁姆口径半自动手枪，采用延迟反冲式系统。该手枪为满足军队和警察的使用需求而设计，有 3 种射击模式：单动模式、双动模式和快速模式。在快速模式下，射手第一次扣动扳机时，扳机行程与双动模式接近，但是扣动扳机所需力量与单动模式非常接近。瞄准装置装有发光点，便于在微弱的光线条件下使用。

加拿大 P14-45 手枪

帕拉军工原是加拿大的一家小型军工公司，20 世纪 80 年代后期，该公司为美国柯尔特 M1911 手枪推出了名为"大容量转换件"的手枪配件，这套转换件主要是改进 M1911 手枪的底把和加宽握把，以便能使用双排手枪弹匣，但也需要改变扳机设计以适合加宽后的握把。

虽然加宽后的握把手感变差，对于手掌较小的射手来说比较痛苦，但是能够成倍地增加 M1911 手枪弹容量，因此比较受欢迎。在看到枪弹大容量的 M1911 手枪市场前景后，帕拉军工很快就推出了大容量的整枪产品。这些手枪有 9 毫米、11.43 毫米等多种口径，其中就包括 P14-45 手枪，随后，帕拉军工还推出了不同尺寸的紧凑型和袖珍型手枪。

基本参数	
制造商	帕拉军工
口径	11.43 毫米
全长	216 毫米
空枪重量	1 100 克
有效射程	50 米
枪口初速	350 米 / 秒
弹容量	14 发

总体设计

P14-45 手枪为加拿大生产的柯尔特政府型高容弹量手枪，采用双排弹匣。该公司生产大量的铝质配件，后改为碳钢。目前，大生产的枪型采用铝合金或钢材。发射 10.16 毫米史密斯－韦森手枪弹。枪身铭文"PARA-ORDNANCE"标于套筒左侧，"P14-45"标于套筒右侧。"PARA-ORDNANCEINC，FTLAUDERDALFFL，MADEINCANADA"和序列号标于套筒座右侧。

手动保险位于套筒座左侧顶端后部：向上为保险，向下为射击。击针保险可锁住击针，只有扳机完全扣动到位才能发射。弹匣扣位于握把左侧、扳机后方。

乌克兰 Fort-12 手枪

Fort-12 手枪是由乌克兰枪械制造商 RPC Fort 公司于 20 世纪 90 年代末期研制及生产的一款半自动手枪。

★ 性能解析

Fort-12 是一款采用反动式操作的双动式手枪，其枪身及滑套是以钢铁制成。手动保险设计在滑套左方，它可有效地锁上击锤，不论是在击锤处于锁定或较低的位置。早期的 Fort-12 手枪被认为不太可靠，但现在生产的型号就完全解决了这些问题，而且它比起马卡洛夫手枪有着更大的弹匣容量和更优秀的精度。该枪唯一缺陷就是缺乏 1 个安全的退弹系统。

基本参数	
制造商	RPC Fort 公司
口径	9 毫米
全长	180 毫米
枪管长	95 毫米
空枪重量	830 克
有效射程	25 米
枪口初速	320 米/秒
弹容量	12/24 发

★ 使用情况

目前，Fort-12 被乌克兰多个执法部门使用，包括警察、特警队、军方及内政部等，更在俄罗斯本土生产。俄罗斯（部分是继承自克里米亚共和国的旧别尔库特部队）及乌兹别克斯坦也有采用。Fort-12 有向民间市场发售，不过民用型只能发射如橡胶弹或催泪弹等非致命弹药。

美国 ASP 手枪

ASP 是一款由美国枪械设计师帕里斯·西奥多研制的改装型半自动手枪，该枪是以史密斯威森 M39 手枪为基础改进而来。

性能解析

ASP 手枪结构紧凑，它能方便地被隐蔽携带以及能够让使用者快速拔枪。该枪以史密斯威森 M39 作为原型，并缩短了其枪管和滑套的长度以及重新设计了握把及扳机护圈，其握把护片也被改为半透明以方便射手快速检视残弹量。该枪采用独特的"流浪者"(Guttersnipe) 照准系统，其原理是 1 个缩小的 U 形槽与黄色的荧光板，它会形成 3 个三角形，当准星被准确地对齐的同时也会对准目标。基于其独特的照准系统设计，此枪是没有前准星的。ASP 于 1983 年停产，但在 2000 年以 ASP 2000 的名义重新恢复生产，直至现在。

基本参数	
制造商	武器系统和程序公司
口径	9 毫米
全长	173 毫米
枪管长	83 毫米
全重	680 克
弹容量	7 发

世界名枪鉴赏指南（珍藏版）（第3版）

比利时 FN FNS 手枪

FN FNS 是由比利时国营赫斯塔尔（Fabrique Nationale，FN）旗下，位于南卡罗来纳州哥伦比亚的美国分公司设计和生产的一系列半自动手枪。

性能解析

FN FNS 手枪具有聚合物制造的底把，以及不锈钢和聚合物两种可以选择的套筒。这种手枪在 2011 年推出并在 2012 年的美国著名枪展上首次亮相。该枪发射 9 毫米鲁格弹和 .40 S&W 两种手枪子弹。FNS 手枪也具有类似于 FNX 的人体工程学设计，但是采用了双动操作扳机 (DA)、击针发射功能。

正如其他的 FN 手枪，FNS 是 1 个枪管短行程后坐作用操作的手枪。它是 1 个预设撞针发射式半自动手枪，这意味着其扳机系统属于击锤内置式短行程纯双动操作 (DAO) 型。扳机扣力为 25~35 牛顿。

所有的衍生型都有 1 根锤锻式不锈钢枪管、皮卡汀尼战术导轨、固定三点式战斗瞄具和装在右侧的上膛指示器。

基本参数	
制造商	FN 公司
口径	9 毫米
全长	184.15 毫米
枪管长	101.6 毫米
全重	138.43 克
弹容量	10/17 发

美国春田 XD-S 手枪

基本参数	
制造商	春田公司
口径	9/10/11.43 毫米
全长	160.02 毫米
枪管长	83.82/102.5 毫米
全高	101.6 克
枪口初速	260 米/秒
有效射程	80 米
弹容量	6/7/8/9 发

春田 XD-S 是由克罗地亚枪械制造商 HS Produkt 公司研制的一款聚合物底把和击针发射的半自动手枪。它与它的前辈 HS2000 手枪 (在美国最广为人知的春田 XD) 极为相似，同样由克罗地亚卡尔洛瓦茨的 HS Produkt 公司设计和生产。而此枪的称呼，春田 XD-S 手枪就是 HS Produkt 公司授权春田公司生产以后，春田公司在美国商业市场上出售的名称。

性能解析

春田 XD-S 是一款聚合物底把、钢质嵌件并具有配件安装导轨的短后坐行程作用和击针发射式半自动手枪。春田 XD-S 最初只有 .45 ACP 口径型，后来推出了 9×19 毫米和 .40 S&W 口径型。春田 XD-S 不但改善了春田 XD 的缺点，而且将其外表重新设计并加大其枪身，以达到更符合潮流的形象。其外表除了比原来的 XD 手枪更为美观，尤其是前半凹陷内加线条及大小格子握把表面图案，在握把上的每个轮廓的角度和深度也已经过充分计算，令垂直、水平和扭转的控制最大化。所有 XD-S 手枪具有握把和扳机保险机构，枪身顶部、枪管后方的上膛指示器以及比赛等级枪管。

在套筒下方、底把的扳机护圈前方的防尘盖整合了 1 条短小的皮卡汀尼式战术灯安装导轨 (与春田 XD 袖珍型手枪一样仅有 1 条横向凹槽)，足以安装各种较小的战术灯、激光瞄准器和其他战术配件，例如，Viridian C5 激光瞄准器。使用的缺口式照门为夜间用瞄准具，而准星则是红色光纤准星。握把也得到改进，将其略为缩小，表面的纹理由粗糙表面改为前半凹陷内加线条及大小格子表面以及将握把顶端的凹槽向扳机护圈方向延长为沟槽。除此之外，握把为可以换装 2 种大小格子表面的可更换式后方握把片的模块化设计，有小型和大型 2 种型号。

XD-S 是 XD 手枪系列唯一的瘦身手枪型号，机匣、套筒及枪管的尺寸与其他型号不同。春田 XD-S 采用了 1 根 83.82 毫米或 102.5 毫米的短枪管，枪身宽度只有 25.4 毫米，套筒宽度更只有 22.86 毫米，按照分司的说法是"极尽苗条之致"。XD-S 最初只适用于 .45 ACP 口径，专门为隐蔽携带而设计的。

美国 STI 5.0 手枪

STI 5.0 战术型是由美国 STI 国际公司设计及生产的 1911 样式半自动手枪。

性能解析

STI 5.0 战术型是以著名的 M1911 手枪作为原型而设计的半自动手枪，有 9 毫米、10 毫米和 11.43 毫米三种口径可供选择。其模组化套筒是由钢制成的，握把则为聚合物制成品，这种设计是对应高容量弹匣的必要元素。该枪的其中一个优点是能够使用多种不同容量的弹匣供弹，当然这也要因应握把的长度和厚度而定，另一个优点是即使用了高容量弹匣也不会令握把显得过大及笨重从而降低机动性，还有精度高也是此枪的一个优点。另外，此枪附有战术导轨，能够对应如战术灯和激光灯等战术配件。据称，STI 5.0 战术型是一款多用途手枪，它非常适合从警察到特警队等执法部门使用，同时也适合平民防身。

基本参数	
制造商	STI 国际公司
口径	9/10/11.43 毫米
全长	215.9 毫米
弹容量	17/20/26 发

Chapter 02 手　　枪

美国柯尔特"巨蟒"左轮手枪

"巨蟒"（Anaconda）左轮手枪是由美国柯尔特公司设计生产的，可使用 .44 S&W、.44 Magnum 和 .45 Colt 子弹，由于威力较大，该手枪更适于打猎和射击比赛。

▶ 性能解析

"巨蟒"左轮手枪结构简单，安全可靠，可轻易排除哑弹。其除了握把以外均采用不锈钢精细加工，表面抛光，握把材质则有橡胶和木头两种，整体结构紧凑。弹仓为 1 个整体转轮，上面设计有 6 个供安装子弹的弹巢，依次与枪管吻合，可进行单发射击。装弹和退弹时，弹仓自手枪左侧退出，转轮上的 6 个弹巢入口处的斜面加工精细，有利于子弹平稳装入。该手枪的瞄准具有两种，第一种为机械瞄准具，由大型的片状星和表尺组成；第二种为光学夜视瞄准仪，适合夜间使用。

基本参数	
制造商	柯尔特公司
口径	11.47 毫米
全长	245 毫米
枪管长	102 毫米
空枪重量	1 300 克
有效射程	50 米
弹容量	6 发

▶ 使用情况

"巨蟒"左轮手枪于 1990 年开始销售，刚上市销售的柯尔特"巨蟒"型左轮手枪出现了精准度上的问题，这一型号被暂停销售了一段时间。该问题后来被查明来自枪管缺陷，修复了的手枪开始被重新销售。虽然发射具有巨大威力的子弹，但是该枪的后坐力相对并不那么大。由于威力较大，该枪更适合打猎和射击比赛。1999 年该型号停止销售。

美国史密斯 – 韦森 M29 左轮手枪

M29 左轮手枪是由美国史密斯 – 韦森公司设计生产的，是电影《肮脏哈利》(1971 年) 中主角哈利·卡拉汉的招牌武器，其也因该电影而声名大噪。

性能解析

M29 左轮手枪结构非常简单，所用的零件数量也很少，但其枪破坏力惊人且安全可靠。和大部分左轮手枪一样，如果一发子弹突然瞎火，再扣动扳机后，另一发子弹就会对准枪管待击，非常有实战价值，特别适用于近距离的应急自卫。该手枪在猎杀黑熊、野猪等大型动物时效果不错，其加长的弹壳增加了装药量，使初速、动能都比一般的子弹要大。它的双动扳机扣力平滑，单发击发时扳机更轻，射击精准度也更高。

基本参数	
制造商	史密斯 – 韦森公司
口径	11.17 毫米
全长	193.6 毫米
枪管长	66.6 毫米
空枪重量	1 250.21 克
有效射程	50 米
枪口初速	448 米/秒
弹容量	6 发

总体设计

M29 的膛室 (弹巢) 可以装填以及发射 .44 特种弹。只是马格努姆子弹的弹壳比特种弹稍长，因此弹壳内部可以容纳更多的装药。这也使膛室 (弹巢) 设计是装填以及发射特种弹的手枪都不能装填以及发射马格努姆子弹。史密斯 – 韦森 M29 的缺点是射速过低、装弹较慢和容弹量较少，但其简单的结构、巨大的威力和可靠性，仍然使它成为全世界左轮手枪爱好者心中不朽的传奇。

俄罗斯纳甘 M1895 左轮手枪

纳甘 M1895 左轮手枪是俄罗斯帝国时期由李昂·纳甘设计、图拉兵工厂生产的一款手枪，发射 7.62×38 毫米子弹，目前仍有少量装备于警察和部队。

性能解析

与大部分左轮手枪的运作原理不同，纳甘 M1895 手枪采用了特殊的气体密封式设计。在手枪的击锤被拉低后其弹巢会向前移动，同时也封闭了弹巢与枪管之间的空隙，增加了子弹的初速，并容许武器能够被抑制（这种功能在一般的左轮手枪并不常见）。

基本参数	
制造商	图拉兵工厂
口径	7.62 毫米
全长	235 毫米
枪管长	114 毫米
空枪重量	800 克
有效射程	22 米
枪口初速	272 米/秒
弹容量	7 发

使用情况

M1895 左轮手枪曾被俄罗斯陆军广泛地使用，在"十月革命"后也被苏俄及其后成立的苏联所采用。在俄罗斯服役期间，此枪普遍地被认为是坚固和可靠的。它也被布尔什维克秘密警察、契卡以及许多苏联执法机构使用，其中包括国家政治保卫总局和内务人民委员部。在警察部门服役期间，使用短枪管的纳甘左轮手枪十分常见，这是因为它们能方便地藏在便衣警察的衣服里。尽管更先进的托卡列夫手枪已在 1930 年推出，但是纳甘 M1895 左轮手枪仍然持续生产并普遍在二战中使用。20 世纪，纳甘 M1895 左轮手枪被多国军警采用，其中包括瑞典、挪威、波兰和希腊等国。

意大利齐亚帕"犀牛"式左轮手枪

"犀牛"式左轮手枪是由意大利齐亚帕公司设计生产的一款手枪,它比一般左轮手枪更为棱角分明,具有一种超前的现代感。

性能解析

"犀牛"式左轮手枪的枪管轴线位于转轮轴线之下,比大多数其他左轮手枪都要低,因为它是从弹巢最下方的膛室射击,而非从弹巢最上方的膛室射击。这种设计的优点是使枪管轴线最大限度地与射手持枪手的虎口高度相同。在射击时,通过引导后坐力,使后坐力几乎正直地作用于射手手腕上的虎口部位,而非向上;加上"犀牛"本身的质量,就可以大幅降低射击时产生的枪口上跳。"犀牛"式左轮手枪还有1个显著的特点,其6发弹巢的横截面为六边形的,而非圆柱形的(虽然带有圆角)。六边形转轮弹巢是为了降低武器在隐蔽携带用途方面的轮廓,并减轻了转轮本身的质量,同时也相应减少了其扳机的扣力。

基本参数	
制造商	齐亚帕公司
口径	9毫米
全长	164毫米
枪管长	50.8毫米
空枪重量	700克
有效射程	50米
弹容量	6发

总体设计

"犀牛"式左轮手枪的底把是由7075铝合金制造,而枪管、弹巢和其他重要部分则由钢制造。与大多数的左轮手枪相反,"犀牛"采用内置式击锤。所以转轮座后部那个酷似击锤的零件不是击锤而是待击解脱杆。它的主要作用是把处于待击位置的击锤解脱待击状态。击锤在射击以后会回退到入定位。这样令其外部运动部件的数量最大限度地减少,但也使左轮手枪的内部更为复杂。待击解脱杆上还设有U形缺口,可以作为照门使用。而延长枪管型"犀牛"则设有其独立照门。在"犀牛"的握把设计上,其后部具有类似M1911手枪的"海狸尾部"式设计,使射手握持时能够正确握住握把,避免因为不正确握持带来射击时的伤害。"犀牛"的握把可以选用黑色橡胶或高品质木材制造。采用橡胶制造的握把可以吸收一部分后坐力;而采用高品质木材制造的高级握把上则刻有各种防滑图案。

Chapter 03
冲 锋 枪

　　一战爆发后，堑壕战成为当时主要的作战方式。步枪、机枪等武器在这种作战模式中并不适用，当时无论是同盟国阵营，还是协约国阵营的士兵，都在寻求一种能在狭窄的壕沟战斗环境中进行高射速射击的全自动武器，他们希望这种武器能够拥有机枪一般的连射火力，但在同时体积也必须缩小到可由单兵携带并射击。

　　在此背景下，冲锋枪诞生了。不过，目前大部分人认为，冲锋枪必定会被突击步枪所取代，但不排除在某些情况下冲锋枪仍能展示它自有的风采。

美国 M3 冲锋枪

M3 是美国二战时期大量生产的冲锋枪之一，于 1942 年 12 月 12 日开始服役，并逐渐取代造价昂贵的汤普森冲锋枪。

性能解析

M3 为全自动、采用气冷、开放式枪机，由反冲作用操作的冲锋枪。枪机左右各钻通 1 孔，2 孔各有 1 导杆，复进弹簧外包导杆随枪机前后移动而伸缩。这么设计可以使用廉价制造较不精密的零件。由于 9 毫米口径的自动手枪子弹产生的压力不大，加上枪机很重，M3 冲锋枪不需要复杂的膛室闭锁机制或是延迟机制。

基本参数	
制造商	通用汽车公司
口径	9 毫米
全长	756.92 毫米
枪管长	203.2 毫米
空枪重量	3.62 千克
有效射程	91 米
射速	350~450 发 / 分
弹容量	30 发

M3 冲锋枪由金属片冲压和焊接制造，以缩短装配工时。只有枪管枪机与发射组件需要精密加工。该枪的机匣由 2 片冲压后的半圆筒状金属片焊接成 1 个圆筒，其前端是 1 个有凸边的盖环固定枪管，枪管有 4 条右旋的膛线，量产之后又设计了可加在枪管上的防火帽。可伸缩的金属杆枪托附在枪身的后方。该枪的瞄准装置采用的是固定觇孔式照门和刀片式准星，其设定目标为 91 米。

Chapter 03 冲锋枪

美国汤普森冲锋枪

汤普森冲锋枪最早诞生于1916年，但在二战中才大显神威。该枪重量及后坐力较大、瞄准也较难，尽管如此，它仍然是具有威力及可靠性的冲锋枪之一。

性能解析

汤普森冲锋枪使用开放式枪机，即枪机和相关工作部件都被卡在后方。当扣动扳机后枪机被放开前进，将子弹由弹匣推上膛并且将子弹发射出去，再将枪机后推，弹出空弹壳，循环操作准备射击下一颗子弹。

该枪采用鼓式弹匣，虽然这种弹匣能够提供持续射击的能力，但是它太过于笨重，不便于携带。该枪射速最高可达1200发/分，此外，接触雨水、灰尘或泥后的表现比同时代其他冲锋枪要优秀。

基本参数	
制造商	柯尔特公司等
口径	11.43 毫米
全长	852 毫米
枪管长	270 毫米
空枪重量	4.9 千克
有效射程	150~250 米
射速	600~1 200 发/分
弹容量	20/30/50/100 发

总体设计

汤普森冲锋枪基本上是采用整块钢材加工而成，非常结实耐用，但重量偏大。快慢机和保险扳手分开，前者调节单、连发，后者控制保险状态，虽然便于区分，但操作起来稍微麻烦。另外，采用可靠性较好的双排双进直弹匣，弹匣体采用钢板冲压焊接而成，后部有1个T形凸起，与冲锋枪下机匣上的T形槽配合将弹匣固定在枪上。弹匣本身的加工工艺较为复杂，而且受磕碰时容易损坏。外露式弹匣卡笋位于左侧，逆时针旋转卡笋才能解脱弹匣，但旋转面在侧面并且操作部位是平面，戴手套时不便操作。

美国 Vector 冲锋枪

Vector 冲锋枪是由美国克瑞斯公司于 2009 年开始生产的冲锋枪。

性能解析

Vector 冲锋枪拥有多个明显的人体工程学的优势，能够大幅度减轻使用者所感觉到的后坐力和枪口上扬（尤其是在全自动射击时），并且降低了使用者的疲乏程度。Vector 冲锋枪使用 9×19 毫米鲁格或 .45 ACP（11.43×23 毫米）手枪弹，并配有 139.7 毫米长的枪管，折叠式枪托，机匣上（安装了光学瞄准镜或机械瞄具）下（安装前握把）各有 1 条皮卡汀尼导轨，快慢机有 3 种可以选择的发射模式，即半自动、两发点射和全自动。

基本参数	
制造商	克瑞斯公司
口径	9/11.43 毫米
全长	620 毫米
枪管长	139.7 毫米
空枪重量	2.7 千克
有效射程	64 米
枪口初速	270 米/秒
弹容量	25/33 发

总体设计

Vector 冲锋枪采用 1 种铰接式机械结构的延迟后坐式枪机，在枪机后方有 1 块用以转移后坐力和延迟枪机后坐的平衡配重块。除了冲锋枪型，Vector 还有卡宾枪特种作战型（CRB/SO）、短枪管特种作战型（SBR/SO）、特别任务手枪型（SDP）等衍生型。

英国斯登冲锋枪

斯登冲锋枪是英国在二战期间装备较多的武器之一,其特点是制造成本低,易于大量生产。

性能解析

斯登冲锋枪采用简单的内部设计,横置式弹匣、开放式枪机、后坐作用原理,弹匣装上后可充当前握把。使用9毫米口径枪弹,可以使斯登冲锋枪在室内与堑壕战中发挥持久火力,此外,它紧致的外形与轻量让它具备绝佳的灵活性。

基本参数	
制造商	恩菲尔德公司等
口径	9毫米
全长	760毫米
枪管长	196毫米
空枪重量	3.18千克
枪口初速	365米/秒
射速	500发/分
弹容量	32发

Chapter 03 冲锋枪

俄罗斯 PPD-40 冲锋枪

第一种在苏军服役的冲锋枪是 PPD-34，之后又推出了它的改进版 PPD-40。PPD-40 冲锋枪为其后 PPSh-41 冲锋枪的成功奠定了基础。

性能解析

PPD-40 冲锋枪采用木质枪托，开放式枪机。该枪供弹方式可在 25 发可拆卸式弹匣和 71 发可拆卸式大型弹匣之间切换，其他方面则与芬兰索米 M1931 冲锋枪大同小异。

基本参数	
研发者	瓦西里·捷格加廖夫
口径	7.62 毫米
全长	788 毫米
枪管长	273 毫米
空枪重量	3.2 千克
有效射程	160 米
射速	1 000 发 / 分
弹容量	25/ 71 发

俄罗斯 PPSh-41 冲锋枪

PPSh-41 冲锋枪(又称"波波莎"冲锋枪)是二战期间苏联生产数量最多的武器,在斯大林格勒战役中,它起到了非常重要的作用,成为苏军步兵标志性装备之一。

性能解析

PPSh-41 冲锋枪的设计以适合大规模生产与结实耐用为首要目标,对成本则未提出过高要求,因此 PPSh-41 上出现了木质枪托、枪身。沉重的木质枪托和枪身使 PPSh-41 的重心后移,从而保证枪身的平衡性,而且可以像步枪一样用于格斗,同时还特别适合在高寒环境下握持。PPSh-41 冲锋枪具有 1 个铰链式机匣以便不完全分解和清洁武器。枪管和膛室内侧均进行了镀铬防锈处理,这个在当时绝无仅有的设计赋予了 PPSh-41 冲锋枪惊人的耐用性与可靠性。该枪可以承受腐蚀性弹药,在各种恶劣环境下使用,以及延长其清洁间隔时间。由于较短的自动机行程,加上较好的精度,3 发短点射基本能命中同一点。

PPSh-41 采用自由枪机式自动方式,全枪仅 92 个零件。简单的结构带来的直接军事效益有两个方面。其一是便于操作使用和维护保养,其二是具有较高的战斗使用可靠性。

基本参数	
制造商	图拉兵工厂
口径	7.62 毫米
全长	843 毫米
枪管长	269 毫米
空枪重量	3.63 千克
有效射程	150~250 米
射速	700~1 000 发/分
弹容量	35 / 71 发

俄罗斯 KEDR 冲锋枪

KEDR 冲锋枪体积小、重量轻，非常便于携带。该枪的原型最早于 20 世纪 70 年代推出，但却在 90 年代才正式服役。目前，俄罗斯特种部队以及其他军种有使用该枪。

性能解析

KEDR 冲锋枪非常紧凑，重量较轻，其射速为 800 发 / 分，由于 PM 手枪弹很轻，在持续射击时很容易控制，因此 KEDR 冲锋枪很适合在逐屋清除的 CQB 行动中使用。KEDR 和 KLIN 冲锋枪的外形基本一样，只是 KLIN 冲锋枪对内部做了改进以适合高压的 PMM 手枪弹。冲量高的 PMM 弹使 KLIN 的射速增加到 1 100 发 / 分左右，这使武器比较难控制，因此 KLIN 比较适合破坏性大的行动而不是像人质拯救这类任务。当需要安装消声器时，KEDR 和 KLIN 冲锋枪需要更换上 1 种外表有螺纹的短枪管，安装消声器后全枪长度增加了 137 毫米。

基本参数	
制造商	伊热夫斯克机械厂
口径	9 毫米
全长	530 毫米
枪管长	120 毫米
空枪重量	1.57 千克
有效射程	70 米
射速	800 发 / 分
弹容量	20 / 30 发

俄罗斯 PP-2000 冲锋枪

PP-2000 冲锋枪是由俄罗斯研制的一款 9 毫米口径冲锋枪,同时兼具冲锋手枪和个人防卫武器的特点,可发射多种 9×19 毫米鲁格弹。

性能解析

PP-2000 冲锋枪的结构非常简单,零部件非常少,用以简化维护成本和降低造价,全枪外形紧凑,机匣与握把和扳机护圈由高强度塑料做成一个整体的部件,扳机护圈的前部可以兼作前握把。PP-2000 冲锋枪采用冲锋枪常见的自由式枪机,但为了提高射击精度而采用闭锁待击方式。枪机是包络式,枪机的前部分暴露机匣外并兼作上膛推柄。

基本参数	
制造商	图拉兵工厂
口径	9 毫米
全长	555 毫米
枪管长	182 毫米
空枪重量	1.4 千克
有效射程	100 米
枪口初速	500 米/秒
弹容量	20/44 发

总体设计

PP-2000 冲锋枪是一款传统的后坐力操作的武器,适合进行高精度近距离射击。枪身由耐用的单块式聚合物制造,这样可以减轻重量和提高耐腐蚀性,枪口可加装消声器,机匣顶部的皮卡汀尼战术导轨可安装红点镜或全息瞄准镜,快慢机可由大拇指直接操作,拉机柄可以左右转动。

德国 MP18 冲锋枪

MP18 冲锋枪在一战时期由雨果·施梅瑟设计，因其生产商为伯格曼兵工厂，所以有时也称为伯格曼冲锋枪。

性能解析

MP18 冲锋枪采用自由枪机原理。为了能有效散热采用开膛待机方式，枪机通过机匣右侧的拉机柄，拉到后方位置卡在拉机柄槽尾端的卡槽内实现保险，这种保险方式并不安全，如果意外受到某种震动时拉机柄会从卡槽中脱出，导致枪机向前运动击发枪弹发生走火。MP18 冲锋枪最醒目的特征是枪管上包裹套筒，套筒上布满散热孔，连续射击有利于散热。另外，该枪只能全自动射击。

基本参数	
制造商	伯格曼兵工厂
口径	9 毫米
全长	832 毫米
枪管长	200 毫米
空枪重量	4.18 千克
枪口初速	380 米/秒
射速	500 发/分
弹容量	20/32/50 发

结构特点

MP18 冲锋枪最醒目的特征是枪管上包裹套筒，套筒上布满散热孔，连续射击有利于散热。MP18 冲锋枪只能全自动射击，会有大量的弹药消耗量，德军计划的暴风突击队包括配备 MP18 的枪手与配备运输弹药推车的弹药手。德军突击队的士兵把 MP18 冲锋枪称为"Kugelspritz"，可译成"子弹喷射器"。原本 MP18 冲锋枪是采用横插在枪身左侧的直型弹匣供弹，不过由于德国军方枪械委员坚持要使用容量 32 发蜗牛型弹鼓供弹，还要求枪身轴线和弹鼓供弹槽轴线的夹角呈 55°，与鲁格手枪相同的角度，原因是它最初是为鲁格 P08 手枪设计的。为此 MP18 的冲锋枪的弹匣插槽又做了些修改。但是后来因为装上蜗牛型弹鼓后枪身质心左移，在实战上使用笨拙、填装烦琐、结构复杂，而且容易卡弹等缺点，在一战结束后 MP18 冲锋枪又改回容量 20 发直型的弹匣供弹，枪身轴线和弹鼓供弹槽轴线的夹角呈 90°垂直。

德国 MP40 冲锋枪

MP40 冲锋枪是在 MP18 冲锋枪的基础上改进而来的,是二战期间德国军队使用最广泛、性能最优良的冲锋枪。

性能解析

MP40 冲锋枪结构简单但设计精良,发射 9 毫米鲁格弹,以直型弹匣供弹,采用开放式枪机原理、圆管状机匣,移除枪身上传统的木质组件,握把及护木均为塑料。该枪的折叠式枪托使用钢管制成,可以向前折叠到机匣下方,以便于携带。枪管底部的钩状座可由装甲车的射孔向外射击时固定到车体上。

基本参数	
制造商	埃尔马兵工厂
口径	9 毫米
全长	833 毫米
枪管长	251 毫米
空枪重量	4 千克
有效射程	100 米
射速	500 发 / 分
弹容量	32 发

结构特点

MP40 冲锋枪是受到德军作战部队欢迎的自动武器,在近身距离作战中可提供密集的火力,不但装备了装甲部队和伞兵部队,在步兵单位的装备比例也不断增加,也是优先配发给一线作战部队的武器。

德国 MP5 冲锋枪

MP5 冲锋枪的特点是火力猛烈、便于操作、可靠性强、命中精度高。目前，它被多个国家的特种部队采用。

性能解析

MP5 冲锋枪的性能优越，特别是它的射击精度相当高。由于 MP5 冲锋枪的枪机原理，在上膛时要让枪机快速复位，否则很容易复进不到位。因此 MP5 冲锋枪的标准操作方式是先把拉机柄卡到拉机柄槽的尾端，装好弹匣后，用手拍下拉机柄，让枪机在复进簧的推动下复位。

基本参数	
制造商	HK 公司
口径	9 毫米
全长	680 毫米
枪管长	225 毫米
空枪重量	2.54 千克
枪口初速	375 米 / 秒
射速	800 发 / 分
弹容量	15/ 30/ 100 发

使用情况

1977 年 10 月 17 日，德国 GSG-9 在摩加迪沙反劫机行动中使用了 MP5 冲锋枪，4 名恐怖分子均被 MP5 冲锋枪击中，3 人当即死亡、1 人重伤，人质获救，MP5 冲锋枪在近距离内的命中精度由此得到证明。此后，德国各州警察相继装备 MP5 冲锋枪，而各国的警察、军队特别是特种部队都注意到 MP5 冲锋枪的高命中精度，于是出口量逐渐增加。时至今日，MP5 冲锋枪几乎成了反恐特种部队的标志。目前，世界各国特种部队和特警队使用的型号主要为 MP5SD 冲锋枪和 MP5K 冲锋枪。

德国 HK MP7 冲锋枪

HK MP7 冲锋枪是德国 HK 公司于 20 世纪 90 年代末期研发的个人防卫武器，其使用者主要是警察、特警队及特种部队，如美国海军"海豹"六队便装备了 MP7A1 型。

性能解析

HK MP7 冲锋枪发射 4.6×30 毫米口径弹药，这种弹药有重量轻和后坐力小的优点，可提供足够的穿透力，有效射程也比 9 毫米弹药远，只是制止能力有所欠缺。HK MP7 冲锋枪可选择单发或全自动发射，弹匣释放按钮的设计与 HK USP 手枪相似，可选配 20 发容量短弹匣或 40 发容量长弹匣，也有 30 发容量弹匣。此外，为 HK MP7 特制的消声器不会降低其精确度、贯穿力及射速。射手只需用枪弹作为工具就可以完成 HK MP7 的大部分分解，较 HK MP5 冲锋枪及 HK UMP 冲锋枪容易。

基本参数	
制造商	HK 公司
口径	4.6 毫米
全长	638 毫米
枪管长	180 毫米
空枪重量	1.2 千克
有效射程	200 米
枪口初速	735 米/秒
弹容量	20/30/40 发

总体设计

HK MP7 冲锋枪的外形与手枪相似，射击时除了可将枪托拉出抵肩射击之外，经过训练的射手更可以手枪的使用方法来射击。由于枪身短小，所以也适用于室内近距离作战及要员保护。HK MP7 冲锋枪大量采用塑料作为枪身主要材料，瞄准方式则采用折叠式的准星照门，不过上机匣也装上了标准的 M1913 导轨，允许使用者自行加装各式瞄准装置。

德国 HK UMP 冲锋枪

HK UMP 是由德国 HK 公司于 1998 年推出的一款冲锋枪,可使用 11.43×23 毫米、10×22 毫米和 9×19 毫米等弹药。

性能解析

HK UMP 冲锋枪在设计时采用了 HK G36 突击步枪的一些概念,并大量采用塑料,不仅减轻了重量,也降低了价格,不过 HK UMP 冲锋枪仍保持了黑克勒·科赫公司一贯的优良性能和质量。试验证明,HK UMP 冲锋枪的可靠性很好,射击精度也相当高,尽管 11.43×23 毫米弹药的后坐力较大,但连发时的后坐力却相当小。总之,HK UMP 冲锋枪性能优秀,完全符合特种作战的要求。

基本参数	
制造商	HK 公司
口径	9/10/11.43 毫米
全长	450 毫米
枪管长	200 毫米
空枪重量	2.3 千克
有效射程	100 米
枪口初速	285 米/秒
弹容量	30 发

总体设计

HK UMP 冲锋枪舍弃了 HK MP5 冲锋枪传统的半自由式枪机,改用自由式枪机,并使用闭锁式枪机,以确保射击精度,并安装了减速器,把射速控制在 600 发/分,不过在发射高压弹时,射速会提高到 700 发/分。枪托向右折叠后,抛出的弹壳从枪托中的孔中抛出,与 HK G36 突击步枪相似。HK UMP 冲锋枪的顶部、两侧及下侧都可以很方便地安装上 RIS 导轨,任何符合美国皮卡汀尼军用标准的辅助装置都可以安装在导轨上,如小握把、瞄准镜、战术灯、激光瞄准具等。

法国 MAT-49 冲锋枪

MAT-49 冲锋枪是由法国日蒂勒兵工厂制造、法国军队在 1949—1979 年期使用的冲锋枪，主要发射 9×19 毫米鲁格弹。

性能解析

MAT-49 冲锋枪采用了两种不同容量的弹匣，一种是适合在沙漠使用 20 发可拆卸式弹匣，另一种是类似"斯登"冲锋枪的 32 发可拆卸式弹匣。就算是空枪状态，MAT-49 冲锋枪的重量也有 3.5 千克，这对于冲锋枪而言实在是较为沉重。该枪还采用了握把式保险，位于手枪握把背部，必须按压才可发射。

基本参数	
制造商	日蒂勒兵工厂
口径	9 毫米
全长	720 毫米
枪管长	230 毫米
空枪重量	3.5 千克
有效射程	100 米
枪口初速	390 米 / 秒
弹容量	20/32 发

总体设计

与二战以前法国军队所装备的冲锋枪不同，MAT-49 冲锋枪的部件大都采用了钢板冲压成型制造，简化了生产工艺。MAT-49 具有 1 个钢条制造的可伸缩式设计枪托，当枪托伸展后的长度是 720 毫米，而枪管长度是 230 毫米。弹匣及弹匣插座可以充当前握把，可以向前以 45°角折叠，然后和枪管向前平行，这种设计适合伞兵安全携带。有一些警用型的 MAT-49 因为生产问题而延长枪管和改用不可伸缩的木质枪托。

比利时 FN P90 冲锋枪

FN P90 冲锋枪是 FN 公司于 1990 年推出的个人防卫武器，是美国小火器主导计划、北约 AC225 计划中要求的一种枪械。

性能解析

FN P90 冲锋枪能够有限度地同时取代手枪、冲锋枪及短管突击步枪等枪械，它使用的 5.7×28 毫米子弹能把后坐力降至低于手枪，而穿透力还能有效击穿手枪不能击穿的、具有四级甚至于五级防护能力的防弹背心等个人防护装备。FN P90 的枪身重心靠近握把，有利单手操作并灵活地改变指向。经过精心设计的抛弹口，可确保各种射击姿势下抛出的弹壳都不会影响射击。水平弹匣使 P90 的高度大大降低，卧姿射击时可以尽量俯低。此外，FN P90 的野战分解非常容易，经简单训练就可在 15 秒内完成不完全分解，方便保养和维护。

基本参数	
制造商	FN 公司
口径	5.7 毫米
全长	500 毫米
枪管长	263 毫米
空枪重量	2.54 千克
有效射程	150 米
射速	900 发/分
弹容量	50 发

总体设计

FN P90 独特的外形是基于深入的人体工程学研究：握把类似竞赛用枪的设计，让扣把的手可以与头部靠近的同时保持舒适，最前方垂直向下的凸起物用作防止副手射击时意外地伸到枪口，圆滑的外观也减少了意外被衣服之类绊着的机会。设计 FN P90 时，考虑到要在狭窄环境中通过、使用（例如，装甲车辆内部），FN P90 长度被设计为不长于一肩的宽度（0.5 米），因此采用无托化结构（犊牛式，Bullpup）设计（枪机藏后枪托内，而进弹位则在握把后方），目的是保留枪管长度的同时，尽量把枪身缩短。FN P90 枪身全长只有 50 厘米，但枪管仍有 263 毫米长，较长的枪管让子弹加速时间较长、弹速高，有助于提高射程及穿透力。采用无托的结构后还有其他附带优点：枪身重心部靠近握把及较贴近射手，因此有利单手操作及可更快速、灵活地改变指向。固定枪托在突发情况也提高了反应速度及射击精度。

以色列乌兹冲锋枪

乌兹冲锋枪是以色列国防军军官乌兹·盖尔于1948年开始研制的轻型冲锋枪。该枪结构简单，易于生产，现已被许多国家的军队、特种部队、警队和执法机构采用。

性能解析

乌兹冲锋枪最突出的特点是和手枪类似的握把内藏弹匣设计，使射手在与敌人近战交火时能迅速更换弹匣（即使是黑暗环境），保持持续火力。不过，这个设计也影响了全枪的高度，导致卧姿射击时所需的空间更大。此外，在沙漠或风沙较大的地区作战时，射手必须经常分解清理乌兹冲锋枪，以避免射击时出现卡弹等情况。乌兹冲锋枪还有一种专为以色列反恐特种部队特别设计的型号——伞兵微型乌兹，口径为9毫米，机匣顶部及底部加装了战术导轨，改为倾斜式握把以对应格洛克18全自动手枪的32发弹匣。

基本参数	
制造商	IMI 公司
口径	9 毫米
全长	650 毫米
枪管长	260 毫米
空枪重量	3.5 千克
有效射程	120 米
射速	600 发/分
弹容量	20/32/40/50 发

总体设计

乌兹冲锋枪采用来自捷克CZ 23至CZ 26冲锋枪的开放式枪机、后坐作用设计，而CZ冲锋枪系列是第一种采用包络式枪机的冲锋枪，这种设计把弹匣位置改为在握把内，部分枪管会被机匣覆盖，令总长度大幅缩短，重量分布更加平衡。机匣采用低成本的金属冲压方式生产，以减少生产成本及所需的金属原料，也缩短了生产所需的时间，而且更容易进行维护及维修，但对沙尘的相容性较低，当击锤释放时，退壳口会同时关上以防止沙尘进入机匣造成故障。

乌兹冲锋枪采用握把式保险（位于握把背部，必须保持按压才可发射），降低了走火危险，握把内藏弹匣的设计令射手在黑暗环境时仍可快速更换弹匣。

南非 BXP 冲锋枪

BXP 冲锋枪是由南非米切姆公司于 20 世纪 80 年代中期为南非警察和安全部队研制的，于 1988 年投产。

性能解析

BXP 冲锋枪有两手均能操作的保险开关，而快慢机则通过扳机行程控制：1 道火时为单发，2 道火时为全自动。此外，如果在待击状态下关闭保险，会卡住枪机使之不能复进。BXP 冲锋枪的另一个特点是配备有各式各样的枪口装置，包括消声器、隔热套、多种枪口补偿器和枪榴弹发射器，能用空包弹发射非致命的防爆弹药或军用的高爆榴弹。BXP 冲锋枪采用向下折叠的冲压钢制成的枪托。标准的瞄具为开放式的，能配上其他辅助瞄准装置或激光指示器。

基本参数	
制造商	米切姆公司
口径	9 毫米
全长	607 毫米
枪管长	208 毫米
空枪重量	2.5 千克
有效射程	50~100 米
射速	1000 发/分
弹容量	22 / 32 发

总体设计

BXP 冲锋枪采用自由枪机式工作原理，开膛待击。枪机包络枪管后部，因此在不改变枪管长度的前提下可缩短全枪长，使结构更紧凑。这种包络式枪机还有助于武器的重心落在枪握把的上方，以减轻连发射击时的振动。枪机位于前方时，机匣表面的所有隙缝被封闭，可防止过多的污物和尘土进入机匣内。机柄位于机匣上方，上面开有 U 形槽，可避免射击瞄准时挡住瞄准视线。枪管前端有螺纹，以便安装枪口防跳器或消声器。

快慢机保险钮柄位于扳机护圈后方的机匣两侧，当将钮柄扳到水平位置绿点处时，武器处于保险位置；当保险钮柄扳到红点位置时，武器处于单发或连发射击方式选择状态。此时，扣动扳机先是实施单发射击，继续扣紧扳机则实施连发射击。枪机上有 1 个附加阻铁槽，可防止武器跌落而撞击枪机，或在待击时手滑脱，以及发射不良枪弹时产生的偶发。

英国斯特林 L2A3 冲锋枪

L2A3 冲锋枪的特点是结构简单、加工容易、弹匣容量大,火力持续性好。目前,英国几支特种部队都在使用。

性能解析

L2A3 冲锋枪大量采用冲压件,同时广泛采用铆接、焊接工艺,只有少量零件需要机器加工,工艺性较好。该枪采用自由枪机式工作原理,开膛待击,前冲击发。使用侧向安装的 34 发双排进弧形弹匣供弹,可选择单、连发发射方式,枪托为金属冲压的下折式枪托,有独立的小握把。瞄准装置采用觇孔式照门和 L 形翻转表尺,瞄准基线比较长。

基本参数	
制造商	斯特林军备公司
口径	9 毫米
全长	686 毫米
空枪重量	2.7 千克
有效射程	50~100 米
射速	550 发/分
弹容量	34 发

总体设计

总体来说,L2A3 冲锋枪的设计是很成功的,比斯登冲锋枪有了很大进步,其保留了斯登冲锋枪结构简单、加工容易的优点,同时减小了全枪的体积和质量。L2A3 冲锋枪的瞄准基线更长、射速更低,对提高射击精度有利,侧向安装的弹匣降低了火线高度,有利于减小卧姿射击时射手的暴露面积。该枪另一优点是弹匣容弹量大、火力持续性好,而且其发射机采用模块化设计,安装和更换都很方便,枪机表面的凸筋对提高动作可靠性有较好的作用,只是加工相对麻烦一些。L2A3 冲锋枪的小握把设计在全枪比较靠前的位置上,枪托安装位置也比较靠前,所以即使枪托展开时全枪也不是很长。L2A3 冲锋枪的折叠枪托结构虽然复杂,但设计得非常成功,折叠后冲锋枪前部增加的体积很小,展开后又比较稳固。该枪的主要缺点是采用左侧的水平弹匣供弹,使该枪的径向尺寸增大,携行不便，同时影响了全枪的左右平衡性，并且会随着弹匣内枪弹的数量不同而随时发生变化，这点需要射手通过较长时间的练习才能掌握。由此带来的另一个弊端，就是这种设计不适合左撇子射手使用，更换弹匣时非常不便。

意大利伯莱塔 M12 冲锋枪

M12 冲锋枪是意大利伯莱塔公司于 1958 年研制的，1961 年开始成为意大利军队的制式装备，也是非洲和南美洲部分国家的制式装备。

性能解析

M12 冲锋枪可以全自动和单发射击，后照门可设定瞄准距离为 100 米或 200 米。此外，M12 冲锋枪拥有手动扳机阻止装置，能自动令枪机停止在闭锁安全位置的按钮式枪机释放装置，以及必须在主握把下以中指完全地按实的手动安全装置。

基本参数	
制造商	伯莱塔公司
口径	9 毫米
全长	660 毫米
枪管长	180 毫米
空枪重量	3.48 千克
有效射程	200 米
射速	550 发 / 分
弹容量	20/ 32/ 40 发

总体设计

M12 冲锋枪采用环包枪膛式设计，枪管内外经镀铬处理，枪管长 180 毫米，其中 150 毫米是由枪机包覆，这种设计有助于缩短整体长度。

伯莱塔 M12 冲锋枪发射 9 毫米子弹，采用冲锋枪中常见的自由后坐式原理和开膛待击，而所采用的包络式枪机也是现代冲锋枪的典型特征。枪机从 3 个方向包住枪管后半部，击针固定在枪机面上，只有在枪弹完全进入枪膛时才能击发底火，避免意外走火，由于采用开膛待击，因此射击前枪机保持打开状态，扣下扳机后才向前复进并推弹上膛，因此这种工作方式又被称为前冲击发。

伯莱塔 M12 有 2 个保险装置：一为自动握把保险，位于扳机护圈下方，类似于美国 M1911 手枪或以色列 UZI 冲锋枪的握把保险，只有在射手握紧握把时才能扣动扳机，而无论枪机是在前方或是后方，只要松开握把保险就可阻止枪机运动。这样的设计可防止枪在跌落地面时由于碰撞而走火（这是许多早期前冲击发冲锋枪的缺点）。二为按压式保险按钮，位于握把正上方，是用来锁住握把保险的，将它向右推为保险状态。伯莱塔 M12 的快慢机位于握把前方，从左边压入为半自动射击，从右边压入为全自动。

奥地利斯泰尔 TMP 冲锋枪

基本参数	
制造商	斯泰尔·曼利夏公司
口径	9 毫米
全长	282 毫米
枪管长	130 毫米
空枪重量	1.3 千克
有效射程	100 米
枪口初速	400 米/秒
弹容量	15/30 发

斯泰尔 TMP 冲锋枪是由奥地利斯泰尔·曼利夏公司设计的一款 9 毫米口径冲锋枪，TMP 意为"战术冲锋手枪"。

性能解析

斯泰尔 TMP 冲锋枪能令射手在连发时保持稳定射击，精确度比其他的冲锋手枪高。斯泰尔 TMP 冲锋枪装有来自斯泰尔 AUG 突击步枪的射控扳机，轻按扳机只能单发，完全按下扳机便是全自动射击，供弹方式为 15 发或 30 发弹匣。斯泰尔 TMP 冲锋枪装有向前倾的前握把，有助于射击时稳定持枪及瞄准，另外也可在前握把安装战术配件。

Chapter 03 冲 锋 枪

总体设计

斯泰尔 TMP 冲锋枪的结构不同于传统的冲锋手枪。该枪没有套筒，分上、下2个机匣。枪管、枪机都装在上机匣内，而板机组、击锤组和保险装置在下机匣。枪管前部装在1个凸出机匣的枪口衬套中，而枪管后部则位于枪机内，枪机上部有复进簧和复进簧导杆。

亚美尼亚 K6-92 冲锋枪

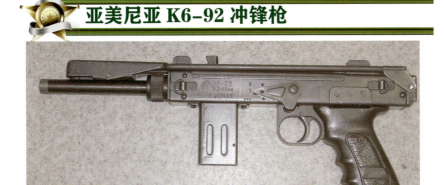

K6-92 冲锋枪是由亚美尼亚自主研发的一款本土冲锋枪，其设计借鉴了苏联 PPSh-41 冲锋枪、美国汤普森冲锋枪以及德国 MP18 冲锋枪等。

性能解析

K6-92 冲锋枪全枪可分为机匣组件、枪管组件、枪托组件、枪机组件、复进机组件、弹匣组件和发射机组件等部分，采用开放式枪机，金属机械瞄具，弹容量有17发、25发、32发3种。

基本参数	
制造商	亚美尼亚兵工厂
口径	9 毫米
全长	700 毫米
枪管长	150 毫米
空枪重量	1.96 千克
有效射程	50 米
弹容量	17/ 25/ 32 发

芬兰索米 M1931 冲锋枪

索米 M1931 是芬兰在二战期间设计的冲锋枪,"索米"在芬兰语中意为"芬兰",因此有时索米 M1931 也被称为芬兰冲锋枪。该枪被许多人认为是二战期间成功的冲锋枪之一,其众多优点(包括 71 发弹鼓)被后来的冲锋枪所效仿(包括 PPSh-41 冲锋枪)。

性能解析

1939 年,苏芬战争爆发,大量的索米 M1931 冲锋枪被芬兰"征召入军"。在战争期间,索米 M1931 冲锋枪做过一些改进,例如,加入枪口制退器(当时命名为 KP/-31 SJR),这一举动在埃莫·拉赫蒂看来会降低该枪原有的可靠性,所以对此并不看好。即便这样,当时芬军中所装备的索米 M1931 冲锋枪有一半型号是 KP/-31SJR。最初,索米 M1931 冲锋枪被用来替代轻机枪使用,不过事实证明它无法胜任这一角色。

基本参数	
制造商	Tikkakoski Oy 公司
研发者	埃莫·拉赫蒂
口径	9 毫米
全长	870 毫米
枪管长	314 毫米
空枪重量	4.6 千克
有效射程	200 米
射速	750~900 发/分
弹容量	50/71 发

索米 M1931 冲锋枪由于枪管较长,做工精良,所以其射程和射击精准度比大批量生产的 PPSh-41 冲锋枪高出很多,而射速和装弹量则与 PPSh-41 冲锋枪一样。它最大的弊端在于过高的生产成本,所采用的材料是瑞典的优质铬镍钢,并以狙击枪的标准生产,费工费时。

索米 M1931 的自动方式为传统的自由枪机、开膛待击。在射击中,传统的冲锋枪的枪栓会随着枪机往复运动,而索米 M1931 的特别之处在于其枪栓拉上之后即固定不动封闭枪膛,从而避免杂物进入枪膛造成故障。

Chapter 03 冲 锋 枪

波兰 PM-63 冲锋枪

PM-63 冲锋枪是波兰制造的小型冲锋枪，1963 年完成开发，主要用于个人防卫及 150 米内的近身战斗，发射 9×18 毫米枪弹，可选择全自动或半自动（单发）射击模式。

性能解析

PM-63 冲锋枪为自由枪机式武器，开膛待击，前冲击发，与一般的手枪一样，弹匣插在握把内，可配用 15 发或 25 发弹匣供弹，使用的子弹为 9×18 毫米马卡洛夫子弹。为了降低射速，PM-63 冲锋枪采用了专门的减速器，能把射速降低到 600 发/分。

基本参数	
制造商	拉多姆兵工厂
口径	9 毫米
全长	333 毫米
枪管长	150 毫米
空枪重量	1.6 千克
有效射程	150 米
枪口初速	320 米/秒
弹容量	15/25 发

总体设计

PM-63 冲锋枪的折叠式握把位于扳机前方，并装备可伸缩的双支柱金属枪托。枪机不是在机匣内移动，而是像手枪那样采用可移动套筒。套筒下半部分延伸到枪口下方，作为制退器使用，枪口燃气向上运动，以抵消自动发射时枪口上跳。在紧急情况下，可将枪口制退器顶住坚硬表面，从而单手将 PM-63 切换到待发状态。

美国 MAC-10 冲锋枪

MAC-10 是由戈登湾·B.英格拉姆设计、美国军事装备公司生产的一款冲锋枪，有不少特种部队曾经采用过。

性能解析

MAC-10 冲锋枪的生产成本低，结构简单，因此很容易制造和维修。该枪使用开放式枪机，较轻的开放式枪机令其有着较高的射速。但由于其机匣过于狭小、枪机后坐距离较短、射速过高，容易引起卡弹等故障。该枪枪管前端的螺旋纹可用来安装专用的消声器以降低发射时的音量。

MAC-10 全枪的零部件几乎完全采用薄钢板以冲压成型的方式加工制造，而枪机则是采用精密铸造技术生产，整体制造工艺比较简单。该枪使用锯齿状、枪机转动 90°就会闭锁和有指示器指示武器不能射击的 2 个保险装置，这能有效杜绝武器因为坠地而导致的走火。

基本参数	
制造商	军事装备公司
口径	11.43 毫米
全长	548 毫米
枪管长	146 毫米
空枪重量	2.84 千克
射速	1 145 发 / 分
有效射程	50 米
枪口初速	280 米 / 秒
弹容量	30 发

总体设计

MAC-10冲锋枪均采用自由枪机式工作原理,开膛待击。机匣分上下两部分,上机匣容纳枪机和枪管,下机匣容纳发射机、保险机构和快慢机。枪机为包络式,使枪管大部分伸入机匣内,从而大大缩短了全枪长。拉机柄在机匣顶部,其上开有凹槽,以免影响瞄准。当枪机在前方位置时,拉机柄钮旋转90°可以将枪机锁在前方。快慢机在机匣左侧扳机前方,向前推为单发,向后拉为连发。保险位于扳机右前方,使用非常方便,向前扳为射击,向后扳为保险,通过扣扳机的手指就能实现保险。机匣前端枪管上挂有1个帆布把手,射击时射手用1只手握持,以便控制枪口上跳。枪管前端加工有螺纹,以便拧装消音器。伸缩式金属枪托不用时缩回机匣后,抵肩可向上叠到机匣后端,枪托拉出后可用卡笋将其固定。

捷克斯洛伐克 ZK 383 冲锋枪

ZK 383 冲锋枪由捷克斯洛伐克的约瑟夫和弗兰蒂斯克·库凯设计,1933年获得专利,并由捷克斯洛伐克国营兵工厂生产,1948年停止生产。二战期间,ZK 383 冲锋枪不仅供捷克斯洛伐克、德国军队使用,而且是比利时的制式冲锋枪,委内瑞拉、巴西等南美国家的军队也曾装备。

德国吞并捷克斯洛伐克之前,ZK 383 冲锋枪的出口对象主要是比利时陆军。1939年,德国完全占领捷克斯洛伐克后,将该国的国营兵工厂置于自己的监管之下,并将其称为布尔诺兵工厂。进入德军装备后,该枪被改称为MP383,主要提供给东线的武装党卫军使用,其他地区则很少见到。

基本参数	
制造商	国营兵工厂
口径	9 毫米
枪长	875 毫米
枪管长度	325 毫米
枪重	4.25 千克
射速	700 发/分
弹容量	30 发

性能解析

ZK 383 冲锋枪可快速更换枪管。枪管通过其尾端的 2 个凸缘固定在机匣上，只要拉动准星座后方的枪管固定卡笋，并将准星转动 90°，即可从机匣内抽出枪管。该枪具有两种射速，枪机上有 1 个调节枪机质量件，带调节件的枪机重量为 700 克，不带调节件的枪机重量为 530 克，从而可使枪的射速从 500 发 / 分增加到 700 发 / 分。该枪有 ZK 383P 和 ZK 383H 两种变形枪。前者为警用型，其主要不同是取消了两脚架，采用较简单的 L 形翻转式表尺。后者是在 ZK 383 的基础上进行了一些结构改进。

ZK 383 冲锋枪采用自由枪机式工作原理，开膛待击。枪机为阶梯状圆柱体，其大端与连杆相接，枪机后坐时，连杆通过 1 个压套压缩枪托内的复进簧。快慢机柄设在机匣左侧，保险机前上方标有表示单发位置的 1 和表示连发位置的 30 两个数字符号。该枪的机匣和发射机座采用钢铸件精密加工而成，两脚架和托底板为冲压件。有的枪还有装刺刀的凸笋。

韩国 K7 冲锋枪

K7 冲锋枪是由韩国大宇集团研制的微声冲锋枪，2003 年在阿拉伯联合酋长国的国际防务展览及会议上首次展出，现已被韩国和印度尼西亚等国的军队采用。

性能解析

K7 冲锋枪使用滚轮延迟反冲式系统，射击精度较高。该枪装有整体微声器，使用亚音速的 9×19 毫米鲁格弹，以大幅减少射击时的噪声。由于微声器将枪声变得扭曲，敌人很难听出 K7 冲锋枪发射的声音。同时，微声器也将枪口焰消除，即使在夜间也难以发现。

K7 冲锋枪采用专用的 30 发可拆卸式直弹匣，也可使用"乌兹"冲锋枪的 20 发、25 发、32 发、40 发或 50 发可拆卸式弹匣。K7 冲锋枪有 3 种发射模式，分别是半自动、3 点发和全自动。

基本参数	
制造商	大宇集团
口径	9 毫米
全长	800 毫米
枪管长	788 毫米
空枪重量	3.4 千克
有效射程	150 米
枪口初速	340 米/秒
弹容量	30 发

总体设计

K7 冲锋枪以气动式自动原理步枪为蓝本，移除了气动式结构，并且转换成发射 9 毫米口径弹药。因此，K7 冲锋枪没有使用 K1 卡宾枪的直喷型气动式系统（和美国 M16 突击步枪采用的气动系统相同）或 K2 突击步枪的加利尔（由 AK-47 突击步枪衍生而来）的长行程活塞气动式系统，K7 使用的是滚轮延迟反冲式系统。

Chapter 04

步 枪

步枪是步兵单人使用的基本武器,不同类型的步枪可以执行不同的战术使命。但步枪的主要作用是以其火力、枪刺和枪托杀伤有生目标。因此,在近战中,解决战斗的最后阶段,步枪起着重要的作用。

美国 AR-15 突击步枪

AR-15 突击步枪是由美国著名枪械设计师尤金·斯通纳研发的以弹匣供弹、具备半自动或全自动射击模式的突击步枪。

性能解析

AR-15 突击步枪的一些重要特征包括：小口径、精度高、初速高。合成的枪托和握把不容易变形和破裂；导气管式自动方式；航空级铝材的机匣；模块化的设计使得多种配件的使用成为可能，并且带来维护方便的优点；准星可以调整仰角；表尺可以调整风力修正量和射程；一系列的光学器件可以用来配合或者取代机械瞄具。

另外，半自动型号的 AR-15 和全自动型号的 AR-15 在外形上完全相同，只是全自动改型具有 1 个选择射击的旋转开关，可以让使用人员在 3 种设计模式中选择：安全、半自动，以及依型号而定的全自动或 3 发连发。而半自动型号则只有安全和半自动 2 种模式可供选择。

基本参数	
设计师	尤金·斯通纳
口径	5.56 毫米
全长	991 毫米
枪管长	508 毫米
重量	3.9 千克
弹容量	10/20/30 发
枪口初速	975 米/秒
射速	800 发/分
有效射程	550 米

美国 AR-18 突击步枪

AR-18 突击步枪是阿玛莱特公司于 1963 年由 AR-15 步枪改进而成的一款突击步枪,虽然未能成为任何一个国家的制式步枪,但其设计却对后来的许多步枪产生了影响。

性能解析

AR-18 突击步枪的结构与 AR-15/M16 系列步枪不同,反而与 M14 自动步枪有些类似,只是拉柄与活塞连杆不是一个整体。这个短行程活塞传动结构后来被许多新型步枪沿用,其优点就是可以延迟或者部分规避不良弹药在射击燃烧时所形成的严重积碳。

基本参数	
制造商	阿玛莱特公司
口径	5.56 毫米
全长	965 毫米
枪管长	457 毫米
重量	3 千克
弹容量	20/30/40 发
枪口初速	991 米/秒
射速	700~800 发/分

总体设计

AR-18 枪身铭文"AR 18 ARMALITE"标于手枪握把上,"ARMALITEAR-18 PATENTS PENDING"标于弹匣槽左侧,序列号标于机匣后方顶部、机匣左侧或弹匣槽上。机匣左侧也可能标有"MADE BY TERLING ARMAMENTS"。手动保险/快慢机位于枪身左侧、手枪握把上方:向后为保险,垂直位置为单发射击,向前为连发射击。弹匣扣位于机匣右侧。

美国 M16 突击步枪

M16 是由阿玛莱特 AR-15 发展而来的突击步枪,现由柯尔特公司生产。它是世界上最优秀的步枪之一,也是同口径中生产数量最多的枪械,20 世纪 60 年代以来一直是美国陆军的主要步兵武器。

性能解析

M16 突击步枪的枪管、枪栓和机框为钢质,机匣为铝合金,护木、握把和后托则是塑料。该枪采用导气管式工作原理,但与一般导气式步枪不同,它没有活塞组件和气体调节器,而采用导气管。枪管中的高压气体从导气孔通过导气管直接推动机框,而不是进入独立活塞室驱动活塞。高压气体直接进入枪栓后方机框里的 1 个气室,再受到枪机上的密封圈阻止,因此急剧膨胀的气体便推动机框向后运动。机框走完自由行程后,其上的开锁螺旋面与枪机闭锁导柱相互作用,使枪机右旋开锁,而后机框带动枪机一起继续向后运动。M16 使用直接推动机框的直接导推式原理,枪管中的高压气体从导气孔通过导气管直接推动机框,而不是进入独立活塞室驱动活塞。高压气体直接进入枪栓后方机框里的 1 个内室,将机框带动枪机后退。这使得单独的活塞室和活塞不再必要,从而减少了移动部件的数量。在快速射击中这也通过保持往返运动的部件与枪膛在同一直线上而提供更好的性能。

基本参数	
制造商	柯尔特公司
口径	5.56 毫米
全长	986 毫米
枪管长	508 毫米
重量	3.1 千克
弹容量	20/30 发
枪口初速	975 米/秒
射速	700~950 发/分
有效射程	400 米

使用情况

M16 是世界上最普遍生产的 5.56×45 毫米步枪。当前,M16/M4 系统在 15 个北约国家和全世界 80 多个国家使用。美国和加拿大(迪玛科 C7)总共生产了 800 万支 M16 突击步枪，大概有 90% 还在使用。

在美国，M16 主要用来替换 M14 自动步枪以及 M1 卡宾枪来作为标准步兵武器以及某些情况下勃朗宁自动步枪的替代。M14 还会继续服役，只不过不会作为主要武器。它被作为狙击步枪以及"精确射手"步枪使用，主要用于提供远程支援火力。

美国巴雷特 REC7 突击步枪

REC7 是在 M16 突击步枪和 M4 卡宾枪的基础上改进而成的突击步枪，由巴雷特公司生产。

性能解析

REC7 突击步枪采用了新的 6.8 毫米雷明顿 SPC（6.8×43 毫米）弹药，其长度与美军正在使用的 5.56 毫米弹药相近，因此可以直接套用美军现有的 STANAG 弹匣。6.8 毫米 SPC 弹在口径上较 5.56 毫米弹药要大不少，装药量也更多，其停止作用和有效射程比后者要强 50% 以上，虽然枪口初速比 5.56 毫米弹药稍低，但是其枪口动能为 5.56 毫米弹药的 1.5 倍。REC7 突击步枪采用 ARMS 公司生产的 SIR 护木，能够安装两脚架、夜视仪和光学瞄准镜等配件。此外，还有 1 个折叠式的机械瞄具。

基本参数	
制造商	巴雷特公司
口径	6.8 毫米
全长	845 毫米
枪管长	410 毫米
重量	3.46 千克
弹容量	30 发
枪口初速	750 米/秒
射速	750 发/分
有效射程	600 米

俄罗斯 AK-47 突击步枪

AK-47 是由苏联著名枪械设计师米哈伊尔·季莫费耶维奇·卡拉什尼科夫设计的突击步枪，20 世纪 50—80 年代一直是苏联军队的制式装备。该枪是世界上最著名的步枪之一，制造数量和使用范围极为惊人。

性能解析

与二战时期的步枪相比，AK-47 突击步枪的枪身短小、射程较短（约 300 米）、火力强大，适合较近距离的突击作战。它的枪机动作可靠，即使在连续射击时或有灰尘等异物进入枪内时，它的机械结构仍能保证它继续工作。

在沙漠、热带雨林、严寒等极度恶劣的环境下，AK-47 突击步枪仍能保持相当好的效能。此外，该枪结构简单，易于分解、清洁和维修。AK-47 突击步枪的主要缺点是全自动射击时枪口上扬严重，枪机框后坐时撞击机匣底，机匣盖的设计导致瞄准基线较短，瞄准具不理想，导致射击精度较差，特别是 300 米以外难以准确射击，连发射击精度更低。

基本参数	
制造商	伊兹玛什工厂
口径	7.62 毫米
全长	870 毫米
枪管长	415 毫米
重量	4.3 千克
弹容量	30 发
枪口初速	710 米/秒
射速	600 发/分
有效射程	300 米

俄罗斯 AKM 突击步枪

AKM(卡拉什尼科夫自动步枪改进型)是在 AK-47 基础上改进而来的突击步枪。

性能解析

AKM 突击步枪的突出特点是用冲铆机匣代替 AK-47 的铣削机匣,不仅大大降低了生产成本,而且减轻了重量。由于采用了许多新技术,改善了不少 AK 系列的固有缺陷,AKM 比 AK-47 更实用,更符合现代突击步枪的要求。AKM 突击步枪扳机组上增加的"击锤延迟体",从根本上消除了哑火的可能性。在试验记录上,AKM 未出现一次因武器方面引起的哑火现象,可靠性良好。此外,AKM 突击步枪的下护木两侧有凸起,便于控制连射。

基本参数	
制造商	伊兹玛什工厂
口径	7.62 毫米
全长	876 毫米
枪管长	369 毫米
重量	3.15 千克
弹容量	30 发
枪口初速	715 米/秒
射速	600 发/分
最大射程	1 000 米

AKM 突击步枪的改进主要包括:弹匣改用轻合金制造并能与原来的钢质弹匣通用,后期还研制了一种玻璃纤维塑料压模成型的弹匣,也可以完全通用。枪托、护木和握把皆采用树脂合成材料制造,使全枪的重量减轻。枪机和枪机框表面经磷化处理,活塞筒前端有 4 个半圆形缺口,恰好与导气箍类似的缺口配合。护木上新增手指槽,便于射手在全自动射击时控制武器。

此外,AKM 还增加了表尺射程,表尺分划为 200~1 000 米,每个分划为 200 米;柱形准星和 U 形缺口照门都有可翻转的附件,内装荧光材料镭 221,用于夜间瞄准。

俄罗斯 TKB-022 突击步枪

TKB-022 是一款由苏联枪械设计师日耳曼·A.科洛波夫于 20 世纪 60 年代设计的无托结构突击步枪。

性能解析

TKB-022 突击步枪采用气动式操作，位于枪管上方的环状气动活塞会围绕着枪机并且使枪机垂直移动，这使它可以最大限度地降低机匣的总长度。该枪是第一种使用前置式抛壳口的突击步枪。在发射以后，原来的弹壳会被抽出膛室并且经由机匣内部的机构，从下方的抛壳口自然排出。正因为这种枪装上这种机械装置，解决了左手射击时弹壳抛向射手面部及气体灼伤的问题，从而使一般无托结构枪械不能双手射击的缺点得到解决，后来的 FN F2000 所使用的设计与此相似。

基本参数	
设计师	日耳曼·A.科洛波夫
口径	7.62 毫米
全长	755 毫米
枪管长	415 毫米
重量	2.6 千克
射速	560 发/分
弹容量	30 发

俄罗斯 AK-74 突击步枪

AK-74 是卡拉什尼科夫于 20 世纪 70 年代在 AKM 基础上改进而来的突击步枪,它是苏联装备的第一种小口径突击步枪,直至现在仍然是许多原苏联成员国的制式步枪。

性能解析

与 AK-47 突击步枪和 AKM 突击步枪相比,AK-74 突击步枪的口径缩小,射速提高,后坐力减小。由于使用小口径弹药并加装了枪口装置,AK-74 突击步枪的连发散布精度大大提高,不过单发精度仍然较低,而且枪口装置导致枪口焰比较明显,尤其是在黑暗中射击。

AK-74 的枪托为木质固定枪托,底板上有黑色橡胶垫,使抵肩射击时更稳定,而且有缓冲作用的效果,木托两侧加工有长约 100 毫米、宽 19 毫米的槽,以作为识别标志。AKS-74 的枪托是骨架形折叠枪托,由钢板冲压点焊而成,向左折叠。AK-74 的小握把用模塑制成,护木用层压木板制成。AK-74 弹匣材料为模压成型的玻璃纤维塑料,重量轻、生产简单、成本低。这种弹匣强度高,坚固耐用,曲度减小,侧面无凸筋和凹槽,外表平滑,但重量不小。最初的弹匣是橙色的,后来又生产了黑色和深棕色的弹匣。

此外,AK 系列枪机撞击机匣的问题依然没有解决,且仍采用缺口式照门,射击精度仍低于一些西方枪械。但 AK-74 仍不失为一把优秀的突击步枪,它使用方便,未经过训练的人都能很轻松地进行全自动射击。时至今日,AK-74 突击步枪的使用已有 40 余年,经过了阿富汗战争和车臣战争的实战考验。

基本参数	
制造商	伊兹玛什工厂
口径	5.45 毫米
全长	943 毫米
枪管长	415 毫米
重量	3.3 千克
弹容量	20/ 30/ 45 发
枪口初速	900 米 / 秒
射速	650 发 / 分
有效射程	500 米

俄罗斯 AK-101 突击步枪

AK-101 是俄罗斯生产的发射 5.56×45 毫米弹药的突击步枪,也是 AK 枪族的成员之一,主要用于出口。

性能解析

AK-101 与 AK-74M 比较相似,采用现代化的复合工程塑料技术,装有 415 毫米的枪管、AK-74M 式枪口制退器,机匣左侧装有瞄准镜座,可加装瞄准镜及榴弹发射器,但发射 5.56×45 毫米弹药,配备黑色塑料 30 发弹匣及塑料折叠枪托。

基本参数	
制造商	伊兹玛什工厂
口径	5.56 毫米
全长	943 毫米
枪管长	415 毫米
重量	3.4 千克
弹容量	30 发
枪口初速	920 米/秒
射速	650 发/分
有效射程	450 米

俄罗斯 AK-102 突击步枪

AK-102 突击步枪是 AK-100 系列的主要型别之一，可视为 AK-10 突击步枪的缩短版本，类似于以前的 AKS-74U。

性能解析

相比其他 AK 系列步枪，AK-102 最大的特点是缩短了枪管，使其成为一种介于全尺寸型步枪和紧凑卡宾枪之间的混合型突击步枪。AK-102 非常轻巧，主要原因是用能够防震的现代化复合工程塑料取代了旧型号所采用的木材。这种新型塑料结构不但能够应对各种恶劣的气候，而且还可以抵御锈蚀。当然，塑料结构最大的特点是重量更轻。

该枪由 30 发可拆式的黑色弹匣供弹，弹匣由玻璃钢制成，有轻巧耐用的特点。枪托由聚合物塑料制成，内部为附件储存室，可将清洁枪支的工具盒储存在枪托内部。此外，该枪还安装有 AKS-74U 型枪口消焰器并能加装瞄准镜。

基本参数	
制造商	伊兹玛什工厂
口径	5.56 毫米
全长	824 毫米
枪管长	314 毫米
重量	3 千克
弹容量	30 发
枪口初速	850 米/秒
射速	600 发/分
有效射程	500 米

俄罗斯 AK-103 突击步枪

AK-103 是俄罗斯生产的一款现代化突击步枪,是 AK 枪族成员之一。

性能解析

AK-103 突击步枪与 AK-74M 突击步枪非常相似,它采用现代化复合工程塑料技术,装有 415 毫米枪管,可加装瞄准镜及榴弹发射器,且有 AK-74M 式枪口制退器。不过,该枪与 AK-74M 不同的是,它发射 7.62×39 毫米弹药。AK-103 除了有可选择单连发射击方式的标准型和只能半自动射击的民用型外,还有一种具有三发点射机构的型号 AK-103-2。快慢机从上往下拨的顺序为:保险—连发—三发点射—单发。虽然伊兹玛什工厂为 AK-103 配备了黑色塑料弹匣,但是该枪完全通用 AK-47 系列的钢弹匣和 AKM 系列的橙色塑料弹匣。

基本参数	
制造商	伊兹玛什工厂
口径	7.62 毫米
全长	943 毫米
枪管长	415 毫米
重量	3.4 千克
弹容量	30 发
枪口初速	750 米/秒
射速	600 发/分
有效射程	500 米

使用情况

俄罗斯截至 2014 年 9 月只少量装备 AK-103,主要是列装于内务部和联邦安全局的特种部队。而委内瑞拉在 2005 年 5 月签下合约,买下了 10 万支 AK-103 作制式突击步枪,取代 1953 年开始装备的 6 万支 7.62×51 毫米的 FN FAL。委内瑞拉在 2006 年 6 月 3 日收到了头一批共 3 万支,在 2006 年 8 月 30 日收到第二批共 3.2 万支,最后一批也在 2006 年 11 月 29 日运抵。

俄罗斯 AK-104 突击步枪

AK-104 突击步枪是俄罗斯生产的 AK-74M 突击步枪的缩短版本，也可以视为卡宾枪，是 AK 枪族成员之一。

▶ 性能解析

相比 AK-74M、AK-101 和 AK-103 这些类似设计的全尺寸型步枪，AK-102、AK-104 和 AK-105 最大的特点在于缩短了枪管，使其成为一种全尺寸型步枪和更紧凑的 AKS-74U 卡宾枪之间的一种混合型突击步枪。该枪与 AK-102 突击步枪在结构和外形上极为相似，两者最大的区别在于口径，AK-102 突击步枪发射 5.56×45 毫米弹药，而 AK-104 突击步枪则发射 7.62×39 毫米弹药。

基本参数	
制造商	伊兹玛什工厂
口径	7.62 毫米
全长	824 毫米
枪管长	314 毫米
重量	3 千克
弹容量	30 发
枪口初速	670 米/秒
射速	600 发/分
有效射程	500 米

AK-104 是结合了 AK-74、AK-101、AK-103 步枪的优点，以 AK-103 为母型进行的短管改进型突击步枪。AK-104 采用塑料结构，大大减轻了全枪重量。该枪可配战术灯、激光瞄具、瞄准镜、消声器及 GP-30 榴弹发射器。AK-104 继承了 AK 系列性能稳定的特点，能够适应各种气候条件下的作战需求。

俄罗斯 AK-105 突击步枪

AK-105 是俄罗斯生产的 AK-74M 突击步枪的缩短版本,为 AK 枪族的成员之一。

性能解析

AK-105 突击步枪非常轻便,其主要原因是用能够防震的现代化复合工程塑料取代了旧型号所采用的木材。这种新型塑料结构不但能够应对各种恶劣的气候,而且可以抵御锈蚀。

当然,塑料结构最大的特点是重量更轻。该枪的供弹装置主要有 3 种,包括 30 发的双排弹匣、60 发的 4 排弹匣和 100 发的弹鼓。可拆式的黑色弹匣由玻璃钢制成,有轻巧耐用的特点。枪托由聚合物塑料制成,内部为附件储存室,可将清洁枪支的工具盒储存在枪托内部。此外,该枪还安装有 AKS-74U 型枪口消焰器并能加装瞄准镜。

基本参数	
制造商	伊兹玛什工厂
口径	5.45 毫米
全长	824 毫米
枪管长	314 毫米
重量	3 千克
弹容量	30/ 60/ 100 发
枪口初速	840 米/秒
射速	650 发/分
有效射程	500 米

俄罗斯 AK-107 突击步枪

AK-107 是俄罗斯开发的 5.45×39 毫米口径突击步枪，是 AK-100 枪族的成员之一。

性能解析

AK-107 突击步枪所采用的平衡自动反冲系统可大幅降低步枪的反作用力，使射手受到的影响减小，从而提高射击精度以及加强全自动连射时的可控性。试验结果表明，AK-107 突击步枪在非固定位置进行全自动连发时着弹分布面积比 AK-74 好得多。

尽管同样为长行程活塞驱动，AK-107 的活塞往复运动行程仍较 AK 系列短，因此最高射速可达 850 发/分，比起 AK-74 的 650 发/分要高出不少，但不及 AN-94 的 1800 发/分。AK-107 的射击模式有单发、三发点射和全自动连射 3 种。

基本参数	
制造商	伊兹玛什工厂
口径	5.45 毫米
全长	943 毫米
枪管长	415 毫米
弹容量	30/60 发
枪口初速	900 米/秒
射速	850 发/分
有效射程	500 米

AK-107 突击步枪的动作原理是基于火药燃气能量的利用，火药燃气从枪管开口进入导气室，然后分流。为了减少对枪机框前后位置撞击的负面影响，枪机框设计了 1 个很有特点的连接杆，形成了 1 个布满圆孔的下导轨，旁边用六齿链轮形成上导轨与之同步。当枪弹发射后，燃气进入导气室驱动上导轨和枪机框上的 2 个活塞，在上导轨运动到其前位置时，枪机框则运动到其后位置。通过两边的惯性质量同时达到 2 个死点，借助链轮的同步作用，因而就减少了后坐撞击力。

俄罗斯 SR-3 突击步枪

SR-3 是由俄罗斯中央精密机械工程研究所研制并生产的一款 9 毫米口径紧凑型全自动突击步枪。

性能解析

SR-3 突击步枪发射 9×39 毫米亚音速步枪弹,原本配备 10 发和 20 发可拆卸式弹匣,后来根据用户要求又研制了容量更大的新型 30 发聚合物制或钢制可拆卸式弹匣。SR-3 和 SR-3M 均采用上翻式调节的机械瞄准具,射程分别设定为攻击 100 米和 200 米以内的目标,准星和照门都装有护翼以防损坏。但由于该枪的瞄准基线过短,且亚音速子弹的飞行轨迹曲度太大,所以实际用途与冲锋枪相近,其实际有效射程仅为 100 米。不过,这种 9×39 毫米亚音速步枪弹的贯穿力还是比冲锋枪和短枪管卡宾枪强上许多,能在 200 米距离上贯穿 8 毫米厚的钢板。

基本参数	
制造商	中央精密机械工程研究所
口径	9 毫米
全长	610 毫米
枪管长	156 毫米
重量	2 千克
弹容量	10/ 20/ 30 发
枪口初速	295 米 / 秒
射速	900 发 / 分
有效射程	100/ 200 米

总体设计

SR-3 是从 AS 改进而来,因此自动原理和击发结构都一样。该枪采用导气式自动原理,位于枪管上方的长行程导气活塞与枪机框采用刚性连接,回转式枪机有 6 个闭锁突耳。其机匣用锻压钢加工以提高强度和耐用性。该枪没有拉机柄,而是在前托上方有 2 个滑块,拉动这 2 个滑块时就可以手动循环枪机。当枪射击,滑块不随枪机一起运动。如果发生不完全闭锁或其他原因需要手动闭膛时,在枪机框右侧有一个水滴形凹坑,内有锯齿形防滑纹,射手可以把用手指借助这个凹坑强行推枪机向前。而击发机构有点类似于捷克的 Vz.58 突击步枪,为平移式击锤。击锤簧位于枪机复进簧下方,两个弹簧组的弹簧导杆和聚合物枪机缓冲器一起安装在枪尾。和 AS、VSS 不同的是,SR-3 把 AK 式的保险旋柄改成握把上方左右两侧都有的小旋柄,这样无论左右手射击都能方便地用射击手的拇指操作。快慢机则仍然是 AS 的形式,是位于手枪形握把上方的一个横推式的按钮,左侧的 3 点标记为全自动,右侧的单点标记为半自动。

俄罗斯 9A-91 突击步枪

9A-91 是一款由俄罗斯于 20 世纪 90 年代初开始研制及生产的突击步枪,目前被俄罗斯军队、警察有限使用。

性能解析

9A-91 突击步枪相比功能和用途类似的 SR-3 和 AK-9 突击步枪而言具有一定的优势,例如,比 SR-3 突击步枪更加便宜,人机功效也更好。9A-91 突击步枪虽然有效射程可达 200 米,但由于瞄准基线过短、亚音速子弹本身的飞行轨迹也太过弯曲,所以其实际有效射程只有约 100 米。不过它发射的 9×39 毫米亚音速步枪子弹仍然比使用手枪子弹的冲锋枪以及短枪管的卡宾枪有更大的威力,能够贯穿具有三级个人防护能力的头盔和防弹背心。

基本参数	
制造商	KBP 仪器设计厂
口径	9 毫米
全长	605 毫米
重量	1.8 千克
弹容量	20 发
枪口初速	270 米/秒
射速	700~900 发/分
有效射程	200 米

俄罗斯 AN-94 突击步枪

AN-94 是俄罗斯现役现代化小口径突击步枪,由根纳金·尼科诺夫于 1994 年研制,1997 年开始服役。

性能解析

AN-94 突击步枪的精准度极高,在 100 米距离上站姿无依托连发射击时,头 2 发弹着点距离不到 2 厘米,远胜于 SVD 狙击步枪发射专用狙击弹的效果,甚至不逊于以高精度著称的 SV98 狙击步枪。但这种高精准度并非所有士兵都需要,对于俄罗斯普通士兵来说,AN-94 突击步枪的二发点射并没有多大帮助。

基本参数	
口径	5.45 毫米
全长	943 毫米
枪管长	405 毫米
重量	3.85 千克
弹容量	30/ 45/ 60 发
枪口初速	900 米/秒
射速	600 发/分(第 3 发后)
有效射程	700 米

而且现代战争中突击步枪多用于火力压制,AN-94 与 AK-74 所发挥的作用并没有太多差别。尽管 AN-94 突击步枪的内部结构精细,但外表处理比较粗糙,容易磨破衣服或擦伤皮肤。此外,由于俄罗斯士兵长久以来习惯使用 AK 系列步枪,风格迥异的 AN-94 突击步枪让他们需要很长时间才能熟悉。

AN-94 的机械瞄具与之前俄罗斯突击步枪流行的机械瞄具不同,采用柱形准星和旋转式的觇孔照门。Asterix 型照门安装在枪托后上端,不同高度的孔呈星形分布,孔里可装发光源,有助于射手在黎明薄暮或光线不好的时候瞄准目标。装定射程时,要在机匣顶端旋转星号和设定被需要的孔。通用的 AK 式瞄准镜导轨安装在机匣左侧。准星有护圈保护,准星旁也有发光源,准星本身可以调整风偏和高低。AN-94 的机匣盖与护木是 1 个部件,要将其松开和取下,必须将机匣前右侧的解脱杆向下转动。然后,将自动机组件和枪管从其在机匣里的滑动支座和延长杆上拉出。击发组件也可以从枪上卸下,分解时必须将机匣锁定钮按压到底,牢牢抓住,然后旋转位于小握把上方的小解脱杆,使击发组件松开。

俄罗斯 AK-9 突击步枪

AK-9 是俄罗斯生产的一款现代化突击步枪,发射 9×39 毫米步枪子弹,为卡拉什尼科夫步枪系列的最新型之一。

性能解析

AK-9 突击步枪具有经过测试和改进而成的长行程活塞传动型气动式操作和转拴式枪机,前护木的底部和两边整合了皮卡汀尼战术导轨,能安装对应导轨的多种模块化战术配件,包括前握把、战术灯、激光指示器、两脚架和榴弹发射器等。

而机匣的左侧装有属于俄罗斯标准的瞄准镜导轨,用以装上 PSO-1 等快速拆卸式光学瞄准镜。此外,该枪的枪管上还可以安装专门为其设计的分离式消声器,这种消声器搭配 9×39 毫米亚音速弹药时特别有效,而且还能快速拆卸。

AK-9 突击步枪定位于特种部队执行特殊任务,不可能大规模装备。AK-9 步枪的强大在于与同类枪械的比较上。事实上,由于使用了亚音速枪弹,尽管采用了钢芯弹头来弥补低初速带来的低威力问题,但 AK-9 的枪口动能仍然只有 M16 的 1/2、不到 G3 的 1/3,只是略微超越了一般的发射手枪子弹的冲锋枪的枪口动能。因此,用 AK-9 来硬拼杀伤力是不明智的。

基本参数	
制造商	伊兹玛什工厂
口径	9 毫米
全长	881 毫米
枪管长	200 毫米
重量	3.8 千克
弹容量	20 发
枪口初速	290 米/秒
有效射程	400 米

俄罗斯 AK-12 突击步枪

AK-12 是伊兹玛什工厂针对 AK 枪族的常见缺陷而改进的一款现代化突击步枪,该枪是 AK 枪族的最新成员,于 2010 年公开。

性能解析

AK-12 突击步枪的原型 AK-200 是以 AK-74 为基础,加上经过改进的外部设计,其中最大的改进是在机匣盖后端和照门的位置增加了固定装置,以便安装皮卡汀尼战术导轨桥架后避免射击时跳动。此外,该枪的护木上也整合了战术导轨,以便能安装对应的多种模块化战术配件。在改进为 AK-12 突击步枪以后,许多结构和细节都进行了重新设计。虽然仍被称为卡拉什尼科夫系列自动步枪,但是实际上该枪的设计已经与卡拉什尼科夫步枪迥异了。

基本参数	
制造商	伊兹玛什工厂
口径	5.45 毫米
全长	945 毫米
枪管长	415 毫米
重量	3.3 千克
弹容量	30/ 60/ 100 发
枪口初速	900 米 / 秒
射速	600 发 / 分
有效射程	800 米

总体设计

AK-12 的操作原理虽然是传统型卡拉什尼科夫样式长行程活塞传动型气动式和转栓式枪机闭锁机构,但其重新设计了枪机系统。其拉机柄不再与枪机呈现一体化式设计,而是改为可拆卸式并可以左右安装。不过,AK-12 的抛壳口则比 AK-100、AK-200 的抛壳口小。其位于机匣右侧,在保险位置时,作为防尘盖的一部分的快慢机选择杆已经被位于手枪握把之上的快慢机杆所取代,而且手枪握把的左右两侧都有设置,因此左右两手都可以由拇指轻松地激活操作。AK-12 的机匣盖为重新设计的,与 AK-100、AK-200 的机匣盖完全不同,形状和固定方式都有所改进。由于安装牢固,照门的位置已经由机匣盖的前面转移到机匣盖的后方,其顶部也整合了皮卡汀尼战术导轨。快慢机后面的小杠杆为锁紧机匣盖的装置。

AK-12 改进了枪管膛线，枪管制造精度和结构设计都比过去有所改善，用以提高精度以及降低后坐力和枪口上扬；枪口上装有的枪口装置改为细长的新型枪口制退器，而且有发射国外枪榴弹的能力。

德国 StG44 突击步枪

StG44 突击步枪也叫 MP44，是德国在二战时期研制并装备的一款突击步枪，它是首先使用了短药筒的中间型威力枪弹并大规模装备的自动步枪，是现代步兵史上划时代的成就之一。

性能解析

StG44 突击步枪具有冲锋枪的猛烈火力，连发射击时后坐力小易于掌握，在 400 米距离内拥有良好的射击精度，其威力也接近普通步枪弹，且重量较轻，便于携带。该枪成功地将步枪与冲锋枪的特性结合，受到德国前线部队的广泛好评。

StG44 突击步枪是德军在 MP40 冲锋枪和 MG42 通用机枪之后的又一款划时代的经典之作。

基本参数	
口径	7.92 毫米
全长	940 毫米
枪管长	419 毫米
重量	4.62 千克
弹容量	30 发
枪口初速	685 米/秒
射速	500~600 发/分
有效射程	300 米

其使用的中间型威力枪弹和突击步枪的概念，对轻武器的发展有着非常重要的影响。该枪诞生之后，许多自动步枪都开始使用短药筒弹药并逐渐取代老式步枪。StG44 突击步枪在二战中没有发挥多大作用，到二战结束之后，StG44 突击步枪由于自身性能的局限，很快就退出了历史舞台。

德国 HK G3 突击步枪

G3 是德国 HK 公司于 20 世纪 50 年代以 StG45 步枪为基础所改进的一款现代化自动步枪,是世界上制造数量最多、使用最广泛的自动步枪之一。

性能解析

G3 采用半自动枪机式工作原理,零部件大多是冲压件,机加工件较少。机匣为冲压件,两侧压有凹槽,起导引枪机和固定枪尾套的作用。枪管装于机匣之中,并位于机匣的管状节套的下方。管状节套点焊在机匣上,里面容纳装填杆和枪机的前伸部。装填拉柄在管状节套左侧的导槽中运动,待发时可由横槽固定。

G3 发射机构是 1 个独立的组合件,用连接销固定在机匣上。G3 的枪管采用普通膛线,弹膛内壁开有 12 条纵向槽,以降低抽壳阻力。枪口部有螺纹,并有 1 个锯齿形的圆环,用以安装消焰器固定卡簧或发射空包弹的附件。该枪采用机械瞄准具,并配有光学瞄准镜和主动式红外瞄准具。

基本参数	
制造商	HK 公司
口径	7.62 毫米
全长	1026 毫米
枪管长	450 毫米
重量	4.41 千克
弹容量	5/ 10/ 20 发
枪口初速	800 米 / 秒
射速	600 发 / 分
有效射程	700 米

使用情况

G3 自动步枪使用广泛,在葡萄牙殖民战争、罗得西亚战争、六日战争、康乃馨革命、两伊战争、萨尔瓦多内战、北爱尔兰问题、库尔德 – 土耳其冲突、克罗地亚独立战争、塞拉利昂内战、埃塞俄比亚内战、巴基斯坦西北的战争、2001 年阿富汗战争、持久自由军事行动、伊拉克战争、墨西哥毒品战争、2011 年利比亚内战中均有使用。

德国 HK G36 突击步枪

G36 是德国 HK 公司在 1995 年推出的一款现代化突击步枪,是德国联邦国防军自 1995 年以来的制式步枪。

性能解析

G36 突击步枪大量使用高强度塑料,质量较轻、结构合理、操作方便,模块化设计大大提高了它的战术性能。其模块化优势体现在:只用 1 个机匣,变换枪管、前护木就能组合成 MG36 轻机枪、G36C 短突击步枪、G36E 出口型、G36K 特种部队型和 G36 标准型等多种不同用途的突击步枪。由于步枪的射击活动部件大多类在机匣内,多种枪型使用同一机匣,步枪的零配件大为简少。在战场上,轻机枪的枪机打坏了,换上短突击步枪的枪机就可以使用。

基本参数	
制造商	HK 公司
口径	5.56 毫米
全长	997 毫米
枪管长	450 毫米
重量	4.1 千克
弹容量	20/ 30/ 100 发
枪口初速	950 米/秒
射速	850 发/分
有效射程	100~400 米

总体设计

HK G36 为导气式回旋转枪机。整体设计仍采用传统布局,枪管下方有活塞筒、手枪握把、弹匣和管状可折叠枪托。抬高的瞄准具座位于机匣后方,可安装 3 倍光学瞄准镜,整体式提把贯穿瞄准镜座和机匣前端。瞄准线设计的照门瞄准孔,拉机柄位于提把下方,必要时可帮助枪机闭锁。

德国 HK416 突击步枪

HK416 是 HK 公司结合 HK G36 突击步枪和 M4 卡宾枪的优点设计成的一款突击步枪。

性能解析

HK416 突击步枪采用了 HK G36 突击步枪的短冲程活塞传动式系统，枪管由冷锻碳钢制成，拥有很强的寿命。该枪的机匣及护木设有 5 条战术导轨以安装附件，采用自由浮动式前护木，整个前护木可完全拆下，用来改善全枪重量分布。枪托底部设有降低后坐力的缓冲塑料垫，机匣内有泵动活塞缓冲装置，有效减小后坐力和污垢对枪机运动的影响，从而提高武器的可靠性。另外，它也设有备用的新型金属照门。HK416 突击枪还配有只能发射空包弹的空包弹适配器，以杜绝误装实弹而引发的安全事故。

为了全面提高武器在恶劣条件下的可靠性、全枪寿命以及安全性，HK416 突击步枪的枪管采用了冷锻成型工艺。优质的钢材以及先进的加工工艺，使得 HK416 突击步枪的枪管寿命超过 2 万发。此外，HK 公司还新研制了可靠性更高的弹匣以及后坐缓冲装置，使该枪的可靠性和精准性获得大幅提升。M16 系列铝质弹匣的可靠性在恶劣环境下一直都受到质疑，如抱弹口变形、弹匣脱落等故障。HK 公司针对这个问题专门推出了新型 30 发钢质弹匣。新弹匣采用优质钢材，加工工艺性好，弹匣表面做了亚光处理，托弹簧也做了强化处理，托弹板以及进弹口的公差尺寸控制精确。

基本参数	
制造商	HK 公司
口径	5.56 毫米
全长	797 毫米
枪管长	264 毫米
重量	3.02 千克
弹容量	20/30 发
枪口初速	788 米/秒
射速	700~900 发/分

法国 FAMAS 突击步枪

FAMAS 是法国军队及警队的制式突击步枪,也是世界上著名的无托式步枪之一。

性能解析

FAMAS 突击步枪在 1991 年参与了沙漠风暴行动及其他维持和平行动,法国军队认为 FAMAS 突击步枪在战场上非常可靠。无论是在近距离的突发冲突还是中远距离的点射,FAMAS 突击步枪都有着优良的表现。该枪有单发、三发点射和连发 3 种射击方式,射速较快,弹道非常集中。

FAMAS 突击步枪不需要安装附件即可发射枪榴弹,GIAT 还专门研究了有俘弹器的枪榴弹,因此不需要专门换空包弹就可以直接用实弹发射。不过,FAMAS 突击步枪的子弹太少,火力持续性差。瞄准基线较高,如果加装瞄准镜会更高,不利于隐蔽。此外,其枪膛靠后,离射手头部较近,发射时噪声大,抛出的弹壳和烟雾会影响射手视野。

FAMAS 突击步枪的延迟后坐系统采用由两部分组成的枪栓,为避免抛壳困难,枪膛内开了 1 个槽,因此通过纵向痕迹很容易辨别该枪发射的枪弹。该枪操控性好、射击准确,还可下挂榴弹发射器。尽管所有的 5.56 毫米枪弹都可用于该枪,但只有使用法国制式枪弹才能获得最佳性能。

基本参数	
设计师	保罗·泰尔
口径	5.56 毫米
全长	757 毫米
枪管长	488 毫米
重量	3.8 千克
弹容量	25 发
枪口初速	925 米/秒
射速	1 100 发/分
有效射程	450 米

奥地利 AUG 突击步枪

AUG 是由奥地利斯泰尔·曼利夏公司于 1977 年推出的一款军用自动步枪,它是历史上首次正式列装、实际采用犊牛式设计的军用步枪。

性能解析

AUG 突击步枪将以往多种已知的设计理念聪明地组合起来,组合成一个可靠美观的整体。它是当时少数拥有模组化设计的步枪,其枪管可快速拆卸,并与枪族中的长管、短管、重管互换使用。在奥地利军方的对比试验中,AUG 突击步枪的性能表现可靠,而且在射击精度、目标捕获和全自动射击的控制方面表现优秀,与 FN CAL(比利时)、Vz.58(捷克)、M16A1(美国) 等著名步枪相比毫不逊色。

基本参数	
制造商	斯泰尔·曼利夏公司
口径	5.56 毫米
全长	790 毫米
枪管长	508 毫米
重量	3.6 千克
弹容量	30 发
枪口初速	970 米 / 秒
射速	680~800 发 / 分
有效射程	500 米

正因为如此,AUG 突击步枪才获得了众多国家军警用户的青睐。很少有无托结构的步枪获得执法机构或特种部队的采用,而 AUG 突击步枪是个例外,例如它是英国皇家空降特勤队 (SAS) 唯一使用过的无托步枪。

瑞士 SIG SG550 突击步枪

SIG SG 550 是瑞士 SIG 公司于 20 世纪 70 年代研制的一款突击步枪，是瑞士陆军的制式步枪，也是世界上最精确的突击步枪之一。

性能解析

SIG SG 550 突击步枪采用导气式自动方式，子弹发射时的气体不是直接进入导气管，而是通过导气箍上的小孔，进入活塞头上面弯成90°的管道内，然后继续向前，抵靠在导气管塞子上，借助反作用力使活塞和枪机后退而开锁。SG 550 突击步枪大量采用冲压件和合成材料，大大减轻了全枪重量。枪管用镍铬钢锤锻而成，枪管壁很厚，没有镀铬。消焰器长 22 毫米，其上可安装新型刺刀。标准型的 SG 550 突击步枪有两脚架，以提高射击的稳定性。

基本参数	
制造商	SIG 公司
口径	5.56 毫米
全长	998 毫米
枪管长	528 毫米
重量	4.05 千克
弹容量	5/ 10/ 20/ 30 发
枪口初速	905 米 / 秒
射速	700 发 / 分
有效射程	400 米

总体设计

SG550 突击步枪的 1 个独特之处是塑料弹匣上有螺丝与螺母，可并排安装两三个弹匣。其中 1 个弹匣插入弹匣口，射击完枪弹后，可迅速卸下弹匣，换上并排安装的其他弹匣。枪身铭文"SG 550"和序列号标于机匣左侧。保险装置：手动保险/快慢机位于机匣左侧、手枪握把上方，向后为保险，前上方有 3 挡，分别为单发、三发点射和连发射击。退弹过程：弹匣扣位于弹匣槽后部。卸下弹匣，向后拉拉机柄退出枪膛中的枪弹，通过抛壳口检查枪膛和进弹口，松开拉机柄，扣动扳机。

比利时 FN FNC 突击步枪

FN FNC 是比利时 FN 公司在 20 世纪 70 年代中期生产的突击步枪，由 FN CAL 的设计改进而成。

性能解析

FN FNC 突击步枪有两种不同长度的枪管，一种是膛线缠距为 305 毫米的标准枪管，发射美国 M193 枪弹。另一种是膛线缠距为 178 毫米的短枪管，发射比利时 SS109 枪弹。两种枪管可以互换使用。枪管用高级优质钢制成，内膛精锻成型，故强度、硬度、韧性较好，耐蚀抗磨。其前部有 1 个圆形套筒，除了可用于消焰外，还可发射枪榴弹。在供弹方面，FN FNC 突击步枪采用 30 发 STANAG 标准弹匣。击发系统与其他现代小口径突击步枪相似，有半自动、三发点射和全自动 3 种发射方式。枪口部有特殊的刺刀座，以便安装美国 M7 式刺刀。

基本参数	
制造商	FN 公司
口径	5.56 毫米
全长	997 毫米
枪管长	450 毫米
重量	3.8 千克
弹容量	30 发
枪口初速	965 米/秒
射速	700 发/分
有效射程	450 米

比利时 FN F2000 突击步枪

FN F2000 是比利时 FN 公司研制的一款突击步枪,目前已被许多国家的特种部队采用。

性能解析

FN F2000 突击步枪在成本、工艺性及人体工程学等方面下了很多功夫,不但很好地控制了重量,而且平衡性也很优秀,非常易于携带、握持和使用,同样也便于左撇子使用。FN F2000 突击步枪采用无托结构,虽然有 400 毫米长的枪管,但全长仅 688 毫米。此外,FN F2000 突击步枪还默认使用 1.6 倍瞄准镜,在加装专用的榴弹发射器后,也可换装具测距及计算弹着点的专用火控系统。FN F2000 突击步枪的附件包括可折叠的两脚架及可选用的装手枪口上的刺刀卡笋,而且还可根据实际需求而在 M1913 导轨上安装夜视瞄具。此外,FN F2000 还可配用未来的低杀伤性系统。

基本参数	
制造商	FN 公司
口径	5.56 毫米
全长	688 毫米
枪管长	400 毫米
重量	3.6 千克
弹容量	30 发
枪口初速	910 米/秒
射速	850 发/分
有效射程	500 米

FN F2000 突击步枪采用 P90 的混合式发射模式选择钮及前置式抛壳口,由一段经机匣内部、枪管上方的弹壳槽导引至枪口上抛壳口并向右自然排出,解决了左手射击时弹壳抛向射手面部及气体灼伤的问题。该枪发射 5.56×45 毫米 NATO 弹药并对应 STANAG 弹匣,射击时首发弹壳会留在弹壳槽内,直到射击三四发后首发弹壳才会排出。

比利时 FN SCAR 突击步枪

SCAR 是 SOF Combat Assault Rifle（特种部队战斗突击步枪）的简称，于 2007 年 7 月开始小批量量产，并有限配发给军队使用。

性能解析

SCAR 的两种版本：轻型（Light，SCAR-L，Mk 16 Mod 0）和重型（Heavy，SCAR-H，Mk 17 Mod 0）。轻型发射 5.56×45 毫米北约弹药，使用类似于 M16 的弹匣，只不过是钢材制造，虽然比 M16 的塑料弹匣更重，但是强度更高，可靠性也更好。重型发射威力更大的 7.62×51 毫米北约弹药，使用 FN FAL 突击步枪的 20 发弹匣，不同枪管长度可以用于不同的模式。

基本参数	
制造商	FN 公司
口径	5.56/7.62 毫米
全长	965 毫米
枪管长	400 毫米
重量	3.26 千克
弹容量	20 发
枪口初速	714 米/秒
射速	550~600 发/分
有效射程	600 米

SCAR 突击步枪的特征为从头到尾不间断的战术导轨在铝质外壳的正上方排开，2 个可拆式导轨在侧面，下方还可加挂任何皮卡汀尼标准的相容配件，握把部分和 M16 使用的握把可互换，前准星可以拆下，不会挡到瞄准镜或是光学瞄准器。SCAR 因为采用了模块化设计，所以可以在两种口径之间变换，每种又能改装成远战和近战模式。

意大利 AR70/90 突击步枪

AR70/90 是由意大利伯莱塔公司于 20 世纪 70 年代研制的一款突击步枪，是目前意大利武装部队的制式步枪。

性能解析

AR70/90 突击步枪采用导气式工作原理，回转式枪机闭锁，枪机上有 2 个闭锁凸笋，活塞筒在枪管上方。活塞筒与气体调节器固定在一起，气体调节器有 3 个位置：打开时为正常位置，再打开为恶劣条件下使用的位置，关闭时为发射枪榴弹的位置。

标准型击发机构可进行单发、连发和三发点射。AR70/90 突击步枪的梯形机匣用钢板冲压而成，钢质枪机导轨焊接在机匣壁上。机匣上部的提把由弹簧锁扣夹紧。卸下提把，可根据北约 STANAG2324 标准，在楔形机匣盖上部安装光学瞄准镜或光电瞄准具，而它的普通机械瞄准具为片状准星和觇孔式照门。

基本参数	
制造商	伯莱塔公司
口径	5.56 毫米
全长	998 毫米
枪管长	450 毫米
重量	4.07 千克
弹容量	30/100 发
枪口初速	1 950 米/秒
射速	670 发/分
有效射程	500 米

捷克共和国 Vz.58 突击步枪

Vz.58 是一款由捷克斯洛伐克研制的突击步枪，发射苏联 7.62×39 毫米中间型威力枪弹。

性能解析

Vz.58 突击步枪的发射机构整体设计相对简单，而且只有很少的活动部件。该枪的导气装置位于枪管上方，导气装置由活塞、活塞簧、导气箍、枪管和上护木的有关部分组成。活塞有独立的复进簧，后坐行程约 19 毫米。气室下方有 2 个排气孔，活塞后坐 16 毫米后，气室内的火药燃气就会从排气孔泄出。活塞与枪管轴线间的距离比 AK-47 突击步枪小，只有 19 毫米，减小了火药燃气作用于活塞的冲量距，有利于提高射击精度。

基本参数	
口径	7.62 毫米
全长	845 毫米
枪管长	390 毫米
重量	2.91 千克
弹容量	90 发
枪口初速	705 米/秒
射速	880 发/分
射程	100~800 米

Vz.58 突击步枪的机匣、枪机框等均为机加件，在闭锁卡铁等关键部件上有镀铬，使该枪耐磨损、易擦拭。枪托、握把及护木由木质纤维素塑料填充材料制成，因此全枪重量较轻。该枪配用弹匣的托弹板上有空仓挂机凸笋，因此不能与 AK 系列步枪的弹匣互换使用。

Vz.58 枪管上有准星/刺刀座、导气箍和下护木套箍。枪口帽与枪口采用螺纹连接。准星为柱形，有护罩；照门为 V 形缺口式，表尺分划为 100~800 米，每个分划为 100 米，无风偏修正功能，可上下转动或水平移动准星进行归零校正。

捷克共和国 CZ-805 Bren 突击步枪

CZ-805 Bren 是由捷克共和国布罗德兵工厂研制的一款突击步枪,为捷克军队的新型制式步枪,将完全取代捷克军队之前装备的 Vz.58 突击步枪。

性能解析

CZ-805 Bren 突击步枪采用模块化设计,发射 5.56×45 毫米 NATO 步枪弹,此外也有 7.62×39 毫米口径的型号,而且未来还可能发射 6.8 毫米 SPC 弹。该枪采用短行程导气活塞式原理和滚转式枪机,其导气系统有气体调节器。上机匣由铝合金制作而成,下机匣的制作材料为聚合物。

CZ-805 Bren 突击步枪有单发、二发点射和全自动 3 种射击模式,手动保险和快慢机柄在枪身两侧都有,以方便射手快速切换射击模式。该枪的枪管能够快速拆卸,以便更改口径或更换枪管长度,每种口径都有 4 种不同长度枪管,分别为:短突击型、标准型、精确射击型和班用自动步枪型。

基本参数	
制造商	布罗德兵工厂
口径	5.56/ 7.62 毫米
全长	910 毫米
枪管长	360 毫米
重量	3.6 千克
弹容量	30 发
射速	760 发 / 分
有效射程	500 米

以色列加利尔突击步枪

加利尔是以色列军事工业公司于 20 世纪 60 年代末研制的一款突击步枪，目前仍在使用。

性能解析

加利尔突击步枪是以芬兰 Rk 62 突击步枪的设计为基础，并且改进其沙漠时的操作方式、装上 M16A1 的枪管、Stoner 63 的弹匣和 FN FAL 的折叠式枪托，而 Rk 62 本身又是来自苏联 AK-47 突击步枪。

早期型加利尔的机匣是采用类似 Rk 62 突击步枪的机匣，改为低成本的金属冲压方式生产。但由于 5.56×45 毫米弹药的膛压比想象得要高，生产方式改为较沉重的铣削，导致加利尔比其他同口径步枪更重。

所有外部金属表面都经过耐腐蚀性的磷化处理，然后涂上黑色的亮漆（除了枪管，气动式系统和准星部分外）。加利尔的选择性发射自动武器系统是来自卡拉什尼科夫系列的长行程活塞传动型气动式操作系统，其好处是无须调节和采用闭锁式枪机都能射击。

基本参数	
制造商	军事工业公司
口径	7.62 毫米
全长	1 112 毫米
枪管长	509 毫米
重量	7.65 千克
弹容量	25 发
枪口初速	950 米/秒
有效射程	600 米

使用情况

1987年在巴勒斯坦被占领土爆发反以色列起义，以色列执法机构的特种部队开始采购大量的柯尔特突击型，不再使用加利尔SAR，从此，加利尔突击步枪也不在执法机构中使用。

1991年，以色列国防军正式批准M16自动步枪作为制式武器，至此，所有的特种部队和部分常规作战部队（包括步兵、工兵和海军）都弃用加利尔突击步枪。加利尔突击步枪现今只在以色列国防军的装甲部队、炮兵部队和部分以色列空军的防空部队中使用。这些单位都有一个共同的特征：它们不需要徒步作战，而且很少有机会使用配发至个人的武器，因此它们并不需要类似M16这类比较精确而轻巧的武器。

加拿大C7突击步枪

C7突击步枪是加拿大军队的制式步枪，为M16突击步枪的衍生型。

性能解析

C7突击步枪使用皮卡汀尼导轨适配器系统（RAS）取代原来的上护木，可加挂德国黑克勒·科赫公司研制的40毫米G36榴弹发射器。此外，RAS也能安装包括战术手电筒、快速目标瞄准具、激光目标指示器和两脚架在内的其他枪械附件。相比M16，该枪还改良了护木，加长了枪托。C7突击步枪具备全自动发射能力，配发20发或30发塑料弹匣，还能与M16的铝质弹匣通用。C7突击步枪与M16的外形区别主要在于机匣铭文，C7系列突击步枪印有枫叶标记，并加强了拉机柄的强度。

基本参数	
口径	5.56毫米
全长	1 006毫米
枪管长	508毫米
重量	3.3千克
弹容量	20/30发
枪口初速	940米/秒
射速	700~900发/分
有效射程	400米

阿根廷 FARA-83 突击步枪

FARA-83 是阿根廷于 20 世纪 80 年代研发并装备的一款突击步枪，目前是阿根廷军队的制式步枪之一。

性能解析

FARA-83 突击步枪的设计受到了以色列加利尔突击步枪的影响，它与加利尔一样采用了折叠式枪托，并有 1 个用于弱光环境的氚光瞄准镜。早期型 FARA-83 突击步枪使用伯莱塔 AR70 的 30 发弹匣，并具有 1 个可切换为半自动或全自动射击的扳机组。

FARA-83 突击步枪的设计体现了本土化特色，采用通用活塞、枪机联动杆和回转式枪机。拉机柄位于活塞筒上方、机匣前部，拉机柄实际上作用在导气活塞上，使得活塞和枪机联动杆成为一体。该枪的导气孔下方可以安装了两脚架，在这种情况下，特殊的前护木有凹槽，可将两脚架折叠到凹槽中。另外，该枪采用了 2 种膛线，可发射 M193 枪弹和北约制式枪弹。

基本参数	
口径	5.56 毫米
全长	1 000 毫米
枪管长	452 毫米
重量	3.95 千克
弹容量	30 发
枪口初速	980 米/秒
射速	750 发/分
射程	300~500 米

墨西哥 FX-05 突击步枪

FX-05 是由墨西哥军队装备产业总局研制并生产的一款突击步枪,该枪在 2006 年 9 月 16 日的阅兵仪式上亮相,目前已被墨西哥军队选为制式步枪。

性能解析

FX-05 突击步枪采用可折叠式的机械瞄具、红点镜和激光瞄准器系统,可伸缩及折叠式枪托,以及冷锻碳钢式枪管。该枪有 3 种射击模式,包括半自动、三发点射和全自动,使用弹药为 5.56×45 毫米北约标准弹药或 6.8×43 毫米 SPC 步枪弹。

FX-05 突击步枪还是世界上少有的使用多边形膛线的突击步枪,这种线膛消除了正常膛线的凹膛,取而代之的是一种如平滑的斜坡和凹处的膛线。虽然这种线膛制造更难,价格更加昂贵,但好处也显而易见——枪管寿命更长且射击精度更高。FX-05 步枪采用模块化设计,并以大多数墨西哥士兵体格为基准来进行人体工程学方面的优化设计。它的聚合物机匣和枪身有 2 种基本的颜色(暗绿色和沙黄色),并配了可折叠到右侧的塑料枪托,以减少其整体的大小和便于携行,而且可调节长度,伸缩机构的设计类似于 M4 卡宾枪,折叠角度类似于 FN SCAR。

机匣由嵌钢架的聚合物和碳纤维组成(G36 的机匣就是嵌有钢架的聚合物),内部机构采用耐腐蚀的不锈钢。护木配有皮卡汀尼导轨,以便安装的激光指示器、战术灯、前握把等多种附件,也可以外挂 AG36 榴弹发射器。步枪机匣顶部附带瞄具导轨,可安装多种红点瞄准镜或望远瞄准镜及机械瞄具,也可安装 1 个整体式的光学瞄具(装上之后其实与 G36 很相似)。

基本参数	
口径	5.56 /6.8 毫米
全长	1 087 毫米
枪管长	480 毫米
重量	3.89 千克
弹容量	30 发
枪口初速	956 米 / 秒
射速	750 发 / 分
射程	200~800 米

南非 R4 突击步枪

R4 是南非于 20 世纪 80 年代在以色列加利尔突击步枪的基础上改良而成的一款突击步枪，发射 5.56×45 毫米北约步枪弹。

性能解析

R4 突击步枪是以以色列的加利尔突击步枪为基础授权改良而成，它保留了 AK-47 优良的短冲程活塞传动式、转动式枪机，并采用加利尔的握把式射击模式选择钮和机匣上方的后照门以及 L 形拉机柄，还使用了更加轻便的塑料护木。

基本参数	
制造商	维克多公司
口径	5.56 毫米
全长	740 毫米
枪管长	460 毫米
重量	4.3 千克
弹容量	35/50 发
枪口初速	980 米/秒
射速	600~750 发/分
有效射程	500 米

使用情况

R4 突击步枪主要装备南非国防军，包括接近纳米比亚的边境部队，在安哥拉内战、南非边境战争、海地内战中 R4 突击步枪也有使用。

南非 CR-21 突击步枪

CR-21 是一款南非生产的无托结构突击步枪，CR-21 全称为 Compact Rifle – 21st Century，意为 21 世纪紧凑型突击步枪。

性能解析

CR-21 突击步枪是以 R4 系列步枪为基础并略为修改，以便将其改为无托结构设计，尽可能使用原来制造部件的概念以降低成本，并保持其可靠性和降低其重量。该枪的枪身由高弹性黑色聚合物压模成型，左右两侧在压模成型后，经高频焊接为整体。

CR-21 突击步枪可使用 5 发、10 发、15 发、20 发、30 发和 35 发专用可拆式弹匣，也可以使用加利尔步枪和 R4 步枪的 35 发和 50 发弹匣。枪管内的膛线采用冷锻法制成，内膛镀铬以增强耐磨性，使用弹药为 5.56×45 毫米 SS109 步枪子弹。

CR-21 的枪主体外形独特，采用高弹性黑色聚合物模压成型，左右两侧在模压成型后，经高频焊接成整体。分主部和后上签两个部分，后上盖兼作机匣盖，通过塑料钩和主部扣合；下方的主部，大体上原封不动地组装了 R5 突击步枪的机匣与枪管组件，以及随枪的一些附件等。CR-21 突击步枪在射手握持的部分，内部嵌有防止烫手的塑料板。右侧抛壳孔的上方和后方有反射板，确保射击中弹壳向枪托下方抛出不飞散。由于塑料件内部热量不易扩散，所以枪前端护木的上、下部均设有通气孔。后端有大的防滑槽，更便于射手握持枪械。

基本参数	
制造商	维克多公司
口径	5.56 毫米
全长	760 毫米
枪管长	460 毫米
重量	3.72 千克
弹容量	20/35 发
枪口初速	980 米/秒
射速	750 发/分
有效射程	600 米

克罗地亚 VHS 突击步枪

VHS 是克罗地亚生产的一款无托结构突击步枪，2007 年首次展出，2012 年开始取代克罗地亚军队所装备的各种 AK-47 的衍生型。

性能解析

VHS 突击步枪采用长行程活塞传动型气动式操作系统及转栓式枪机闭锁机构。其快慢机设置在扳机护圈内部，将快慢机拨杆设置向左时为全自动模式，设置向右时为半自动模式，设置居中时为保险模式。该枪的弹匣插座位于手枪握把后面，呈长方形，弹匣扣兼释放按钮设置在其后部。拉机柄位于提把下方，抛壳口外围带有连着的抛壳挡板，分别设于上、下和后 3 个方向，以防止其抛壳方向不稳定。

基本参数	
口径	5.56 毫米
全长	765 毫米
枪管长	500 毫米
重量	3.4 千克
弹容量	30 发
枪口初速	950 米 / 秒
射速	850 发 / 分
有效射程	500 米

日本丰和 89 式突击步枪

丰和 89 式是日本丰和工业公司研制的一款小口径突击步枪。

性能解析

89 式 5.56 毫米突击步枪是 64 式 7.62 毫米自动步枪的后继产品，该枪在研制之初就针对 64 式的缺点做了大幅改进，改进之处包括：体积比 64 式小，重量也从 64 式的 4.4 千克减为 3.5 千克。防尘盖可前后移动，不射击时向前推。能在枪口安装美军现役的 M9 刺刀，此外还能安装专用刺刀，可使用 06 式枪榴弹。采用可卸式三发点射机构，不与单、连发基本扳机机构连为一体。活塞和活塞筒设计独特，不但能有效避免火药气体污染枪机，还有助于提高其动作可靠性和零部件寿命。据说借助这种缓冲式活塞和枪口制退器，可有效降低射击时的后坐力，减少幅度可达 60%。89 式突击步枪采用短行程活塞导气式自动原理，活塞筒内有 1 个比较长的气体膨胀室，活塞前部直径小，后部直径大，位于活塞筒中央。当火药气体进入活塞筒后，在膨胀室膨胀，推动活塞带动枪机框运动。气体调节器参照比利时 FNC 步枪的设计，当长时间射击而又没有及时维护，导气孔内积碳太多，可调大气体调节器，增加导气量，使枪机自动正常循环。发射枪榴弹时，必须关闭导气孔。

89 式突击步枪闭锁方式为枪机回转式，枪机的设计基本参考 AR-18 突击步枪，机头上有 7 个闭锁凸笋，闭锁在枪管节套中。该枪有 2 根枪机复进簧。机匣用钢板冲压而成，钢质拉机柄安装在枪机上，分解步枪时需要先把拉机柄拆卸下来才可以倒出枪机。

基本参数	
制造商	丰和工业公司
口径	5.56 毫米
全长	916 毫米
枪管长	420 毫米
重量	3.5 千克
弹容量	20/30 发
枪口初速	920 米/秒
射速	750~850 发/分
有效射程	500 米

韩国 K2 突击步枪

K2 突击步枪是韩国大宇集团生产并装备韩国陆军的一款突击步枪,可发射 5.56×45 毫米北约制式弹药。

性能解析

K2 突击步枪是一把长冲程导气、可选射击模式(全自动与半自动)的 5.56 毫米突击步枪,以 20 发或 30 发弹匣供弹。护木、握把和可折叠枪托均由高强度聚合物制成。它的枪机系统由 M16 突击步枪衍生而来,但是步枪各部件和 M16 突击步枪均不通用。气动系统是从以色列加利尔突击步枪衍生而来(加利尔的气动系统由 AK-47 衍生而来),从而比 M16 突击步枪更为可靠。K2 突击步枪使用与 M16 突击步枪相同的 STANAG 弹匣。

基本参数	
制造商	大宇集团
口径	5.56 毫米
全长	970 毫米
枪管长	465 毫米
重量	3.26 千克
弹容量	20/30 发
枪口初速	920 米/秒
射速	700~900 发/分
有效射程	600 米

K2 突击步枪坚固、耐用、射击精度高,受到了韩国士兵的欢迎。K2 突击步枪曾搭配 20 世纪 90 年代初期的运动步枪式枪托短暂进入过美国武器市场,不过由于这批民用型版本采用简陋的瞄具与粗糙的表面处理,没有受到美国使用者的欢迎。K2 突击步枪还存在一些尚未克服的不足,如散热性能较差、连续射击 200 发后枪身便会过热,还时常出现卡弹、不能闭锁等问题。K2 曾因性能缺陷停用一段时间,因散热性较差、精度不足、经常出现卡弹现象、不能闭锁,以及枪管耐久度不足等现象。另外在人机工程方面也不尽如人意。

瑞典 AK 5 突击步枪

AK 5 是瑞典博福斯卡尔古斯塔夫公司生产的一款突击步枪，以 FN FNC 突击步枪为蓝本改进而成的，目前是瑞典军队的制式武器。

性能解析

AK 5 突击步枪与 FN FNC 突击步枪的内部设计相同，采用 30 发容量的 STANAG 弹匣（M16 标准弹匣），有半自动及全自动 2 种发射模式，并且所有的衍生型号都能安装 M203 榴弹发射器。其导气系统基于 AK-47 改进而成，但比 AK-47 更加现代化。与 FN FNC 突击步枪相比，AK5 突击步枪对以下零部件进行了改进：枪托和枪托锁定装置、枪机、拉弹钩、护木、导气箍、瞄准具、装填拉柄、弹匣、快慢机柄、扳机护圈和背带环。同时，还取消了三发点射机构，表面进行了喷砂和磷化处理，并烤深绿色瓷漆。

基本参数	
制造商	博福斯卡尔古斯塔夫公司
口径	5.56 毫米
全长	1 010 毫米
枪管长	450 毫米
重量	3.9 千克
弹容量	30 发
枪口初速	930 米 / 秒
射速	700 发 / 分
有效射程	400 米

乌克兰 Fort-221 突击步枪

Fort-221 是由以色列 IMI 公司设计、乌克兰 RPC Fort 公司生产的一款无托突击步枪，目前有少量装备于乌克兰内务部和安全局的特种部队。

性能解析

Fort-221 突击步枪的设计与 TAR-21 突击步枪基本相同，并能安装类似于 ITL MARS 的瞄准镜和其他瞄准具及战术配件。此外，它还有 1 种称为 Fort-224 的衍生型（仿 MTAR-21），此型号除了有发射 5.56×45 毫米北约标准口径弹药的版本外，还有发射 9 毫米鲁格弹的冲锋枪版。

基本参数	
口径	5.56/9 毫米
全长	645 毫米
枪管长	375 毫米
重量	3.9 千克
弹容量	30 发
枪口初速	890 米/秒
有效射程	500 米

乌克兰 Vepr 突击步枪

Vepr(乌克兰语"野猪")是乌克兰于 2003 年发布的一款突击步枪,2010 年进入乌克兰军队服役。

性能解析

该枪由 AK-74 突击步枪改造而成,大部分零件与其通用,并且发射 5.45×39 毫米弹药。不过该枪改用了无托式设计,气动系统和转拴式枪机的位置改为机匣后部,并加装缓冲胶托,原有的拉机柄改为设置在前护木左面。Vepr 突击步枪可下挂榴弹发射器,也能装配乌克兰自制的红点瞄准镜。因种种原因,Vepr 突击步枪可能不会大量装备乌克兰军队。目前,除部分士兵采用 TAR-21 突击步枪外,大多数的乌克兰士兵仍在使用 AK-74 突击步枪。

基本参数	
口径	5.45 毫米
全长	702 毫米
枪管长	415 毫米
重量	3.45 千克
弹容量	30 发
射速	650 发/分

美国雷明顿 M1903A4 狙击步枪

M1903A4 是在 M1903A3 春田步枪的基础上改进而来的一款狙击步枪，是美军在二战中的制式武器。

性能解析

M1903A4 狙击步枪配用的 2 种瞄准镜体积小、重量轻，作战中不容易被碰撞或挂住，可靠性良好。M1903A4 狙击步枪的性能与 M1903A3 原型枪几乎相同。不同的只是为了提高射击精度，安装了专门生产的高精度枪管，在经改造的机匣上装有雷德菲尔德小型瞄准镜座，然后装上韦弗 M73B1。为了在 M1903A3 的机械瞄具位置安装光学瞄准镜，拆掉了准星和表尺，但装表尺的燕尾槽照样用于安装瞄准镜座，枪口安装准星的键槽也原样保留了。M73B1 瞄准镜体积小、重量轻、可靠性较好，颇受战士喜爱。

不过，在南太平洋诸岛的丛林游击战中，防水性不足的 M73B1 瞄准镜不能适应高温潮湿的丛林环境，导致水汽侵入镜中后无法瞄准。为进一步改善 M73B1 瞄准镜的密封性，从而开发了防水性良好的瞄准镜。该瞄准镜于 1945 年年初被选作制式，命名为 M84 瞄准镜，以替换 M73B1 瞄准镜，但到二战结束为止，只有部分 M1903A4 改装成了 M84 瞄准镜。

基本参数	
制造商	雷明顿公司
口径	7.62 毫米
全长	1 098 毫米
枪管长	610 毫米
重量	3.95 千克
弹容量	5 发
枪口初速	853 米/秒
有效射程	550 米

美国雷明顿 M40 狙击步枪

M40 狙击步枪是雷明顿 700 步枪的衍生型之一,是美国海军陆战队自 1966 年以来的制式狙击步枪,目前其改进型号仍在服役。

性能解析

早期的 M40 全部装有 Redfield 3～9 瞄准镜,但瞄准镜及木质枪托在越南战场的炎热潮湿环境下,出现受潮膨胀等严重问题,以致无法使用。之后的 M40A1 和 M40A3 换装了玻璃纤维枪托和 Unertl 瞄准镜,加上其他功能的改进,逐渐成为性能优异的成熟产品。

据称,在美国海军陆战队的狙击作战中,即使用力敲击该枪的瞄准镜,其零件也会保持不变。在美国,M40A3 狙击步枪被视为现代狙击步枪的先驱。它被称为冷战"绿色枪王",在越南战争和其他局部战争中频频露脸。

基本参数	
制造商	雷明顿公司
口径	7.62 毫米
全长	1 117 毫米
枪管长	610 毫米
重量	6.57 千克
枪口初速	777 米/秒
有效射程	900 米
最大射程	1 370 米

M40 是一款采用转栓式枪机的非自动狙击步枪,M40 最初采用重枪管和木质枪托,使用弹仓供弹,弹仓为整体式。扳机护圈前边嵌有卡笋,用于分解枪机。弹仓底盖前部的卡笋则用于卸下托弹板和托弹簧。该枪装有永久固定式瞄准镜,放大率为 10 倍。1977 年的 M40A1 和 2001 年的 M40A3 将枪托材料更换为玻璃纤维。M40A3 还在枪托中采用了可调贴腮板组件和后坐衬垫,提高了射手射击时的舒适度,但重量也增加了 0.9 千克。M40、M40A1 和 M40A3 都采用 5 发内置式弹仓供弹,M40A5 则改为 5 发可分离式弹仓。

美国 M21 狙击手武器系统

M21 狙击手武器系统是在 M14 狙击步枪的基础上改进而成的,是美国陆军在 20 世纪 60 年代末到 80 年代末的重要狙击武器之一,直到现在仍在使用。

性能解析

M14 本身是一款相当不错的自动步枪,因此 M21 狙击手武器系统推出后便受到使用部队的欢迎。M21 狙击手武器系统的消焰器可外接消声器,不仅不会影响弹丸的初速,还能把泄出气体的速度降低至音速以下,使射手位置不易暴露,这在战争中是一项非常重要的优点。在整个越战期间,美军共装备了 1 800 余支配 ART 瞄准镜的 M21。在一份美国越战杀伤报告中记载,1969 年 1 月 7 日至 7 月 24 日半年内,1 个狙击班共射杀敌方 1 245 名士兵,消耗弹药 1 706 发,平均 1.37 发弹狙杀 1 个目标。

基本参数	
制造商	岩岛兵工厂
口径	7.62 毫米
全长	1 118 毫米
枪管长	560 毫米
重量	5.27 千克
弹容量	5/10/20 发
枪口初速	853 米/秒
有效射程	690 米

美国麦克米兰 TAC-50 狙击步枪

TAC-50 是一款军队及执法部门用的狙击步枪,是加拿大军队 2000 年以来的制式"长距离狙击武器"。

性能解析

TAC-50 狙击步枪用的是 12.7×99 毫米 NATO 口径子弹,子弹高度和罐装可乐相同,破坏力惊人,狙击手可用其来对付装甲车辆和直升机。该枪还因其有效射程远而闻名世界。2002 年,加拿大军队的罗布·福尔隆下士在阿富汗某山谷上,以 TAC-50 在 2 430 米距离击中 1 名塔利班武装分子 RPK 机枪手,创出当时最远狙击距离的世界纪录,至 2009 年 11 月才被英军下士克雷格·哈里森以 2 475 米的距离打破。

基本参数	
制造商	麦克米兰兄弟步枪公司
口径	12.7 毫米
全长	1 448 毫米
枪管长	736 毫米
重量	11.8 千克
弹容量	5 发
枪口初速	850 米/秒
有效射程	2 000 米

TAC-50 是一种军队及执法部门用的狙击武器,也是加拿大军队在 2000 年起的制式"长距离狙击武器",当发射比赛级弹药的精度高达 0.5 角分(MOA)。TAC-50 采用旋转后拉式枪机,采用 5 发容量的弹匣。麦克米兰玻璃纤维枪托,手枪型握把。扳机是雷明顿式扳机,扳机扣力 3.5 磅。外表有凹槽的比赛级的优质枪管,配合使用优质的弹药据说可达到 0.5 MOA 的精度,这在 .50 BMG 口径步枪中是相当高的。

美国雷明顿 M24 狙击手武器系统

M24 狙击手武器系统是雷明顿 700 步枪的衍生型之一，提供给军队及警察用户，在 1988 年正式成为美国陆军的制式狙击步枪。

性能解析

为了耐受沙漠恶劣的气候，M24 狙击手武器系统特别采用碳纤维与玻璃纤维等材料合成的枪身枪托，可在 -45~65℃ 气温变化中正常使用。该枪由弹仓供弹，装弹 5 发，发射美国 M118 式 7.62 毫米特种弹头比赛弹。该枪的精度较高，有效射程可达 1 000 米，但每打出 1 发子弹都要拉动枪栓 1 次。M24 狙击手武器系统对气象条件的要求很严格，潮湿空气可能改变子弹方向，而干热空气又会造成子弹打高。为了确保射击精度，该枪设有瞄准具、夜视镜、聚光镜、激光测距仪和气压计等配件，远程狙击命中率较高，但使用较为烦琐。

基本参数	
制造商	雷明顿公司
口径	7.62 毫米
全长	1 092.2 毫米
枪管长	609.6 毫米
重量	5.5 千克
弹容量	5 发
枪口初速	853 米/秒
有效射程	1 000 米

M24 狙击手武器系统由著名的雷明顿 700 BDL 型步枪衍生而来，继承了雷明顿 700 系列步枪闭锁可靠、枪托与机匣配合紧密、精度高、线条流畅、外形优雅的一贯优点。采用加长版旋转后拉式枪机，因为在设计之初，曾打算采用威力更大的 30-06 斯普林菲尔德步枪弹（7.62×63 毫米），30-06 步枪弹是二战时美军的标准枪弹，尽管仍在美军武器采购名单之列，但技术已经陈旧过时，后来采用更短的 7.62×51 毫米 NATO 北约标准步枪弹，这样枪机就显得太长，据说在早期的型号中，如果子弹不能牢固的贴住弹匣的后壁，就会引发供弹故障。

美国 M25 轻型狙击步枪

M25 是美国陆军特种部队和海军特种部队于 20 世纪 80 年代后期以 M14 自动步枪为基础研制的一款轻型狙击步枪。

性能解析

美国特种作战司令部将 M25 列为轻型狙击步枪，作为 M24 SWS 的辅助狙击步枪。因此，M25 并不是用于代替美军装备的旋转后拉式枪机狙击步枪，而是作为狙击手的支援武器。

特种部队认为，用 M25 作为狙击小组的观瞄手武器比 M16/M203 的组合更佳 (美国陆军和海军陆战队的狙击小组中的观瞄手通常是使用这种组合作为支援武器)，因为它能够准确地射击 500 米外的目标，另外 M25 也可以作为一种城市战的狙击步枪使用。

最早的 M25 狙击步枪的枪托内有 1 块钢垫，这个钢垫是让射手在枪托上拆卸或重新安装枪管后不需要给瞄准镜重新归零。但定型的 M25 取消了钢垫，而采用麦克米兰公司生产的 M3A 枪托。第 10 特种小队还为 M25 设计了消声器，使其在安装消声器后仍然维持比较高的射击精度。

基本参数	
口径	7.62 毫米
全长	1 125 毫米
枪管长	639 毫米
重量	4.9 千克
弹容量	10/ 20 发
枪口初速	800 米 / 秒
有效射程	900 米

美国巴雷特 M82 狙击步枪

巴雷特 M82 是美国巴雷特公司研制的一款重型特殊用途狙击步枪，主要有 M82A1、M82A2 和 M82A3 3 种型号。

性能解析

巴雷特 M82 是美国巴雷特公司研发生产的重型特殊用途狙击步枪，M82 几乎在主要西方国家的军队都有使用，包括美军特种部队。美军昵称其"轻50"，因为其使用与勃朗宁 M2 重机枪同样的大口径 12.7×99 毫米 NATO 弹药，所以威力巨大。M82 可以迅速地分解成上机匣、下机匣及枪机框 3 部分。分解销位于机匣右侧，一个在弹匣前方，另一个在枪托底板附近上下机匣是主要部分，为了保证其强度及耐磨性选用了高碳钢材料。下机匣连接两脚架、枪手底板及握把，其内部包括枪机部件及主要的弹簧装置。

基本参数	
制造商	巴雷特公司
口径	12.7 毫米
全长	1 219 毫米
枪管长	508 毫米
重量	14 千克
弹容量	10 发
枪口初速	853 米/秒
最大射程	2 500 米

M82 狙击步枪是美军唯一的"特殊用途的狙击步枪"，可以用于反器材攻击和引爆弹药库。它具有超过 1 500 米的有效射程，甚至创造过 2 500 米的命中纪录，超高动能搭配高能弹药，可以有效摧毁雷达站、卡车、战斗机（停放状态）等战略物资，因此也被称为"反器材步枪"。

由于 M82 狙击步枪可以打穿许多墙壁，因此也被用来攻击躲在掩体后的人员，不过这并不是主要用途。除了军队以外，美国很多执法机构也钟爱此枪，包括纽约警察局，因为它可以迅速拦截车辆，1 发子弹就能打坏汽车引擎，也能打穿砖墙和水泥，适合城市战斗。美国海岸警卫队还使用 M82 狙击步枪进行反毒作战，有效打击了海岸附近的高速运毒小艇。

美国奈特 SR-25 半自动狙击步枪

SR-25 是一款由美国著名枪械设计师尤金·斯通纳设计、奈特公司出品的半自动步枪,其设计是基于 AR-10 自动步枪。

性能解析

为了使 SR-25 的精度能够达到狙击步枪的水准,奈特公司经过多次比较,最终选择了雷明顿公司制造的 5R 重型枪管,除了 SR-25 之外,M24 也使用这种长 610 毫米的枪管。

基本参数	
制造商	奈特公司
口径	7.62 毫米
全长	1 118 毫米
枪管长	610 毫米
重量	4.88 千克
弹容量	5/10/20 发
枪口初速	853 米/秒
有效射程	600 米

SR-25 的枪管采用浮置式安装,枪管只与上机匣连接,两脚架安在枪管套筒上,枪管套筒不接触枪管。SR-25 没有机械瞄具,所有型号都有皮卡汀尼导轨用来安装各种型号的瞄准镜或者带有机械瞄具的 M16A4 提把(准星在导轨前面)。虽然 SR-25 主打民用市场,但其性能完全达到了军用狙击步枪的要求,而且 SR-25 的野外分解和维护比 M16 突击步枪更加方便,在勤务性能方面也毫不逊色。

美国巴雷特 M107 狙击步枪

M107 是巴雷特公司在美国海军陆战队使用的 M82A3 狙击步枪的基础上发展而来，能够击发大威力 12.7 毫米口径弹药。该枪曾被美国陆军物资司令部评为"2004 年美国陆军十大最伟大科技发明"之一，现已被美国陆军全面列装。

性能解析

M107 狙击步枪使美国陆军狙击手能够在 1 500~2 000 米距离内精确射击有生力量和技术装备目标。该枪主要用于远距离有效攻击和摧毁技术装备目标，包括停放的飞机、计算机、情报站、雷达站、弹药、石油、燃油和润滑剂站、各种轻型装甲目标和通信设备等。在反狙击手任务中，M107 狙击步枪有更远的射程，并且有更高的终点效应。

基本参数	
制造商	巴雷特公司
口径	12.7 毫米
全长	1 448 毫米
枪管长	737 毫米
重量	12.9 千克
弹容量	10 发
枪口初速	853 米/秒
有效射程	2 000 米

美国巴雷特 XM109 狙击步枪

XM109 是美国巴雷特公司制造的一款口径达 25 毫米的狙击步枪,其威力非常惊人,具有攻击轻型装甲车辆的能力,主要执行远距离狙击任务。

性能解析

XM109 狙击步枪的最大攻击距离可达 2000 米,其使用的 25 毫米大口径子弹(由 AH-64 "阿帕奇"武装直升机上 M789 机炮使用的 30 毫米高爆子弹改进而来)至少能够穿透 50 毫米厚的装甲钢板,可以轻松地摧毁包括轻型装甲车辆和停止的飞机在内的各种敌方轻型装甲目标。据称,这种 25 毫米口径弹药的穿透力是 12.7 毫米口径穿甲弹的 2.5 倍以上。

基本参数	
制造商	巴雷特公司
口径	25 毫米
全长	1 168 毫米
枪管长	447 毫米
空枪重量	15.9 千克
弹容量	5 发
枪口初速	425 米/秒
最大射程	2 000 米

严格说来,XM109 已经可以视作"狙击炮",这种射程远、威力大的狙击武器对使用轻装甲的机械化步兵来说绝对是一场噩梦。特别是在一些地形奇特的地区,1 支 XM10 狙击步枪几乎可以打乱或者打垮 1 个装甲排甚至装甲连的进攻,但是考虑到 XM109 超过 20 千克的重量会大大影响机动性,因此在实战中,XM109 的生存力相对来说也不会太高。

XM109 原名为"理想狙击武器"或是"佩劳德步枪"(根据巴雷特方面:"佩劳德"为 Payload 的音译,原意为"有效负载"),是 1 支自动反器材步枪,设计主要用于攻击轻型装甲车及类似的军用物资。该设计采用了来自 M82A1/M107 的下机匣,但装上 1 个新型 25 毫米口径上机匣。事实上,它在设计上已经考虑到了这点。原来的 M82 步枪的上机匣可以替换为 XM109 的上机匣,以形成 1 支功能齐全的 XM109 步枪。XM109 是以 5 发可拆卸式弹匣供弹,与弹匣的总重量为 15.9 千克。

美国巴雷特 M98B 狙击步枪

M98B 是由美国巴雷特公司研制的旋转后拉式枪机式手动狙击步枪,于 2008 年 10 月正式公布,2009 年年初开始销售。该枪在 M98 狙击步枪的基础上改进而成,发射 0.338 Lapua Magnum 弹。

性能解析

M98B 狙击步枪是一款威力适中的远距离狙击步枪,威力介于 7.62 毫米和 12.7 毫米这两种主流口径狙击步枪之间。该枪精度较高,在 500 米距离弹着点散布直径是 60 毫米,在 1 600 米距离可以无修正命中人体目标,且对人员可达到"一枪毙命"的效果。M98B 狙击步枪不但是有效的反人员狙击步枪,也可以在一定程度上作为反器材步枪使用。

基本参数	
制造商	巴雷特公司
口径	8.59 毫米
全长	1264 毫米
枪管长	685.8 毫米
重量	6.12 千克
弹容量	10 发
枪口初速	940 米/秒
有效射程	1 600 米

巴雷特 M98B 和其他巴雷特的狙击步枪的最大区别就是采用类似斯通纳的 AR–15/M16 步枪设计;以铝质铰链连接上下机匣,符合人体工程学的手枪握把和由拇指直接操作的手动保险装置都是借鉴了斯通纳步枪的设计。

美国巴雷特 M95 狙击步枪

M95 是美国巴雷特公司研制的一款重型无托结构狙击步枪（反器材步枪），是取代巴雷特 M90 的后继产品。

性能解析

M95 狙击步枪的设计意图在实战中得到了彻底的体现，它在操作上要比 M82 更为简单，在美国可以购买其民用型（价格约为 6 000 美元）。相比之下，M82 几乎只作为军队和执法机关的"大杀器"而存在。据称，M95 狙击步枪的精度极高，能够保证在 900 米的距离上 3 发枪弹的散布半径不超过 25 毫米。

M95 和 M90 一样，保留其双膛直角箭头形（V形）制动器、可折叠式两脚架和机匣顶部的皮卡汀尼战术导轨、弹匣减少至 5 发、没有准星（机械瞄具），必须在战术导轨上安装瞄准镜。贝尔塔 95M 型步枪更符合人体工学，其握把和扳机之间向前移 25 毫米以便更换弹匣、缩短每发子弹之间的射击时间；另外，拉机柄也进行了重新设计，比 M90 更靠下、靠后，并比 M90 更容易拉动枪机。枪管可快速从枪上拆卸以便缩短全枪长度以及携带，而膛室亦镀上铬以防止生锈；最后，扳机、击针和重量也有很小的变化。

基本参数	
制造商	巴雷特公司
口径	12.7 毫米
全长	1 143 毫米
枪管长	737 毫米
重量	10.7 千克
弹容量	5 发
枪口初速	854 米/秒
有效射程	1 800 米

美国巴雷特 M99 狙击步枪

M99 狙击步枪是美国巴雷特公司于 1999 年推出的新产品,别名 BIGSHOT,取"威力巨大,一枪毙命"之意。

性能解析

M99 外形美观庄重,结构简单,只要拔下 3 个快速分解销,就可以完成不完全分解,修理和保养十分方便。由于采用多齿刚性闭锁结构,非自动发射方式,即发射 1 发枪弹后,需手动退出弹壳,并手动装填第二发枪弹,该枪主要使用 12.7×99 毫米大口径勃朗宁机枪弹,必要时也可以发射同口径的其他机枪弹,主要打击目标是指挥部、停机坪上的飞机、油库、雷达等重要设施。

基本参数	
制造商	巴雷特公司
口径	10.57/12.7 毫米
全长	1 280 毫米
枪管长	813 毫米
重量	11.8 千克
弹容量	1 发
枪口初速	900 米/秒
有效射程	1 850 米

美国阿玛莱特 AR-50 狙击步枪

AR-50 是由美国阿玛莱特公司于 20 世纪末研制及生产的单发旋转后拉式重型狙击步枪(反器材步枪),发射 12.7×99 毫米北约(.50BMG)步枪子弹。

性能解析

虽然 AR-50 狙击步枪是 1 支高精度的大口径步枪,但在 1999 年后,巴雷特 M82 系列取代了 AR-50 狙击步枪的地位,因为它在战斗期间远比 AR-50 有效。只有 1 发子弹的 AR-50 狙击步枪无法在短时间内攻击多个目标,但 M82 系列却可以。目前,AR-50 仅作为民用,主打低端市场,其销售价格较同类型武器下降约 50%。阿玛莱特 AR-50 步枪沉重的枪身和 1 个大型凹槽型枪口制退器用来吸收大量的后坐力,使其后坐力变得非常温和。阿玛莱特 AR-50 是 1 支单发的手动狙击步枪,全重约 16.33 千克。AR-50 采用了特别厚和刚性强的枪管,以尽量减少发射时来自枪管的后坐力。

基本参数	
制造商	阿玛莱特公司
口径	12.7 毫米
全长	1 511 毫米
枪管长	787.4 毫米
重量	16.33 千克
弹容量	1 发
枪口初速	840 米/秒
有效射程	1 800 米

机匣是阿玛莱特的独特的八边形设计,增强了机匣对抗弯曲的可能,并安装在框架型铝质整体式前托上。机匣就在多层式 V 形枪托的前方,而枪管是自由浮动于护木的上方,内有 8 条右旋 1∶15 的膛线缠距。AR-50 的枪托可分为 3 个独立的部分,各部分皆由铝所制成,而甚有特色、挤压而成的护木和支架经过加工并以螺钉固定的枪托可以拆除,可以选择安装具有软橡胶缓冲和可调节的枪托底板,以及高度可调的托腮板。前托底下安装了 1 个 M16 式手枪握把。

美国阿玛莱特 AR-30 狙击步枪

AR-30 是美国阿玛莱特公司在 AR-50 基础上改进而来的狙击步枪,可发射 .308 温彻斯特、.300 温彻斯特－马格南和 .338 拉普－马格南 3 种口径的子弹。

性能解析

AR-30 狙击步枪使用哈里斯两脚架和刘波尔德 Vari-XⅢ (6.5~20)×50 毫米型瞄准镜,在 91.4 米距离上,平均散布圆直径为 3.07 毫米。该枪的扳机力小、后坐力小,但制退器有枪口焰现象,而且噪声较大。总体来说,AR-30 狙击步枪的综合性能好,无论是在军事、执法领域,还是在远距离射击比赛和狩猎运动中,它都有较好的应用前景。

基本参数	
制造商	阿玛莱特公司
口径	8.6 毫米
全长	1 199 毫米
枪管长	660 毫米
重量	5.4 千克
弹容量	5 发
枪口初速	987 米/秒

AR-30 狙击步枪枪机采用传统设计,具有 2 个结实对称的闭锁凸笋,1 个弹性抛壳挺,1 个滑片式抽壳钩,机头有 3.3 毫米深的弹底窝。坚硬的 4140 钢质机头是独立部件,通过 1 个直径 5.5 毫米的贯通销连接于机体,这种设计类似于萨维奇步枪,允许机头与机体通过枢轴(贯通销)有微小摆动,以保证两件的装配位置,也就是两件的加工公差可以放宽。机头上有 2 个直径 3.2 毫米的孔,当底火被打穿或弹壳炸裂时,可排出进入枪机内的火药残渣。位于枪机后部的独立的钢环中有 1 个专门使击针待击的机构。通过下压机匣左侧的释放销可以将枪机从机匣中取下。

美国风行者 M96 狙击步枪

风行者 M96 是由美国 EDM 武器公司生产的旋转后拉式枪机狙击步枪（反器材步枪），其发射 12.7×99 毫米 NATO（.50 BMG）口径步枪子弹。

性能解析

尽管风行者 M96 狙击步枪外形很简陋，但 EDM 武器公司的官方资料宣称其精度很高。该枪被设计成能够在 1 分钟之内不利用任何工具就能分解成 5 个或 2 个部分，从而缩短整体长度以便携带和储存。分解后的风行者 M96 狙击步枪全长不超过 813 毫米，并可以在战场上快速组装，而且精度不变。

基本参数	
制造商	EDM 武器公司
口径	12.7 毫米
全长	1 270 毫米
枪管长	762 毫米
重量	15.42 千克
弹容量	5 发
枪口初速	853 米/秒
有效射程	1 800 米

美国哈里斯 M96 狙击步枪

哈里斯 M96 是由美国哈里斯枪厂研制及生产的半自动狙击步枪（反器材步枪），发射 12.7×99 毫米（.50 BMG）北约口径制式步枪子弹。

性能解析

哈里斯 M96 狙击步枪采用导气活塞式自动原理，只能半自动射击，枪体部件主要由钢和阳极化铝制成，外露金属部件均有黑色聚四氟乙烯涂层。含气体调节器的导气装置内镀铬。其枪机是以 AK-47 的双大型闭锁锁耳枪机为蓝本，并且经过相当大的修改使其适用于大威力的狙击步枪。哈里斯 M96 狙击步枪的枪管为重型的自由浮置式，枪口安装有大型的多孔式枪口制动器。机匣顶部有韦弗式导轨，用于安装瞄准镜，桥形导轨座上也带有后备的机械瞄具。此外，机匣前装有 1 个派克哈尔两脚架。据说哈里斯 M96 狙击步枪的可靠性较强，已经通过美国军方的恶劣环境试验。

基本参数	
制造商	哈里斯枪厂
口径	12.7 毫米
全长	1 450 毫米
枪管长	740 毫米
重量	11.35 千克
弹容量	5 发
有效射程	1 500 米

美国 CheyTac M200 狙击步枪

M200"干预型"是由美国夏伊战术公司生产的一款手动狙击步枪,可使用 .408 CheyTac(10.36 毫米)和 .375 CheyTac(9.53 毫米)2 种口径的弹药,主要用途是狙击远距离的软目标。

性能解析

据夏伊战术公司的文件指出,整个 M200 狙击步枪能够在 2286 米的远距离打出小于 1 MOA 的精度,是所有现代狙击步枪之中射程最长的 1 支。这种说法或许有所夸大,但 M200 狙击步枪的性能确实颇为出色。该枪曾在美国爱达荷州打出了在最佳远程射击群组的世界纪录,3 发子弹在 2 122.32 米命中的群组为 422 毫米。当时,美国电视节目《新时代武器》的主持人理查德·马科维斯(曾在"海豹"突击队服役)在第一次测试中打了 9 枪,前 3 枪击中了在距离 822.96 米以外的金属质人形枪靶,第二次的"真正测试"中便打出了上述世界纪录。

基本参数	
制造商	夏伊战术公司
口径	9.53/ 10.36 毫米
全长	1 346.2 毫米
枪管长	736.6 毫米
重量	14.06 千克
弹容量	7 发
枪口初速	993 米/秒
有效射程	2 286 米

M200 狙击步枪拥有强大的动能,其发射的 .408 弹药在 2 000 米外还能以超音速飞行。组成这种远射枪系统还包括新型的战术电脑、传感器和弹道软件等。M200 狙击步枪使用了手动枪机操作并装上了可自由伸缩设计的枪托,枪托配有折叠后脚架和托腮架。枪管为浮动式设计,组装时只会跟机匣连接亦且由圆柱形护木保护。枪管和枪机也有凹槽以减少重量及提升张力,两者也可以迅速更换或分解以便运输,而弹匣前方的大型提把用以方便携带此枪,并可以在不使用时向下折叠。

美国雷明顿 R11 RSASS 狙击步枪

雷明顿 R11 RSASS(Remington Semi-Automatic Sniper System,雷明顿半自动狙击手系统)是由雷明顿公司研制的一款半自动狙击步枪,发射 7.62×51 毫米 NATO 口径步枪子弹。

性能解析

为了达到最大精度,R11 RSASS 的枪管以 416 型不锈钢制造,并且经过低温处理,有 457.2 毫米和 558.8 毫米 2 种枪管长度,标准膛线缠距为 1:10。枪口上装上了先进武器装备公司(AAC)的制动器,可减轻后坐力并减小射击时枪口的上扬幅度,还能够利用其装上 AAC 公司的快速安装及拆卸消声器。R11 RSASS 没有内置机械瞄具,但有 1 条皮卡汀尼战术导轨在枪托底部,平时装上保护套,可按照射手需要用以安装额外的背带或后脚架。

R11 RSASS 的枪托出自马格普工业公司的马格普 PSR,安装在底座的尾部,为固定装备。枪托具有 2 个内置转盘,以转动调节支架长度的方式调节枪托底板及托腮板。

基本参数	
制造商	雷明顿公司
口径	7.62 毫米
全长	1 003 毫米
枪管长	457.2/ 558.2 毫米
重量	5.44 千克
弹容量	19/ 20 发
有效射程	1 000 米

美国巴雷特 XM500 半自动狙击步枪

XM500 是美国巴雷特公司最新研制及生产的一款气动式操作、半自动射击的重型无托结构狙击步枪（反器材步枪），发射 12.7×99 毫米北约（.50BMG）子弹。

性能解析

XM500 狙击步枪的研制目的是成为 1 支比 M82 更轻和更紧凑的替代品。XM500 狙击步枪最大的不同不仅在于它采用了无托结构来缩短全长，而且还采用了 AR 式步枪的导气式原理。由于 XM500 狙击步枪装有 1 根固定的枪管（而不是 M82 的后坐式枪管设计），因此有更高的精度。和 M82/M107 一样，XM500 狙击步枪也有 1 个可折叠及可拆卸的两脚架，安装在护木下方。由于采用了无托结构，因此来自 M82 的 10 发可拆式弹匣安装于扳机的后方。由于没有机械瞄具，XM500 狙击步枪必须利用机匣顶部的皮卡汀尼战术导轨安装瞄准镜、夜视镜及其他战术配件。

基本参数	
制造商	巴雷特公司
口径	12.7 毫米
全长	1 168 毫米
枪管长	447 毫米
重量	11.8 千克
弹容量	10 发
枪口初速	900 米/秒
有效射程	1 850 米

美国奈特 M110 半自动狙击手系统

M110 半自动狙击手系统（M110 SASS）是美国奈特公司推出的一款 7.62 毫米半自动狙击步枪，曾被评为"2007 年美国陆军十大发明"之一。

性能解析

一般情况下，配用 7.62 毫米弹药的 M24 狙击步枪最大有效射程为 800 米，配用相同弹药的 M110 SASS 有效射程虽然超过 1 000 米，但射击精度明显不如前者。一些狙击手表示，为了杀伤敌人，他们不得不冒着暴露自身的风险多次射击，有时甚至被迫重新使用更为稳定的 M24。此外，对于半自动的狙击步枪是否适合专业狙击手也受到质疑，因为根据一些美军狙击手在伊拉克使用 Mk11 Mod 0 步枪的情况来看，这种武器更适合在城市战中使用。

基本参数	
制造商	奈特公司
口径	7.62 毫米
全长	1 029 毫米
枪管长	508 毫米
重量	6.91 千克
弹容量	20 发
枪口初速	183 米/秒
有效射程	1 000 米

M110 SASS 与 Mk11 Mod 0 比较相似，这两款武器的主要区别在于枪托、枪口装置以及导轨。M110 SASS 使用的枪托是 A2 固定式造型和 A1 长度可调整式。此外，M110 SASS 狙击步枪的枪管上还带有消焰器，并能安装改进的 QD 消声器，导轨则为 URX 模块导轨系统。此外，M110 SASS 的弹匣释放按钮和保险、拉机柄均可两面操作。除了狙击步枪本身，M110 SASS 的套装还包括 Leupold 3.5~10 倍瞄准镜、便携式枪袋、Harris 可拆式两脚架、背带、AN/PVS-14 夜视镜、快拆式消声器、数个 20 发弹匣和 PAL 专用弹匣袋及硬式储藏箱 1 个。

Chapter 04 步 枪

美国 SRS 狙击步枪

SRS 是由美国沙漠战术武器公司研制的一款无托结构手动狙击步枪,其名称意为"隐形侦察兵"。

性能解析

SRS 狙击步枪是为数不多的采用无托结构布局的手动狙击步枪,生产商宣称它比传统型狙击步枪缩短了 279.4 毫米。由于采用了无托结构,机匣、弹匣和枪机的位置都改为手枪握把后方的枪托内,因此操作上与大多数传统式步枪设计略有不同。这种布局也将更多的重量转移到了步枪后方,大大提高了武器的平衡性。

基本参数	
制造商	沙漠战术武器公司
口径	8.59 毫米(最大)
全长	1 008 毫米
枪管长	660 毫米
重量	5.56 千克
弹容量	5 发
有效射程	1 737 米

该枪采用最佳高度的瞄准镜环以配合其托腮位置,使瞄准镜轴线与射手眼睛的高度保持一致,取代了现代狙击步枪中常见的可调节式托腮板。SRS 狙击步枪在护木四周和上机匣上整合了皮卡汀尼导轨,用以安装各种战术附件。

由于长度短、重心位置好,SRS 狙击步枪携带起来非常方便,也很容易稳定地持枪瞄准,其人机功效很好,而且严格地为了让步枪的设计保持尽可能简单,避免加入不必要的结构重量,还别出心裁地没有采用现代狙击步枪中常见的可调整贴腮板,而是通过使用最佳高度的瞄准镜环来配合贴腮位置,使瞄准镜轴线与射手的眼睛保持一致。他们经过了大量的试验,已经使 SRS 狙击步枪与绝大多数射手能够在自然贴腮时视线置于瞄准镜轴线上。至于 DSR-1 步枪上那些可前后移动的前托护手及其导轨、枪托上的驻锄、扳机前的后备弹匣插槽都被严格认为"用处不大"而取消了。SRS 步枪也没有整体式两脚架,射手可自己选配两脚架安装在皮卡汀尼导轨上。

美国巴雷特 MRAD 狙击步枪

MRAD（Multi-Role Adaptive Design，适应多任务设计）是由美国巴雷特公司研发生产的旋转后拉式枪机式手动狙击步枪，发射 .338 LapuaMagnum 步枪子弹。

性能解析

MRAD 狙击步枪的外形和巴雷特 M98B 基本相同，主要区别在于取消了原来的固定枪托，更换为可折叠的塑料枪托。MRAD 狙击步枪装有 1 根以 4150 MIL-B-11595 钢铁制造的中至重型的自由浮置式枪管。目前，该枪管长有 3 种，分别为 685.8 毫米、622.3 毫米和 508 毫米，枪管更具有凹槽以增加散热速度。MRAD 狙击步枪由 1 个可拆卸弹匣从下机匣弹匣口供弹，让射手即使要面对大量目标也能够维持不中断的火力。弹匣卡笋就在扳机护圈前方，射手可用食指拆卸弹匣及重新装填。

基本参数	
制造商	巴雷特公司
口径	8.59 毫米
全长	1 258 毫米
枪管长	685.8/ 622.3/ 508 毫米
重量	6.94 千克
弹容量	10 发
枪口初速	945 米/秒
最大射程	1 500 米

MRAD 的前托与机匣为一体化设计，提高了前托结构强度。该枪具有多个背带环安装位置，前托带有大量散热孔，既减轻重量也能加快降温。内部还预留 1 个独特的战术配件电线管理系统，平底式设计提高了射击时的稳定性。MRAD 和其他巴雷特的狙击步枪的最大分别就是采用类似尤金·斯通纳的 AR-15/ M16 步枪设计：以铝质铰链连接上下机匣，符合人体工程学的手枪握把和由拇指直接操作的手动保险装置都是借鉴了斯通纳步枪的设计。和各种目前流行的机枪、步枪及冲锋枪一样，MRAD 的上机匣还装有 1 条不间断的全尺寸长度型皮卡汀尼战术导轨，可安装多种附件。

美国雷明顿 MSR 狙击步枪

MSR 由美国雷明顿军品分公司所研制、生产及销售的手动狙击步枪，可使用 7.62×51 NATO、.300 WinchesterMagnum、.338 Lapua Magnum 和 .338 Norma Magnum 等多种口径的弹药。

性能解析

雷明顿 MSR 狙击步枪采用了全新设计的旋转后拉式枪机和机匣，取代了雷明顿武器公司著名产品雷明顿 700 步枪系列所采用的双大型锁耳型毛瑟式枪机和圆形机匣。

该枪的比赛等级枪管的外表面有纵向长形凹槽，既能够减轻重量也增加了刚性，而且提高了散热速度，枪管精度寿命估计大于 2 500 发。枪管长度有 4 种，分别为 508 毫米、558.8 毫米、609.6 毫米、685.8 毫米。自由浮置式枪管除了与机匣连接外，与整个前托都不接触。雷明顿 MSR 的枪口上装上了先进武器装备公司的消焰/制动器，可减少后坐力、枪口上扬和枪口焰，并能够利用其装上先进武器装备公司的"泰坦"型快速安装及拆卸消声器。

雷明顿 MSR 狙击步枪采用了模块化设计，整个系统都装在 1 个耐腐蚀性的全铝合金制造的底座上，这个底座包括弹匣插座、击发机座和前托，钛合金制成的机匣安装在底座上。自由浮置式枪管通过钢质的大型枪管节套固定在机匣上，以八角形前托包覆在外面，前托则以螺丝从前托的顶部（6 颗）及其后端（2 颗）锁紧。改变口径时需要更换的零件包括枪管、枪机头和弹匣，这样就能在各种口径之间转换，转换时间只需要几分钟。雷明顿 MSR 的多个零部件都有黑色和沙色 2 种外表涂装。

基本参数	
制造商	雷明顿军品分公司
口径	7.62/ 8.59 毫米
全长	1 168 毫米
重量	7.71 千克
弹容量	5/ 7/ 10 发
有效射程	1 500 米

美国雷明顿 XM2010 狙击步枪

XM2010 增强型狙击步枪是美国雷明顿公司研制的手动狙击步枪,发射 .300 温彻斯特－马格南(7.62×67 毫米)子弹。

性能解析

雷明顿公司宣称:每 1 支试验的 XM2010 增强型狙击步枪需要达到(而且通常超出)美国陆军提出的在 183 米距离散布圆直径等于或小于 50.8 毫米(小于 1MOA)的指标,然后才会装备至部队。而参与测试的美国陆军狙击兵学校也宣称他们在白天和夜晚都进行了大量的试射,认为武器完全满足指标,而且人体工程学比其他狙击步枪更为出色。

基本参数	
制造商	雷明顿公司
口径	7.62 毫米
全长	1 181 毫米
枪管长	559 毫米
重量	26.68 千克
弹容量	5 发
枪口初速	869 米/秒
有效射程	1 188 米

XM2010 与雷明顿 MSR 的外形很相似。不过 XM2010 并不是雷明顿 MSR,因为 XM2010 仍然使用雷明顿 700 式的枪机,即机头有 2 个大型闭锁凸笋,而雷明顿 MSR 机头有 3 个闭锁凸笋。但要从外观上区分 XM2010 和 MSR,只能通过机匣的形状去识别。XM2010 的机匣是 M24 的圆筒形机匣,而雷明顿 MSR 的机匣两侧是倾斜的平面状。

外观上的变化对性能上的影响是次要的,XM2010 的最主要改变是使用的 .300 温彻斯特－马格南弹比原来的 7.62×51 毫米北约标准弹有更强大的动能,而且有效射程能增加 50% 左右。

俄罗斯莫辛 – 纳甘 M1891/30 狙击步枪

莫辛 – 纳甘 M1891/30 狙击步枪是在 M1891/30 步枪的基础上改进而成，是苏联军队在二战时期的主要狙击武器。

性能解析

莫辛 – 纳甘 M1891/30 狙击步枪最初采用 4 倍率 PT 型瞄准具，由于缺陷较多，之后又推出了它的改良型 VP 型瞄准具。1936—1937 年，VP 型瞄准具又被 PE 型瞄准具取代。该型瞄准具重 0.62 千克，对提高命中率起了很大的作用，使用它可对 1400 米距离上的目标进行射击。一旦瞄准具在行

基本参数	
口径	7.62 毫米
全长	1 306 毫米
枪管长	800 毫米
重量	4.27 千克
弹容量	5 发
枪口初速	860 米 / 秒
有效射程	600 米

动中受损，可依靠瞄准导轨进行射击。莫辛 – 纳甘 M1891/30 狙击步枪的设计缺陷在于：重量大；瞄准镜的倍数小：只有 3.5 倍，只适合进行 600 米内的狙杀；而且瞄准具重叠地安装在机匣盖的后方，挡住了弹匣插口，狙击步枪不能装入普通的 5 发弹匣，只能 1 次装 1 发子弹，大大地降低了战斗效率。

俄罗斯 SVD 狙击步枪

SVD 是由苏联设计师德拉贡诺夫在 1958—1963 年研制的一款半自动狙击步枪,也是现代第一支为支援班排级狙击与长距离火力支援用途而专门制造的狙击步枪。

性能解析

随着莫辛 – 纳甘 M1891/30 狙击步枪的退役,SVD 狙击步枪成为苏联军队的主要精确射击装备。但由于苏军狙击手是随同大部队进行支援任务,而不是以小组进行渗透、侦察、狙击,以及反器材/物资作战,因此 SVD 狙击步枪发挥的作用有限,仅仅将班排单位的有效射程提升到 800 米,更远距离的射击能力则受限于 SVD 狙击步枪光学器材与枪支性能。即便如此,SVD 狙击步枪的可靠性仍然是公认的,这使 SVD 狙击步枪被长期而广泛地使用,在许多局部冲突中都曾出现。

基本参数	
设计师	德拉贡诺夫
口径	7.62 毫米
全长	1 225 毫米
枪管长	620 毫米
重量	4.3 千克
弹容量	10 发
枪口初速	830 米/秒
有效射程	800 米

SVD 的基本构造为短行程导气式活塞运作的半自动步枪。枪管的末端为左旋滚转枪机给弹,枪机上只用 3 个锁耳进行闭锁,定位于药室后方。SVD 的制式弹匣为双排 10 发,外加棋盘式肋条增加强度;像所有的半自动枪支一样,在最后 1 发子弹完成击发与抛壳之后,SVD 弹匣内的托弹板会将枪机与枪机拉柄固定在拉柄导槽后方。

SVD 的撞针击锤为传统扭力簧击锤,击锤待命之后两段式保险即可启动。SVD 的机匣已经进行过特别加工以提高精准度,并且加强抗粗暴环境下的使用。从外观上来看 SVD 常常会引起误会,甚至被认为是 AK-47 突击步枪的"狙击版"。因为 SVD 与 AK 系列一样有着巨大的防尘盖板、相似高耸的准星与滑轨式照门,甚至连保险钮都几乎如出一辙。

俄罗斯 SVDK 狙击步枪

SVDK 是 SVD 狙击步枪的衍生型之一,它继承了 SVD 的精髓设计,并在局部加以改进。

性能解析

SVDK 和 SVD 狙击步枪在结构原理上基本相同,但为了承受较强大的弹药,对机匣和其他工作部件做了重新设计。SVDK 狙击步枪采用了短行程导气活塞,其气体调节器有 2 个导气量设置,枪机有 3 个闭锁凸耳。折叠枪托是取自 SVDS 狙击步枪,但 SVDK 狙击步枪的托底板上增加了 1 个大型橡胶缓冲垫。

基本参数	
设计师	德拉贡诺夫
口径	9.3 毫米
全长	1 250 毫米
重量	6.5 千克
弹容量	10 发
枪口初速	780 米 / 秒
有效射程	700 米

SVDK 狙击步枪也配有机械瞄具,而标配的瞄准镜是 3~10 倍 1P70Giperion 瞄准镜。弹匣容量 10 发,护木前方配有可折叠的两脚架。在外形上,SVDK 狙击步枪的枪管、消焰器和弹匣形状都与 SVDS 狙击步枪不同,所以很容易区分。SVDK 狙击步枪可作为一种轻便的反器材步枪使用,其优点是比普通的反器材步枪要轻便得多,不过缺点是效费比高,因为它的威力远比不上 12.7 毫米的大口径步枪,射程也比大口径步枪要近得多。

俄罗斯 VSS 微声狙击步枪

VSS 是苏联研发的一款微声狙击步枪，又叫 Vintorez（螺纹剪裁机）。

性能解析

AS 突击步枪与 VSS 微声狙击步枪都是以小型突击步枪的机匣为基础研制的，两者的结构原理完全一样。在外形上，两者的区别主要是枪托和握把的不同。VSS 微声狙击步枪取消了独立小握把，改为框架式的木质运动型枪托，枪托底部有橡胶底板。

此外，两者的弹匣可以通用，但 VSS 微声狙击步枪的标准配备是 10 发弹匣。AS 突击步枪虽然也可以发射 SP-6 和 PAB-9，但主要是发射便宜的 SP-5 普通弹。VSS 也可以发射 SP-5 普通弹，但主要是发射 SP-6 穿甲弹。

VSS 狙击步枪在拆解后能够放在 1 个特制的手提箱中携带，VSS 发射可刺穿轻甲的 9×39 毫米 SP-5 枪弹，在狙击射击时只能是普通的单发模式。它装备有消声器，加上使用亚音速枪弹，膛口噪声减小了，发射时噪声可低到 130 分贝以下，实现了微声狙击。

基本参数	
设计师	彼得罗·谢尔久科
口径	9 毫米
全长	894 毫米
枪管长	200 毫米
重量	2.6 千克
弹容量	10/20 发
枪口初速	290 米/秒
有效射程	400 米

俄罗斯 OSV-96 狙击步枪

OSV-96 "胡桃夹子" 是由俄罗斯 KBP 仪器设计厂研制的大口径重型半自动狙击步枪（反器材步枪），发射 12.7×108 毫米枪弹。

性能解析

OSV-96 狙击步枪主要发射 12.7×108 毫米全金属被甲型及穿甲型狙击弹药，以及 B-32、BZT、BS 等各式穿甲燃烧弹。此外，它也可以通用 12.7 毫米大口径普通机枪弹，但精度会受到影响。OSV-96 狙击步枪能够攻击最远距离超过 1 800 米的敌方人员，以及超过 2 500 米的战斗物资。该枪的缺点是噪声过大，因此在射击时要佩戴耳塞。

OSV-96 是 1 支使用传统型气动式操作和四锁耳转栓式枪机的半自动步枪。它装有 1 个由塑料制造的活塞以及 1 个同样由塑料制造的手枪握把。OSV-96 采用了很长的自由浮动式枪管，并在枪口装上了大型双室式枪口制动器。枪身铰链前方的枪管护套上装上了折叠式提把和折叠式两脚架。枪托为木质，装有 1 块黑色塑料制造的托腮板，但是长度和高度是不可调节的。

OSV-96 最明显的特点是它能在枪管/膛室和机匣组件之间向右进行折叠。枪机可直接在枪管延伸部闭锁，枪管和机匣之间以铰链连接。枪身折叠后的全长缩短至 1154 毫米，方便储藏、携带和运输。即使在折叠状态以下，它也可以迅速重新展开并进入战斗发射模式。OSV-96 可以在机匣上安装光学瞄准镜或夜视瞄准镜，如 POS 12×54 光学瞄准镜和 PKN 夜视瞄准镜。该枪还安装有可折叠式紧急后备机械瞄准具，分别是枪口后方的准星和机匣上方设置的照门，当狙击镜损坏时仍然可作为紧急瞄准的备用瞄准具。

基本参数	
制造商	KBP 仪器设计厂
口径	12.7 毫米
全长	1 746 毫米
枪管长	1 000 毫米
重量	11.7 千克
弹容量	5 发
枪口初速	900 米/秒
有效射程	2 000 米

俄罗斯 SVU 狙击步枪

SVU 是 SVD 狙击步枪的衍生型之一，采用无托结构，主要用户为俄罗斯内政部部队。

性能解析

SVU 狙击步枪采用犊牛式设计，枪身全长缩短至 870 毫米。由于枪身缩短，照门与准星均改为折叠式，以免干扰 PSO-1 瞄准镜操作。虽然 7.62×54R 子弹威力绰绰有余，但是为了抑止反冲并增加射击稳定度，SVU 的枪口制动器采用三重挡板设计，并且能够与抑制器整合在一起。为适合在近距离战斗中使用，在枪口上还有特制的消声、消焰装置。SVU 狙击步枪搭配可拆卸两脚架、10 发或 20 发装弹匣，射手可根据自身需求装卸。SVU 狙击步枪非常紧凑，但有效射程比 SVD 近。不过，由于特警队平均交火距离不超过 100 米，因此有效射程的缩短并没有太大的影响，而其较短的枪身也特别适合在狭小空间内使用。

基本参数	
设计师	德拉贡诺夫
口径	7.62 毫米
全长	870 毫米
枪管长	520 毫米
重量	3.6 千克
弹容量	10/20 发
枪口初速	800 米/秒
有效射程	800 米

俄罗斯 VSK-94 微声狙击步枪

VSK-94 是俄罗斯研制的一款小型微声狙击步枪,该枪即便上满子弹重量也仅为 3.93 千克,而且体积较小,非常适合特种部队使用,所以该枪在俄罗斯特种部队有很高的声誉。

性能解析

VSK-94 发射 9×39 毫米子弹,能准确地对 400 米距离内的所有目标发动突击。该枪能安装高效消声器,以便在射击时减小噪声,还能完全消除枪口火焰,能大大提高射手的隐蔽性和攻击的突然性。VSK-94 微声狙击步枪的消声效果极好,在 50 米的距离上,它的枪声几乎是听不见的。

基本参数	
制造商	KBP 仪器设计厂
口径	9 毫米
全长	932 毫米
重量	2.8 千克
弹容量	20 发
有效射程	400 米

VSK-94 采用气动式操作和转栓式枪机。气动式操作类型是长行程活塞传动,而转栓式枪机有 4 个锁耳。VSK-94 的机匣采用低成本的金属冲压方式生产,以减少生产成本、所需的金属原料和生产所需的时间,且更容易进行维护及维修。拉机柄在机匣右侧,发射模式选择杆位于机匣的左侧,略高于扳机护圈,并可以选择半自动和全自动射击。该枪的枪托为塑料材质,并可以更换,和小握把为一个整体,在底托上有橡胶垫,以便射手在使用时更加舒适。上翻式调节的金属机械照门只能让 VSK-94 攻击 200 米以内的目标,但可以在机匣左方安装能够放大 4 倍的 PSO-1 瞄准镜来攻击 400 米距离上的目标。

俄罗斯 SV-98 狙击步枪

SV-98 狙击步枪是由俄罗斯枪械设计师弗拉基米尔·斯朗斯尔研制、伊兹玛什工厂生产的手动狙击步枪,以高精度著称。

性能解析

与 SVD 和 VSS 狙击步枪强调战术灵活性不同,SV-98 狙击步枪的战术定位专一而明确:专供特种部队、反恐部队及执法机构在反恐行动、小规模冲突以及抓捕要犯、解救人质等行动中使用,以隐蔽、突然的高精度射击火力狙杀白天或低照度条件下 1 000 米以内、夜间 500 米以内的重要有生目标。SV-98 狙击步枪的射击精度远高于发射同种枪弹的 SVD,甚至不逊于以高精度闻名的奥地利 TPG-1 狙击步枪。不过,SV-98 狙击步枪保养比较烦琐,使用寿命较短。

基本参数	
制造商	伊兹玛什工厂
口径	12.7 毫米
全长	1 125 毫米
枪管长	450 毫米
重量	5 千克
弹容量	5 发
枪口初速	320 米/秒
有效射程	1000 米

SV-98 狙击步枪是由伊兹玛什工厂以其研制及生产的 Record 系列 300 米全口径运动射击用途步枪(该枪械主要为比赛用)为蓝本而研制的。根据 SV-98 狙击步枪的制造商指出,其设计是用于攻击 1 000 米范围以内的任何目标。SV-98 狙击步枪为非自动发射方式,采用旋转后拉式枪机。机头上沿圆周均匀分布着 3 个闭锁凸笋,与机匣上对应的闭锁槽配合,完成开闭锁动作。

俄罗斯 KSVK 狙击步枪

KSVK 是俄罗斯研制的 12.7 毫米大口径重型无托结构狙击步枪（反器材步枪），主要用途是反狙击、贯穿厚厚的墙壁和轻型装甲战斗车辆。

性能解析

KSVK 狙击步枪可以使用 12.7 毫米大口径普通机枪弹，也可以使用专门的高精度狙击弹，以提高在远距离上的射击精度。图拉弹药工厂为 KSVK 特别生产了命名为 SPB-12.7 的高精度子弹，拥有不错的射击精度。即便不使用高精度狙击弹，KSVK 狙击步枪也能在 1500 米的距离击中直径 160 毫米的圆靶。作为反狙击步枪，KSVK 狙击步枪能够贯穿厚厚的砖墙或木板墙并且杀伤躲在墙壁后方的敌人（不论其是否穿有防弹衣）。

基本参数	
制造商	狄格特亚耶夫工厂
口径	12.7 毫米
全长	1 400 毫米
枪管长	1 000 毫米
重量	12 千克
弹容量	5 发
枪口初速	900 米/秒
有效射程	1 500 米

KSVK 狙击步枪采用无托结构、手动枪机操作和 5 发可拆式弹匣供弹。它的枪口配备了大型枪口装置，同时具有枪口制退器和减音器的效能。和大部分俄罗斯枪械一样，KSVK 的左侧（握把上方）配备了俄罗斯标准的瞄准镜导轨，可以加装各种白天和黑夜使用的光学瞄准具。KSVK 配有可调整高度、可折叠的两脚架，还有后备的折叠式机械瞄具，以应对突发状况。

俄罗斯 VKS 狙击步枪

VKS 是由俄罗斯 KBP 仪器设计厂下属的图拉市运动及狩猎武器中央设计研究局研制的 12.7 毫米大口径重型无托微声狙击步枪（反器材步枪），发射 12.7×54 毫米亚音速步枪弹。

性能解析

VKS 狙击步枪采用无托结构，将枪机等主要部件放在手枪握把的背后，从而缩短了总长度而不缩短枪管长度。这样使其尺寸更适合在城市反恐怖作战中使用。和手动步枪一样，VKS 狙击步枪需要以手动方式完成上膛和退膛动作。不过，VKS 狙击步枪使用的手动枪机并非旋转后拉式枪机，而是采用了并不常见的直拉式枪机。VKS 狙击步枪使用聚合物材料制作而成的护木，带有 1 个可折叠的两脚架。枪托也使用聚合物材料制作，枪托尾部设有 1 块由橡胶制造的后坐缓冲垫。VKS 狙击步枪的弹匣同样使用聚合物材料制作，这在俄罗斯狙击步枪中是比较少见的。

基本参数	
制造商	KBP 仪器设计厂
口径	12.7 毫米
全长	1 125 毫米
枪管长	450 毫米（带微声）
重量	7 千克
弹容量	5 发
枪口初速	320 米/秒
有效射程	600 米

英国 No.4 Mk I (T) 狙击步枪

No.4 Mk I (T) 狙击步枪是英国在二战期间由李－恩菲尔德步枪改进而来的一款狙击武器，英联邦国家一直使用到20世纪60年代，之后被L42A1狙击步枪取代。

性能解析

No.4 Mk I (T) 狙击步枪与一般李－恩菲尔德步枪的结构大致相同，这类步枪的特点在于采用由詹姆斯·帕里斯·李发明的旋转后拉式枪机和盒形可卸式弹匣，后端闭锁的旋转后拉式枪机装填子弹速度比较快；安装固定式盒形双排容量10发弹匣装弹，提高了持续火力，是实战中射速最快的旋转后拉式枪机步枪之一，而且具有可靠、枪机行程短、操作方便等优点。

基本参数	
制造商	李－恩菲尔德公司
口径	7.7 毫米
全长	1 130 毫米
枪管长	641 毫米
重量	4.11 千克
弹容量	10 发
枪口初速	744 米/秒
有效射程	915 米

No.4 Mk I (T) 狙击步枪上的 No.32 瞄准镜原本是为布伦机枪设计的，放大倍数为3倍，瞄准镜座安装在机匣左侧，不妨碍机械瞄具的使用。在枪托上加装的木质托腮板，使瞄准射击时更舒适。

英国 L42A1 狙击步枪

L42A1 是在李–恩菲尔德 No.4 Mk I (T) 狙击步枪的基础上变换口径而成,一直装备英国军队,至 1982 年才被 PM 狙击步枪取代。

性能解析

最初将 No.4 Mk I (T) 改装成 L42A1 的方法比较简单,之后逐渐变得复杂。新的部件包括枪管、弹匣、抛壳挺和上护木,瞄准镜也需要重新校正以适应 7.62×51 毫米步枪弹的弹道。同样,作为备用的机械瞄具也经过改变以适应新枪弹。

新的重型枪管由高质量的 EN19AT 钢冷锻而成,因此枪管外表面留下冷锻时产生的"蛇皮"表纹。早期的枪管采用传统的恩菲尔德膛线,后来改为梅特福膛线,所以后期的枪管比较便宜和容易生产。L42A1 使用恩菲尔德式弹匣抛壳挺,抛壳挺位于弹匣口后左侧的边缘上。这种设计使机匣内的固定抛壳挺显得多余。另外机匣也稍加改变,以使新的弹匣插入后能准确定位并保证供弹可靠。

基本参数	
制造商	李–恩菲尔德公司
口径	7.62 毫米
全长	1 181 毫米
枪管长	699 毫米
重量	4.42 千克
弹容量	10 发
枪口初速	838 米/秒

英国帕克黑尔 M82 狙击步枪

帕克黑尔 M82 是由英国帕克黑尔公司以 1200TX 打靶步枪改进而成的军用版手动狙击步枪，曾被数个国家的军队和执法机关所采用。

性能解析

帕克黑尔 M82 的自由浮动式重型枪管用镍铬钢冷锻而成，重量约 2 千克。这种枪管的强度比普通枪管高 5%~10%，提高了耐磨损性能。击发机构为 1 个独立的组件，带有调整扳机拉力或磨耗的调节装置。保险装置按三联作用方式锁定扳机、枪机和击发阻铁。枪托通过调整可卸式垫板调整其长度，枪托底部有橡胶托底板。该枪装有可拆卸和折叠的两脚架，其高度可以调节。除机械瞄准具外，该枪还配有 4 倍放大倍率的光学瞄准镜。帕克黑尔 M82 狙击步枪的射击精度较高，日间在 400 米距离上或在被动式夜间瞄准具作用距离上，首发命中率可达 99%。

基本参数	
制造商	帕克黑尔公司
口径	7.62 毫米
全长	1 162 毫米
枪管长	660 毫米
重量	4.8 千克
弹容量	4 发
枪口初速	840 米/秒
有效射程	400 米

使用情况

澳大利亚、新西兰和加拿大陆军都将 M82 狙击步枪作为军用狙击步枪；1983 年，英国陆军将枪托变短、护木变短的型号命名为 L81A1，作为陆军学院的训练用枪；尽管帕克－黑尔公司已停止生产该枪，但它仍在很多武装力量中服役。

英国帕克黑尔 M85 狙击步枪

M85 狙击步枪是英国帕克黑尔公司为参加英国陆军新一代狙击步枪招标时推出的产品,该枪性能优异,但最终以轻微的差距败于精密国际 PM 狙击步枪。

性能解析

M85 狙击步枪枪机的长度与德国毛瑟 98 式步枪的枪机一样,但拉机柄加长并稍微向后倾斜。机匣用铸钢制成,左侧和上部完全封闭,只有 1 个侧面抛壳口。在机匣横梁上增加了 2 个支座,以保护和固定可以下翻的瞄准具。该枪枪管较重,与机匣螺接在一起。

M85 枪口部有枪口制动器,既可消焰,又可减小后坐力。击发系统安排在枪尾部,带有击发杠杆的猎枪扳机很坚固。扳机侧面有保险装置,故该枪没有击针保险而只有扳机保险。M85 狙击步枪配有机械瞄准具和光学瞄准镜,其中光学瞄准镜是施密特-本德 6×42 瞄准镜,高低与方向均可调。另外,该枪还可以安装微光瞄准镜。

基本参数	
制造商	帕克黑尔公司
口径	7.62 毫米
全长	1 151 毫米
枪管长	700 毫米
重量	5.7 千克
弹容量	10 发
枪口初速	1 160 米/秒
有效射程	900 米

英国 PM 狙击步枪

PM 狙击步枪是英国精密国际公司"北极作战"系列的原型枪,被英军于 20 世纪 80 年代中期以 L96 的名称列装。

性能解析

英军在为新型狙击步枪招标时的要求极高,在 600 米射程首发命中率要达到 100%,1 000 米射程内要获得很好的射击效果,必须采用 10 发可拆卸弹匣。PM 狙击步枪能在包括帕克黑尔 M85 在内的众多竞争中脱颖而出,其作战性能势必要达到甚至超越英军的选型标准。PM 狙击步枪主要有步兵用、警用和隐藏型 3 种。英军购买了超过 1 200 支步兵用 PM,并将其命名为 L96。随后,其他一些国家如法国外籍兵团也购买了一些步兵用 PM 狙击步枪。作为公司第一种军用狙击步枪,PM 对于精密国际公司来说是一款意义非凡的产品,此后大名鼎鼎的"北极作战"系列狙击步枪便是以它为原型。

步兵用 PM 狙击步枪采用铝合金机匣,不锈钢枪管自由浮置在枪托内。枪机前部有 3 个闭锁凸笋,枪机旋转 60°实现开锁。枪机行程为 107 毫米,射手在操作枪机时头部能一直靠在托腮处,重新装弹时能持续观察目标。保险卡笋装在拉机柄上。枪托采用高强度塑料制成,枪托前下端装有轻型两脚架。警用 PM 狙击步枪的结构与步兵用 PM 狙击步枪基本相同,但采用单脚架。单脚架装在枪托前部里面,可以放低和调整,射手在瞄准目标时,无须担心长时间承受枪身的重量。

基本参数	
制造商	精密国际公司
口径	7.62 毫米
全长	1 194 毫米
枪管长	655 毫米
重量	6.5 千克
弹容量	10/ 20 发
枪口初速	330 米 / 秒
有效射程	549 米

隐藏式 PM 狙击步枪与带消声装置的步兵用 PM 狙击步枪结构相同，但采用两脚架、2 个 10 发弹匣和 1 个 20 发弹匣。平时可拆卸后装在手提箱内携行，手提箱手柄可以伸缩。步兵用 PM 狙击步枪采用可调式机械瞄准具，用于 700 米距离上的射击。此外还配有专门设计的 L1A1 式 6×42 光学瞄准镜。步兵用和警用 PM 狙击步枪使用北约 7.62 毫米枪弹，隐藏式 PM 狙击步枪使用 7.62 毫米亚音速枪弹。

英国 SA80 突击步枪

SA80 是一款采用 5.56×45 毫米北约弹药的英国无托结构突击步枪，英军将其命名为 L85。

性能解析

SA80 突击步枪早期型存在严重卡壳、双重进弹，甚至彻底卡死的问题。此外常见的状况还有枪托破裂、弹匣经常脱落、撞针松脱或弹力不足等。后来改良为 L85A1 后并使用专用弹也未能解决卡壳问题，就算是德国 HK 公司投入巨资改良为 L85A2 后，性能依然遭到一致恶评。尽管如此，L85A2 仍然服役到 2015 年。

基本参数	
口径	5.56 毫米
全长	785 毫米
枪管长	518 毫米
重量	3.8 千克
枪口初速	940 米/秒
射速	775 发/分

英国 AW 狙击步枪

AW 是英国精密国际公司"北极作战"系列狙击步枪的基本型,自从 20 世纪 80 年代问世至今,该枪在平民、警察和军队中应用很普及。

性能解析

AW/L96A1 改进了 PM/L96 的枪机,操作更快捷,只需向上旋转 60°和拉后 107 毫米,这种设计的优点很明显:射手在操作枪机时头部能始终靠在托腮处,因而狙击手可以一边保持瞄准镜中的景象一边抛出弹壳和推弹进膛。而且该枪机还具有防冻功能,即使在 –40℃的温度中仍能可靠地运作,而这点也是英军特别要求的。

基本参数	
制造商	精密国际公司
口径	7.62 毫米
全长	1 180 毫米
枪管长	660 毫米
重量	6.5 千克
有效射程	800 米
枪口初速	850 米/秒
弹容量	10 发

AW 狙击步枪采用 AWMP 栓式枪机往复原理。与该枪配套的是 PM6×42、10×42 或(3-12)×50 施密特 – 宾得军用瞄准镜、2 个容量 10 发的弹匣、两脚架和 2 个装有 20 发亚音速枪弹的弹盒。该步枪系统由步枪和附件组成。步枪为含消减器的 AWMP 步枪,整枪可拆解,可折叠枪托是采用 AW–F 的折叠枪托的 AWS。在折叠枪托和拆卸枪管后整枪可装在 1 个专门配套的小手提箱中,除此以外和 AWS 狙击步枪完全相同。所有的附件可以装入 1 个配有轮子和折叠手柄的航空箱。

英国 AW50 狙击步枪

AW50 狙击步枪是 AW 的衍生型之一，发射 12.7×99 毫米（.50BMG）北约制式步枪子弹。

性能解析

AW50 狙击步枪是 1 支非常重的武器，连接两脚架时重达 15 千克，大约是 1 支典型的突击步枪的 4 倍。不过，凭借枪口制动器、枪托内部的液压缓冲系统和橡胶制造的枪托底板，AW50 狙击步枪的后坐力被控制在可接受的范围内，并大大提高了精准度。据说，AW50 狙击步枪能在 1 500 米的距离上达到 1 MOA 的精度。

基本参数	
制造商	精密国际公司
口径	12.7 毫米
全长	1 420 毫米
枪管长	686 毫米
重量	13.5 千克
弹容量	5 发
枪口初速	936 米/秒
有效射程	1 500 米

AW50 反器材狙击步枪是英国 AI 公司的 AW 狙击步枪枪族中的一员，于 1998 年推出，以满足国际市场对大口径反器材狙击步枪越来越大的需求。此枪型基本上是在 AW 系列狙击步枪的基础上改进的。AW50 与其他 AW 枪族设计基本相同，只是为适合 .50 BMG 弹而增加了高效的缓冲系统，枪托可折叠以缩短携行长度，枪托底部有可调整的后脚架。与 AWM 一样，除了 1 个高效的枪口制退器，也可以选用 1 个简单的消声器，可有效地降低枪声、枪口焰、硝烟和地面扬尘。

英国 AS50 狙击步枪

AS50 是精密国际公司研制的一款重型半自动狙击步枪（反器材步枪），也是 AW 狙击步枪的衍生型之一，发射 12.7×99 毫米（.50BMG）北约制式步枪子弹。

性能解析

AS50 狙击步枪采用了气动式半自动枪机和枪口制动器，令 AS50 狙击步枪发射时狙击手能感受到的后坐力比 AW50 狙击步枪低，并能够更快地狙击下一个目标。AS50 狙击步枪还具有可运输性，符合人体工程学和轻便等优点。它可以在不借助任何工具的情况下于 3 分钟之内完成分解或重新组装。据说，AS50 可以对超过 1 500 米距离的目标进行精确狙击，精度不低于 1.5MOA。

基本参数	
制造商	精密国际公司
口径	12.7 毫米
全长	1 369 毫米
枪管长	692 毫米
重量	12.3 千克
弹容量	5/10 发
枪口初速	800 米/秒
有效射程	1 500 米

英国 AE 狙击步枪

AE 是英国精密国际公司为 AW 和 AWP 狙击步枪所研制的"廉价"型,尽管不如 AW 系列坚固,但是价格却低了很多,主要用户为执法单位。

性能解析

与 AW 和 AWP 相比,AE 狙击步枪只有一种形式(没有其他口径和枪管长度可选),有效射程只有 600 米。AE 的结构和原理与其他 AW 系列步枪基本相同,取消了机械瞄准具和原来的瞄准镜座,而机匣顶部安装 1 段皮卡汀尼导轨。弹匣有 2 种容量可选,即 5 发或 10 发。

基本参数	
制造商	精密国际公司
口径	7.62 毫米
全长	1 120 毫米
枪管长	610 毫米
重量	6 千克
弹容量	5/10 发
最大射程	600 米

德国 PSG-1 狙击步枪

PSG-1 是德国 HK 公司研制的一款半自动狙击步枪,是世界上最精确的狙击步枪之一。该枪精准度高、威力大,但不适合移动使用,主要用作远程保护。

性能解析

PSG-1 狙击步枪大量使用了高科技材料,并采用模块化结构,各部件的组合很合理,人机工效设计也比较优秀。比如扳机护圈比较宽大,射手可以戴手套进行射击。重心位于枪的中心位置,全枪稳定性较好。全枪长度较短,肩背时不易挂住障碍物,射手可以随意坐下或在林间穿行。PSG-1 狙击步枪的精度极佳,出厂试验时每支步枪都要在 300 米距离上持续射击 50 发子弹,而弹着点必须散布在直径 80 毫米的范围内。这些优点使 PSG-1 狙击步枪受到了广泛赞誉,通常和精锐狙击作战单位联系在一起。PSG-1 狙击步枪的缺点在于重量较大,不适合移动使用。此外,其子弹击发之后弹壳弹出的力量相当大,据说可以弹出 10 米之远。虽

基本参数	
制造商	HK 公司
口径	7.62 毫米
全长	1 200 毫米
枪管长	650 毫米
重量	8.1 千克
弹容量	5/20 发
有效射程	1 000 米
枪口初速	868 米/秒

然对于警方的狙击手来说不是个问题，但却很大程度上限制了其在军队的使用，因为这很容易暴露狙击手的位置。

PSG-1枪管为特制加长、加重。扳机组件可以从手枪握把处取出，扳机力可调，枪托可根据个人需求在各种方向进行调节。枪末端装备机械瞄具，而在机匣上方装有符合北约标准的瞄具座，但通常装备带表尺分划的6×42瞄准镜。

德国MSG90狙击步枪

MSG90是德国HK公司研制的一款半自动军用狙击步枪，以PSG-1狙击步枪为基础改进而来，发射7.62×51毫米NATO枪弹。

性能解析

MSG90狙击步枪采用了直径较小、重量较轻的枪管，在枪管前端接有1个直径22.5毫米的套管，以增加枪口的重量，在发射子弹时抑制枪管振动。另外，由于套管的直径与PSG-1狙击步枪的枪管一样，所以MSG90狙击步枪可以安装PSG-1所用的消声器。

MSG90狙击步枪的塑料枪托也比PSG-1的要轻，枪托的长度同样可调，托腮板高低也可以调整，枪管和枪托是MSG90和PSG-1的主要区别。MSG90狙击步枪未装机械瞄准具，只配有放大率为12倍的瞄准镜，其分划为100~800米。机匣上还配有瞄准具座，可以安装任何北约制式夜视瞄准具或其他光学瞄准镜。和PSG-1一样，MSG90也可以选用两脚架或三脚架支撑射击，虽然三脚架更加稳定，但作为野战步枪，两脚架会比较适合。

基本参数	
制造商	HK公司
口径	7.62毫米
全长	1 165毫米
枪管长	600毫米
重量	6.4千克
弹容量	5/20发
有效射程	800米
枪口初速	800米/秒

德国 SP66 狙击步枪

SP66 是德国毛瑟公司专门为军队狙击手和执法部门研制的一款单发狙击步枪,其外形与运动步枪相似。除德国军队和警察外,至少还有 10 多个国家装备 SP66 狙击步枪。

性能解析

SP66 狙击步枪的击针簧力度很强,击针打击底火的速度非常快,枪机闭锁时间大幅缩短。该枪的扳机力和行程都可以调整,扳机上还配有 10 毫米宽的扳机护圈,射手戴手套时也可射击。该枪使用为其特制的 7.62 毫米狙击步枪弹,也可发射 .300 Winchester Magnum 步枪弹。

SP66 的机匣上设有楔形导轨,以便安装红外探照灯。枪托为木质,其表面有波纹,颈部有孔,以便让拇指握持。枪托长度和托腮板可调,托底板为橡胶,无论射手的胳膊长短,握持都很舒服。下护木宽大,左撇子射手也可握持射击。加上小握把,更增加了握持射击的稳定性。该枪装有 2 种瞄准具座:一种安装蔡司 ZA(1.5~6)×42 毫米变焦望远瞄准镜,另一种安装夜视瞄准具。

基本参数	
制造商	毛瑟公司
口径	7.62 毫米
全长	1 120 毫米
枪管长	730 毫米
重量	6.12 千克
弹容量	4 发
枪口初速	850 米/秒
有效射程	800 米

德国 WA 2000 狙击步枪

WA 2000 高精度狙击步枪由卡尔·瓦尔特公司于 20 世纪 70 年代末至 80 年代初研制，1982 年首次亮相，其后被德国和几个欧洲国家的特警单位少量采用，目前已停产。

性能解析

WA 2000 狙击步枪在设计时考虑到能对多个目标进行远距离打击的需要，因此并没有采用手动装填，而是采用半自动装填。一般半自动狙击步枪的射击精度会比手动狙击步枪要低一些，但由于 WA 2000 狙击步枪的生产质量极高，射击精度丝毫不逊于手动狙击步枪。由于数量很少，WA 2000 狙击步枪目前在美国市场的售价高达 8 万美元，即便如此，有些狙击步枪爱好者或比赛射手还是把这支可遇不可求的昂贵步枪视为"梦想步枪"。

基本参数	
制造商	卡尔·瓦尔特公司
口径	7.5/7.62 毫米
全长	905 毫米
枪管长	650 毫米
重量	7.35 千克
弹容量	6 发
枪口初速	980 米/秒
有效射程	800 米

WA 2000 没有机械瞄具，配用可快速安装拆卸的瞄准镜。通常配的是施密特－本德的 2.5~10× 可变倍瞄准镜。在夜间使用时可安装 PV4 夜视瞄准镜。WA 2000 使用单排可拆卸盒形弹匣供弹，弹匣容量为 6 发。弹匣插在握把后面。该枪可以发射 .300 Winchester Magnum、7.62×51 毫米 NATO 和瑞士 7.5×55 毫米 3 种枪弹。

德国 G3SG/1 狙击步枪

G3SG/1 狙击步枪是 HK G3 步枪的一种衍生型，虽然只是 1 支用自动步枪拼凑出来的狙击步枪，但是它仍然被许多国家的军队采用。

性能解析

由于狙击步枪主要是用于精确射击，扳机力要求比其他枪械小，所以 G3SG/1 狙击步枪在扳机后方设有调整杆，允许射手自行调整扳机扣力，不同于一般的半自动狙击枪，G3SG/1 狙击步枪仍然拥有全自动发射功能。

该枪配用特制的 7.62×51 毫米射击比赛用枪弹。G3SG/1 配备专用 Hensoldt 瞄准镜，放大倍率为 1.5~6 倍，在 100~600 米射程内可进行风偏和距离的修正，瞄准镜的分划是密位制。瞄准镜座采用 G3 系列通用的爪式快卸瞄准镜座，夹在机匣上方，无须卸下瞄准镜就可以直接使用机械瞄具。

基本参数	
制造商	HK 公司
口径	7.62 毫米
全长	1 025 毫米
枪管长	450 毫米
重量	5.54 千克
弹容量	5 / 20 发
枪口初速	800 米 / 秒
有效射程	500 米

德国 SL9SD 狙击步枪

SL9SD 是由德国 HK 公司以 HK G36 突击步枪为基础改造而成的 SL8 半自动民用运动型步枪的狙击步枪版本。

性能解析

SL9SD 狙击步枪发射专用的 7.62×37 毫米亚音速步枪子弹,并以 10 发特制可拆式弹匣作为供弹方式。该子弹采用 1 个缩短的 5.56 毫米弹壳,装上 1 个 Lapua B416 全被甲尖顶弹头,全重 19.8 克。弹头直径 7.83 毫米,重 13 克。据说其枪口装上消声器射击时的噪声小于 100 分贝,并可在 100 米处击穿三级防护的防弹衣。

基本参数	
制造商	HK 公司
口径	7.62 毫米
全长	1 150 毫米
枪管长	510 毫米
重量	4.6 千克
弹容量	10 发
枪口初速	310 米/秒

德国 DSR-1 狙击步枪

DSR-1 是德国 DSR 精密公司研制的一款紧凑型无托狙击步枪。

性能解析

DSR-1 狙击步枪采用了大量高技术材料，如铝合金、钛合金、高强度玻璃纤维复合材料，既减轻了重量，又保证了武器的坚固性和可靠性。该枪的精度很高，据说能小于 0.2MOA。对于旋转后拉式步枪来说，由于采用无托结构且拉机柄的位置太靠后，造成拉动枪机的动作幅度较大和用时较长，但由于 DSR-1 狙击步枪的定位是警用狙击步枪，强调首发命中而非射速，用在合适的场合时这个缺点并不明显。

基本参数	
制造商	DSR 精密公司
口径	7.62 毫米
全长	990 毫米
枪管长	650 毫米
重量	5.9 千克
弹容量	4/5 发
枪口初速	340 米/秒
有效射程	800 米

德国 SSG-82 狙击步枪

SSG-82 狙击步枪问世于 20 世纪 80 年代早期，曾是东德秘密警察部队所用的狙击步枪。

▎性能解析

SSG-82 狙击步枪采用浮置式重型枪管，通过锻铸成型。枪机是非旋转闭锁式，通过 4 个凸笋闭锁。枪机上有弹性拉壳钩和退壳挺。通过扳机前方的螺丝可对扳机进行调整。SSG-82 狙击步枪的枪托短而结实，托腮处直而高，握持比较舒适，枪托底板可通过填塞片增大或减小枪托的长度。

基本参数	
设计师	厄恩思特·萨尔曼
口径	5.45 毫米
全长	1 050 毫米
枪管长	560 毫米
重量	5 千克
弹容量	5 发

不像其他狙击步枪采用横动式枪机或保险，SSG-82 狙击步枪的木质枪托右侧具有滑动的保险按钮，通过操作扳机的手柄可以很方便地操作。SSG-82 狙击步枪配备蔡司 4×32 毫米固定倍率瞄准镜，瞄准镜底座采用转动式，可进行风偏和高低调节。SSG-82 狙击步枪的弹匣与缩短的 AK-74 弹匣相似，通过向前按压弹匣卡笋，可卸下弹匣。

德国 86SR 狙击步枪

86SR 狙击步枪是德国毛瑟公司于 20 世纪 80 年代为特种部队和警察机构设计的,用以取代毛瑟 SP66 狙击步枪,也可用作比赛步枪。

性能解析

与毛瑟 SP66 狙击步枪相比,86SR 狙击步枪改用了可以拆卸的大容量弹匣,因此火力更强。86SR 狙击步枪的盒形弹匣可以容纳 9 发 7.62 毫米北约制式步枪弹。86SR 狙击步枪曾经通过严格的寒带地区和热带地区试验,并在各种条件下都能 100% 首发命中,因此受到特种部队的青睐。86SR 没有装机械瞄准具,但配有特制瞄准具座,可安装 6×42 制式光学瞄准镜或夜间瞄准具,还可与激光测距仪一起使用,有效射程 2 000 米,误差不超过 5 米,可以同时测定 2 个不同距离上的目标。

基本参数	
制造商	毛瑟公司
口径	7.62 毫米
全长	1 270 毫米
枪管长	730 毫米
重量	5.9 千克
弹容量	9 发

德国 R93 战术型狙击步枪

R93 战术型狙击步枪是由德国布拉塞尔公司研制的，可通过更换枪管的方式发射 5.56 毫米、5.59 毫米、6 毫米、6.5 毫米、7.62 毫米和 8.59 毫米等多种口径的弹药。

性能解析

和手动步枪一样，R93 狙击步枪需要以手动方式完成上膛与退膛动作。其枪机是奥地利斯泰尔 M1895 型步枪的直拉式设计，虽然这种设计已不常见，其好处是操作速度比起其他的传统型手动枪机更快，熟练的射手可以使其射击速度不慢于半自动步枪。该枪的瞄准具可通过皮卡汀尼战术导轨安装在枪管上，当拆除枪身底部所接驳的六角螺丝时，枪管和瞄准具就可从枪身中拆除。这种设计的优点是分解后变得更紧凑、更方便携带，并可以在 30 秒内轻易地重新组装。配合原厂特制的比赛级弹药后，R93 狙击步枪可以极准确地命中远处的小型目标。

基本参数	
制造商	布拉赛尔公司
口径	8.59 毫米 (最大)
全长	1 050 毫米
枪管长	600 毫米
重量	5.4 千克
弹容量	4 / 5 / 10 发

法国 FR-F1 狙击步枪

FR-F1 是法国地面武器工业公司在 MAS 36 手动步枪和 MAS49/56 半自动步枪的基础上改进而来的狙击步枪，曾是法国军队的制式武器，主要是作为步兵分队的中、远程狙击武器，打击重点目标。

性能解析

FR-F1 狙击步枪采用旋转后拉式枪机，只能进行单发射击。枪口装有兼作制动器的消焰装置。由于 FR-F1 有 2 种口径，为了方便部队使用，在发射不同枪弹的步枪的机匣左侧刻有"7.5 毫米"或"7.62 毫米"字样，以示区别。

该枪的枪托用胡桃木制成，底部有硬橡胶托底板。根据射手需要，在枪托上加装高 8 毫米或 17 毫米的托腮板。两脚架采用可折叠的 2 节伸缩式架杆，可根据射手的需要调整两脚架的高低，不使用时可向前折叠到前护木下。FR-F1 的机械瞄准具有带荧光点的平头棱锥形准星及护圈、缺口式照门组成，枪上有瞄准镜座，可配 M53 式光学瞄准镜，使用光学瞄准镜时，将机械瞄准具向下折叠即可。

基本参数	
制造商	地面武器工业公司
口径	7.5/7.62 毫米
全长	1 200 毫米
枪管长	650 毫米
重量	5.2 千克
弹容量	10 发
枪口初速	780 米/秒
有效射程	800 米

法国 FR-F2 狙击步枪

FR-F2 是 FR-F1 狙击步枪的改进型,从 20 世纪 80 年代中期开始逐步取代 FR-F1 装备法国军队,目前仍是法国军队的主要武器之一。

性能解析

FR-F2 狙击步枪的基本结构如枪机、机匣、发射机构都与 FR-F1 一样。主要改进之处是改善了武器的人机工效,如在前托表面覆盖无光泽的黑色塑料;两脚架的架杆由 2 节伸缩式架杆改为 3 节伸缩式架杆,以确保枪支在射击时的稳定性,有利于提高命中精度。

另外,在枪管外增加了 1 个用于隔热的塑料套管,目的是减少使用时热辐射或因热辐射产生的薄雾对瞄准镜及瞄准视线的干扰,同时还降低了武器的红外特征,便于隐蔽射击。FR-F2 没有机械瞄准具,只能用光学瞄准镜进行瞄准射击,除配备 4 倍白光瞄准镜,还配有夜间使用的微光瞄准镜,从而使该武器具备全天候使用能力。

基本参数	
制造商	地面武器工业公司
口径	7.62 毫米
全长	1 200 毫米
枪管长	650 毫米
重量	5.3 千克
弹容量	10 发
枪口初速	820 米/秒
有效射程	800 米

法国 PGM Hecate II 狙击步枪

PGM Hecate II 是法国现役狙击步枪,又称为 FR-12.7 狙击步枪。Hecate 一名取自希腊神话中的冥界女神"赫卡忒"。

性能解析

PGM Hecate II 狙击步枪的机匣为模块结构,由铝合金制成,与其下面的斜置箱形梁螺接在一起。机匣箱形梁也由硬铝车铣而成,外包法国胡桃木,兼作枪的下护木。在下护木和枪管之间有一段 10 毫米的距离,使枪管在射击时可以浮动,并可以快速换上带消声器的枪管。枪机闭锁过程不仅平滑,而且不会倾斜。扳机是猎用型,扳机力可在 0.3~1.4 千克调整,扳机尾可以纵向调整,以适应手指长度不同、手掌大小不同的射手。帕克黑尔型两脚架在护木的下方,可向前折叠起来;配有本德公司(3~12)×50 Mil 型瞄准镜。

基本参数	
制造商	PGM 精密公司
口径	12.7 毫米
全长	1 380 毫米
枪管长	700 毫米
重量	13.8 千克
弹容量	7 发
枪口初速	825 米/秒
有效射程	1 800 米

奥地利 SSG 69 狙击步枪

SSG 69 是奥地利斯泰尔·曼利夏公司研制的一款旋转后拉式枪机狙击步枪,目前是奥地利陆军的制式狙击步枪,也被不少执法机关采用。

性能解析

SSG 69 狙击步枪是一种按照曼利夏系统设计的手动装填步枪。开、闭锁时需人工将枪机转动 60°。闭锁方式为枪机回转式。扳机为 2 道火式,扳机行程的长短和扳机拉力的大小均可以进行调整。机匣后端上方的滑动型保险卡锁起枪机保险和击针保险的作用。

枪托用合成材料制成,托底板后面的缓冲垫可以拆卸,因此枪托长度可以调整。供弹具为曼利夏运动步枪和军用步枪使用多年的旋转式弹仓,可装弹 5 发。SSG 69 狙击步枪无论在战争还是大大小小的国际比赛中都证明了它是 1 支非常精确的步枪,因为 SSG 69 狙击步枪的精准度大约是 0.5MOA,大大超出了奥地利军队最初提出的狙击步枪设计指标。

SSG 69 采用卡勒斯 ZF69 瞄准镜,也可采用红外夜视瞄准具或图像增强瞄准具。ZF69 瞄准镜用杠杆式夹圈固定在机匣纵向筋上,其放大率为 6 倍,分划距离 800 米。另外,该枪还配有普通机械瞄准具,供紧急情况下使用。

基本参数	
制造商	斯泰尔·曼利夏公司
口径	7.62 毫米
全长	1 140 毫米
枪管长	650 毫米
重量	3.9 千克
弹容量	5 发
枪口初速	860 米/秒
有效射程	800 米

Chapter 04 步 枪

奥地利 Scout 狙击步枪

Scout 是奥地利斯泰尔·曼利夏公司于 20 世纪 90 年代初研制的一款手动狙击步枪，曾在科索沃战争中投入使用。

性能解析

Scout 狙击步枪的枪机头有 4 个闭锁凸笋，开锁动作平滑迅速。枪机尾部有待击指示器，当处于待击位置时向外伸出，夜间可以用手触摸到。Scout 狙击步枪的枪托由树脂制成，重量很轻。枪托下有容纳备用弹匣的插槽和附件室，枪托前方有整体式两脚架，向下压脚架释放钮就可以打开两脚架。弹匣容量为 5 发，由合成树脂制成，弹匣两侧有卡笋。在机匣顶部有韦弗式瞄准镜座，可以安装各种瞄准镜，枪管上方也有瞄准镜座，因此有多个位置可以安装不同类型的瞄准镜。除了机匣顶部的瞄准镜座外，Scout 狙击步枪还装有机械瞄准具，其刀形准星可修正方向，而觇孔照门可修正高低。

基本参数	
制造商	斯泰尔·曼利夏公司
口径	7.62 毫米
全长	1 039 毫米
枪管长	415 毫米
重量	3.3 千克
弹容量	5 发

奥地利 SSG 04 狙击步枪

SSG 04 是奥地利斯泰尔·曼利夏公司在 SSG 69 基础上研制的一款旋转后拉式枪机狙击步枪,可发射 .243 Winchester(6.2×52 毫米)、.308Winchester(7.62×51 毫米)和 .300 Winchester Magnum(7.62×67 毫米)步枪弹。

性能解析

SSG 04 狙击步枪采用浮置式重型枪管,枪口装有制动器。整支枪的外部经过黑色磷化处理,以改进外貌、增强耐久性、提高抗腐蚀性以及加强抗脱色能力以减少在夜间行动时被发现的机会。该枪使用工程塑料制成的枪托,配备可调整高低的托腮板和枪托底板以适合使用者的身材。枪托表面去除了 SSG 69 狙击步枪的花纹,令握持更舒适。

基本参数	
制造商	斯泰尔·曼利夏公司
口径	6.2/7.62 毫米
全长	1 175 毫米
枪管长	600 毫米
重量	4.9 千克
弹容量	8/10 发
枪口初速	860 米/秒
有效射程	800 米

SSG 04 狙击步枪的可拆卸双排式弹匣被称为"高容弹量组合装置",弹容量提高至 10 发。它还特别设计了第 2 个弹匣卡笋,可以安全上弹、退弹或装填一些特别的弹种。SSG 04 狙击步枪的机匣顶部配备了皮卡汀尼战术导轨,可以安装各种常用的战术附件。

奥地利 HS50 狙击步枪

HS50 是奥地利斯泰尔·曼利夏公司研制的一款单发手动狙击步枪，发射 12.7×99 毫米步枪弹。它既可以作为远程狙击步枪使用，也可以作为反器材步枪使用。

性能解析

HS50 狙击步枪的枪机为手动操作的旋转后拉式，机头采用双闭锁凸笋，2 道火扳机的扳机力为 1.8 千克。重型枪管上有凹槽，配有高效制动器。枪托的长度可调，托腮板的高度可调。该枪没有机械瞄准具，只能通过皮卡汀尼导轨安装瞄准装置及整体式可折叠可调两脚架等附件。HS50 狙击步枪采用非自动射击，没有采用弹匣供弹，1 次只能装填 1 发子弹。

基本参数	
制造商	斯泰尔·曼利夏公司
口径	12.7 毫米
全长	1 370 毫米
枪管长	833 毫米
重量	12.4 千克
弹容量	1 发
有效射程	1 500 米

奥地利 TPG-1 狙击步枪

TPG-1 是奥地利尤尼科·阿尔皮纳公司生产的模块化、多种口径设计、高度战术应用的竞赛型手动狙击步枪。

性能解析

除了极高的射击精度，TPG-1 狙击步枪的最大特点就是模块化。其枪机有 3 个闭锁凸耳。整个枪机、上机匣组件安装在 1 个铝质的下机匣上（机匣是两种材料复合制成的，目的是在保证强度的同时减轻重量）。

下机匣还有一个功能就是连接可拆的护木和枪托。枪托是聚合物制成的，并且是可调式的。护木下装有两脚架，上机匣设有皮卡汀尼导轨，可以安装各种光学瞄准镜。比赛级的枪管前面通常装有高效的制动器，某些型号还有带消声器的短枪管可选。TPG-1 具有不同口径的多种型号，分别发射 .223 Remington、.243 Winchester、.308 Winchester、.300 Winchester Magnum 和 .338 Lapua Magnum 等多种规格的步枪子弹，特种微声型号发射 .22 PPC 和 6 毫米 Norma BR 亚音速步枪子弹，通过更换枪管和枪机组件即可快速实现不同型号之间的转换。

基本参数	
制造商	尤尼科·阿尔皮纳公司
口径	8.59 毫米（最大）
全长	1 230 毫米
枪管长	650 毫米
重量	6.2 千克
弹容量	5 发

瑞士 SSG 2000 狙击步枪

SSG 2000 是瑞士 SIG 公司于 1960 年设计及制造的一款旋转后拉式枪机狙击步枪，它分为 3 种口径，可发射 4 种枪弹。

性能解析

SSG 2000 狙击步枪的枪机后端有 2 个向外伸出的凸起，在拉机柄回转带动的凸轮作用下锁在机匣里。机体不回转，非常容易抽壳。这种设计使得枪机的角位移只有 65°，装弹迅速而平稳，与大多数手动步枪不同，该枪弹仓在枪托中间，由下方装弹。SSG 2000 采用锤锻而成的重枪管，内部有锥形膛线，枪口装有消焰/制动器。推拉扳机为双动式，机匣前部有弹膛装弹指示，以指明弹膛内有弹。

SSG 2000 的枪托采用胡桃木制成，其上有可调拇指孔，适合不同射手的需要，还有带鱼皮纹的小握把。托腮板的高度可调，橡胶托底板也可根据射手的需要加以调整。枪托两侧也有鱼皮纹。该枪没有机械瞄准具，使用施密特·本德公司的（1.5~6）×42 或蔡斯公司的 ZA 8×56T 光学瞄准镜。

基本参数	
制造商	SIG 公司
口径	7.62 毫米（最大）
全长	1 210 毫米
枪管长	610 毫米
重量	6.6 千克
弹容量	5 发
枪口初速	750 米/秒
有效射程	1 100 米

瑞士 SSG 3000 狙击步枪

SSG 3000 是瑞士 SIG 公司于 1984 年推出的一款 7.62 毫米口径狙击步枪，在欧洲及美国的执法机关和军队之中比较常见。

性能解析

SSG 3000 狙击步枪采用模块式构造，枪管和机匣为 1 个组件，而扳机组和弹仓为 1 个组件，主要零件都可以快速转换。该枪的重枪管由碳钢冷锻而成，枪管外壁带有传统的散热凹槽，而枪口位置也带有圆形凹槽。SSG 3000 可在枪管上面连上 1 条长织带遮蔽在枪管上方，其作用是以防止枪管在暴晒下发热，

基本参数	
制造商	SIG 公司
口径	7.62 毫米
全长	1 180 毫米
枪管长	600 毫米
弹容量	5 发
枪口初速	830 米/秒
有效射程	800 米

上升的热气在瞄准镜前方产生雾气，妨碍射手进行精确瞄准。SSG 3000 的枪口装置具有制动及消焰功能，两道火扳机可以单/双动击发，其行程和扳机力可以调整。

早期型 SSG 3000 狙击步枪采用的是木质枪托，其后改为麦克米兰黑色玻璃钢枪托，枪身两侧皆有开槽。SSG 3000 狙击步枪的枪托底板可调节高低、长短、偏移或倾斜，托腮板也可调节高低，整个系统都可以改为左撇子射手操作的系统。SSG 3000 狙击步枪没有机械瞄具，其制式瞄准具是亨索尔德（1.5~6）×42 毫米光学瞄准镜，但也可以换成北约标准瞄准镜座以安装其他光学瞄准镜。

瑞士 B&T APR 狙击步枪

B&T APR 是由瑞士布鲁加·托梅公司研制的一款旋转后拉式枪机狙击步枪，主要分为 APR308 和 APR338 两种型号。

性能解析

B&T APR 狙击步枪采用模块化设计，其核心是1个作为主枪身和底盘部分的金属切削加工制造的下机匣，1个将所有其他的步枪元件组装或连接在一起的元件。它可以灵巧地手动操作的保险装在下机匣的手枪握把附近。其底盘与上机匣连接在一起，将枪机组件和枪管，以及击发控

基本参数	
制造商	布鲁加·托梅公司
口径	7.62 毫米
全长	1 214 毫米
枪管长	610 毫米
重量	7.01 千克
弹容量	10 发
有效射程	1 000 米

制组件、折叠式枪托和其他设备都组装在一起。上机匣顶部设有1条用以安装战术配件的皮卡汀尼战术导轨，另外前护木上也可以安装3条额外附加皮卡汀尼战术导轨的上护木，以便串联式安装夜视镜或热成像仪，扩大瞄准具附件的加装应用模式。

Chapter 04 步　枪

比利时 FN30-11 狙击步枪

　　FN30-11 是 FN 公司于 20 世纪 70 年代末研制的一款狙击步枪，主要供军方和执法单位保卫机场、军事重地和国家机关等重要设施。

性能解析

　　FN30-11 狙击步枪采用优质材料，结构结实，射击精度高。该枪沿用毛瑟枪机，扳机拉力为 14.7 牛。枪管为加重型，装有很长的枪口消焰器。前托下方安装有高低可调的两脚架。当武器携行时，两脚架折叠在枪托下方，整支枪装在专门的保护袋中。

　　另外，该枪还可以配射击背带。为了适应每个狙击手的需要，FN30-11 狙击步枪还设计了可调长度的枪托。这种枪托附加 1 个连接件，以此调节枪托的长度，使枪托左侧的托腮板恰好和射手的面部相贴。另外，用塑料制作的托底板也可以调整。该枪使用德国的屈光瞄准镜，可在 100~600 米范围内调整。也可安装其他瞄准镜，如 FN 4 倍放大率瞄准镜等。另外，该枪还可安装各种夜视瞄准具。

　　FN30-11 为军用和警用狙击步枪，采用标准毛瑟式旋转后拉式枪机、内嵌式弹匣、重型机匣和枪管。后托有可调整的支架，枪口安装消焰器。装备孔式机械瞄具，但更常用的瞄准方法是使用瞄准镜。随枪附件通常包括背带和两脚架。

基本参数	
制造商	FN 公司
口径	7.62 毫米
全长	1 117 毫米
枪管长	502 毫米
重量	4.85 千克
弹容量	10 发
枪口初速	850 米/秒
有效射程	600 米

比利时 FN SPR 狙击步枪

FN SPR 是由 FN 公司研制的一款手动枪机狙击步枪,主要发射 7.62×51 毫米 NATO 步枪弹,有些型号可以发射 .300 Winchester Short Magnum 步枪弹。

性能解析

FN SPR 狙击步枪始终能够保持较高的精度 (0.5MOA) 和非常少的维护,其最大特点是内膛镀铬的浮置式枪管和合成枪托。内膛镀铬的好处是枪管更持久、更耐腐蚀和易于清洁。但镀铬枪管可能使准确度下降,在手动枪机的狙击步枪非常罕见。由于没有机械瞄具,FN SPR 必须利用机匣顶部的皮卡汀尼战术导轨安装各种战术附件。FN SPR 的单排式弹匣设计结构保证了其供弹的可靠性,钢质弹匣底部带有聚合物制造的底座,能有效保护弹匣露出枪托外面的部分。不同型号的 FN SPR 弹容量也不相同,如 A1 型和 A5 M 型的弹匣容量为 4 发,A3 G 型则为 5 发内置式弹仓。

基本参数	
制造商	FN 公司
口径	7.62 毫米
全长	1 117.6 毫米
枪管长	609.6 毫米
重量	5.13 千克
弹容量	4/5 发

使用情况

FN SPR 狙击步枪于 2004 年被联邦调查局的人质救援小组批准并且采用。它也是联邦调查局人质救援小组的两种手动狙击步枪之一。联邦调查局的衍生型号名为 FNH SPR-USG(USG:USGovernment,意为:美国政府型),也是 FN A3G 的一种衍生型。

比利时 FN 弩炮狙击步枪

FN 弩炮是 FN 公司在奥地利 TPG-1 狙击步枪的基础上改进而来的一款手动狙击步枪。

性能解析

FN 弩炮狙击步枪是一款采用了模块化设计的旋转后拉式手动枪机狙击步枪，分为 7.62×51 毫米 NATO、.300 Winchester Magnum(7.62×67 毫米)和 .338 Lapua Magnum(8.58×70 毫米)3 种口径。3 种口径的枪管等部件可以使用工具进行快速更换，而且可以在 2 分钟之内更换完毕。不同口径的枪管分为标准型和加长型 2 种长度。

基本参数	
制造商	FN 公司
口径	8.58 毫米(最大)
全长	730 毫米
枪管长	610 毫米
重量	6.8 千克
弹容量	5/8/10 发
枪口初速	915 米/秒
有效射程	1 800 米

FN 弩炮狙击步枪可分为浮置式不锈钢枪管、护木、铝合金上/下机匣、旋转后拉式枪机和多功能折叠式枪托等多个大型组件，外表涂装均为沙色。该枪没有内置机械瞄具，必须使用机匣顶部的 1 条全长式皮卡汀尼战术导轨安装各种战术附件。

捷克共和国 CZ700 狙击步枪

CZ700 是捷克塞斯卡·直波尔约夫卡兵工厂在 CZ 系列猎枪基础上研制的一款狙击步枪，具有较高的射击精度。

性能解析

CZ700 狙击步枪的机匣非常坚实，这是由于闭锁凸笋设在后方的缘故。为了保持机匣的牢固性，设在右边的抛壳窗相当小，正好弹壳向右下方抛出。进弹口也较小，恰好插入双排 10 发铝质盒式弹匣。CZ700 的枪口制动器全长约 100 毫米，其上有螺纹，用扳手就可以装卸。在螺接枪口制退器的位置也可以装准星和准星座，这样也可以将 CZ700 狙击步枪作为运动步枪使用。CZ700 没有安装机械瞄具，但在机匣顶部预留有安装韦弗式导轨或光学瞄具的螺孔。CZ700 的扳机力大小可调整，提供试射用的枪扳机力不足 3 牛。扳机没有预行程，扣机干净利落，弹膛抛光精致，击发后抽壳顺畅。枪机在机匣的长导轨里滑动自如，不倾斜，也不"拖泥带水"。连续发射 120 发枪弹后，该枪也不会出现卡壳现象。

基本参数	
制造商	CZ 公司
口径	7.62 毫米
全长	1 215 毫米
枪管长	610 毫米
重量	6.2 千克
弹容量	10 发
有效射程	900 米

以色列 SR99 狙击步枪

SR99 是以色列军事工业公司于 2000 年推出的一款半自动狙击步枪,由综合安全系统集团设计并且制作。

性能解析

SR99 狙击步枪的优点在于对野外恶劣环境的适应性,这也是加利尔系列步枪的优点。其重量问题影响了加利尔突击步枪的销售,但 1 支装有瞄准镜并装满子弹的 SR99 也仅有 6.9 千克重,这对于狙击步枪来说也是可以接受的。

基本参数	
制造商	军事工业公司
口径	7.62 毫米
全长	1 112 毫米
枪管长	508 毫米
空枪重量	5.1 千克
弹容量	25 发
有效射程	600 米

另外,虽然 SR99 的射击精度比 M14 SWS 低,但 1.5 MOA 的散布精度对于半自动狙击步枪来说已属不错。枪托折叠后,SR99 的全长只有 845 毫米,易于携带和隐藏。该枪使用 25 发弹仓供弹,可持续射击较长时间。SR99 枪管采用冷锻工艺制造,即先把枪管毛坯置于 1 个心轴上(心轴外表面刻有与枪管膛线相对应的纹路),经过机器锤锻,在枪管内表面加工出膛线。同时,枪管外部也刻上了冷锻留下的螺旋形纹路,这是冷锻枪管的标志,但也有些国家特地把这种花纹磨去。

冷锻工艺的运用提高了内膛光洁度、尺寸精度、表面强度,延长了枪管的寿命,使枪的射击精度也相应提高,而且便于加工锥形枪管,可以减小质量。冷锻工艺是斯泰尔公司最先提出的,后来很多国家都采用斯泰尔公司的冷锻机床加工枪管。

以色列 M89SR 狙击步枪

M89SR 是以色列技术顾问国际公司研制的一款狙击步枪,可当作美国 M14 自动步枪的无托改进型。

性能解析

由于采用了无托结构,因此即使 M89SR 的浮置式枪管长度为 560 毫米,全长也只有 850 毫米,即使加上消声器时全长也仅为 1030 毫米。M89SR 可以使用 M14 的 20 发弹匣,装满实弹时全重为 6.28 千克(连同消声器为 7.03 千克)。由于尺寸紧凑且重量轻,因此非常适合城市环境下的战斗行动,不过由于射击精度高,也适合开阔地的战斗。由于是狙击武器,因此只能进行半自动射击。M89SR 的射击精度非常高,据说在测试中使用以军配发的 IMI M852 168 格令弹时,最好的一组射弹散布能达到 1 MOA,而当采用更好的比赛级弹药如 M118LR 175 格令弹时,M89 甚至可以达到 0.75 MOA。

基本参数	
制造商	技术顾问国际公司
口径	7.62 毫米
全长	850 毫米
枪管长	560 毫米
空枪重量	4.5 千克
弹容量	5/10/20 发
有效射程	1 000 米

芬兰 Sako TRG 狙击步枪

Sako TRG 是由芬兰沙科公司研制的系列手动狙击步枪，主要分为 TRG-21/41 和 TRG-22/42 两个系列。

性能解析

TRG 系列狙击步枪的核心部件是以冷锤锻造的机匣和枪管，两者都为 TRG 提供了最大的强度、最低的重量以及良好的耐磨性。圆筒形枪机上具有内置式抛壳顶杆和 3 个大型锁耳，枪机开锁及闭锁时只需要旋转 60°，短枪机型的枪机行程是 98 毫米，而长枪机型的移动距离则是 118 毫米。

基本参数	
制造商	沙科公司
口径	7.62/8.58 毫米
全长	1 150 毫米
枪管长	660 毫米
重量	4.9 千克
弹容量	10 发
有效射程	800 米

TRG 的机匣顶部装有 1 条楔形导轨，用来适应不同类型的光学狙击镜、夜视仪、热成像仪或光学电子瞄准镜。TRG 也装有折叠式机械瞄具，可以在紧急情况下使用。TRG 可以使用一种非常灵活的折叠式枪托，射手可以根据个人偏好自行定制出各种尺寸和形状。

TRG 系列狙击步枪的枪口可选择安装高效枪口制退器或消声器。枪口制退器通过 1 颗螺栓和螺钉固定在枪管口部，可减少 30% 的后坐力。消声器则可通过螺纹连接在枪管口部。TRG-22 狙击步枪发射 7.62×51 毫米 NATO 弹。TRG-42 狙击步枪有发射 7.62 毫米温彻斯特 - 马格努姆弹和 8.58 毫米拉普阿 - 马格努姆弹两种型号。考虑到在 7.62×51 毫米 NATO 超音速弹和亚音速弹之间转换，经过试验对比，TRG-22 狙击步枪优化选择了导程为 279 毫米的枪管，而不是传统的导程为 305 毫米的枪管。

加拿大 C14 MRSWS 狙击步枪

C14 MRSWS 是加拿大 PGW 防务技术公司研制的一款旋转后拉式枪机手动狙击步枪，绰号"大灰狼"，主要发射 .338 Lapua Magnum 步枪弹。

性能解析

C14 MRSWS 的旋转后拉式手动枪机以不锈钢制造，具有螺旋形凹槽，在保持强度的同时减轻了重量。该枪使用自由浮置式重型枪管，右旋膛线的缠距为 254 毫米，用以改进子弹的弹道稳定性。枪口装有可拆卸的不锈钢制退器，可以大幅减轻后坐力。C14 MRSWS 使用可拆卸的 5 发弹匣从扳机护圈前面的弹匣插口供弹，一道火扳机可以调节重量、潜进量和总行程。该枪装有新型麦克米兰 A5 战术枪托/护木，非常便于握持。

C14 MRSWS 没有机械瞄准具，只能依靠机匣顶部的全长度皮卡汀尼战术导轨安装光学瞄准镜座，另外护木前端也有 2 条长度较短的皮卡汀尼战术导轨。加拿大部队使用 Leupold Mark 4 16×40 毫米 LR/T M1 光学狙击镜为标准瞄准具，但使用者也可以安装其他的日间/夜间光学狙击镜。

基本参数	
制造商	PGW 防务技术公司
口径	8.59 毫米
全长	1 200 毫米
枪管长	660 毫米
重量	7.1 千克
弹容量	5 发
枪口初速	823 米/秒
有效射程	1 500 米

南非 NTW-20 狙击步枪

NTW-20 是南非研制的一款超大口径反器材步枪,主要发射 20 毫米枪弹,也可通过更换零部件的方式改为发射 14.5 毫米枪弹。

性能解析

NTW-20 采用枪机回转式工作原理,枪口设有体积庞大的双膛制动器,可以将后坐力保持在可接受的水平。米切姆公司还设计了一种减震缓冲枪架,用于城区及相似环境中的反狙击手作战。NTW-20 没有安装机械瞄准具,但装有具备视差调节功能的 8 倍放大瞄准镜。

该枪机匣下设有折叠双脚架,机匣上安装有 1 个手提把手和 1 具瞄准镜保护框架。NTW-20 配备可拆卸弹匣,从左侧插入。一般情况下,NTW-20 由 2 人携带并操作,2 套手提箱中分别携带不同的套件,每套组件 12~15 千克,一套携带枪架、枪托、枪身和双脚架,另一套携带枪管、瞄准器和弹匣。

NTW-20 狙击步枪主要用于杀伤 2300 米范围内的具有防护能力的有生目标、电子设备防护物、地面上停着的飞机、指挥车、雷达、通信掩体,击毁轻型装甲车辆、运兵车,拦截低空飞行的直升机,摧毁油料供应库、弹药库及类似目标,还可作为海军特种用途枪,如销毁封锁某些地带的水雷和水面浮雷等。NTW-20 狙击步枪还可用于快速反应、维和、反走私、爆炸物处理等。

基本参数	
制造商	丹尼尔集团
口径	20 毫米
全长	2 015 毫米
枪管长	1 000 毫米
重量	26 千克
弹容量	3 发
枪口初速	720 米/秒
有效射程	1 500 米

南斯拉夫 Zastava M76 狙击步枪

Zastava M76 是由南斯拉夫扎斯塔瓦武器公司研制的一款半自动狙击步枪，发射 7.92×57 毫米毛瑟弹。

性能解析

Zastava M76 在设计概念上类似于 SVD，两者均使用 10 发弹匣和高功率子弹的半自动狙击步枪。不过，Zastava M76 的内部构造和造型则与 AK-47 突击步枪较为相似。正是因为它采用了 AK-47 的设计，所以被证明是简单和可靠的。Zastava M76 发射威力较大的 7.92×57 毫米毛瑟弹，枪口上装有消焰器，枪管下有刺刀座。除采用普通机械瞄准具外，还装有放大率 4 倍的光学瞄准镜。

Zastava M76 采用 AK-47 的轧钢枪机，但发射威力大得多的枪弹，枪管经过加长加重，成为一款出色的狙击步枪。瞄准镜底座几乎可安装任何光学或电子光学瞄准装置。该枪是南斯拉夫军队的制式步枪，同时用于出口，但出口型号发射 7.62×51 毫米北约制式枪弹。长长的消焰器末端有间歇式螺纹，可安装消声器，还可安装卡拉什尼科夫式刺刀。

基本参数	
制造商	扎斯塔瓦武器公司
口径	7.62/7.92 毫米
全长	1 135 毫米
枪管长	550 毫米
重量	4.6 千克
弹容量	10 发
枪口初速	730 米/秒
有效射程	800 米

南斯拉夫 Zastava M91 狙击步枪

Zastava M91 是南斯拉夫扎斯塔瓦武器公司研制的一款半自动狙击步枪，发射 7.62×54 毫米步枪弹。

性能解析

Zastava M91 狙击步枪发射 7.62×54 毫米枪弹，并以 10 发容量的弹匣供弹。不但如此，它还具有与 SVD 相似的连握把式枪托、消焰器、机匣以及枪机。由此可见，其设计概念与 SVD 有着一定的相似之处，但在内部结构方面则以 AK-47 突击步枪为基础放大而成，并非 SVD 的仿制品，较类似于 Zastava M76 狙击步枪。

另外，Zastava M91 的标准瞄准镜为 ON-M91 6×42，可透过机匣左边的导轨安装，除了标准瞄准镜外也能对应其他的瞄准镜及夜视镜。若瞄准镜被毁，枪上附有的备用机械瞄具以及可调式表尺能作应急之用。

基本参数	
制造商	扎斯塔瓦武器公司
口径	7.62 毫米
全长	1195 毫米
枪管长	620 毫米
重量	5.15 千克
弹容量	10 发
枪口初速	790 米/秒
有效射程	1000 米

匈牙利 Gepard 狙击步枪

Gepard 是由匈牙利研制的一系列大口径重型狙击步枪(反器材步枪),各个型号都可以改换口径,可以发射 12.7×99 毫米、12.7×108 毫米和 14.5×114 毫米 3 种步枪弹。

性能解析

Gepard 系列狙击步枪采用旋转后拉式枪机,钢质管状机匣,枪机头部有 2 个闭锁凸笋。枪机体与小握把、击锤式击发机构、单发发射机构联成 1 个整体。枪口上装有 1 个类似于坦克炮炮口制动器的枪口制动器,能使后坐力减少约 60%。枪托后部的简易机械式缓冲器可进一步吸收剩余后坐能量。该枪采用望远光学瞄准镜或夜视瞄准具,安装在机匣前上方的基座上。另外,该枪配有可调式两脚架,也可使用机枪三脚架。

基本参数	
制造商	人民军军事技术研究所
口径	12.7/14.5 毫米
全长	1 570 毫米
枪管长	1 100 毫米
重量	17.5 千克
弹容量	1/5 发
枪口初速	900 米/秒
有效射程	2 500 米

阿塞拜疆 Istiglal 狙击步枪

Istiglal(在阿塞拜疆语的意思是"独立")是由阿塞拜疆国防工业生产的气动式半自动反器材狙击步枪,发射 14.5×114 毫米步枪弹。

性能解析

Istiglal 狙击步枪可以很方便地拆成两部分,以方便携带和运输。根据原厂发言人所说,该枪可以在恶劣的天气和环境下操作如常,其适应温度范围 –50~50℃,降雨、泥土、下雪和尘埃等恶劣条件均能正常使用。由于重量较重,Istiglal 狙击步枪主要在车辆上使用。此外,Istiglal 狙击步枪还有一种发射 12.7×108 毫米步枪弹的型号,重量为 15 千克。

基本参数	
制造商	阿塞拜疆国防工业
口径	14.5 毫米
全长	2 256 毫米
枪管长	1 300 毫米
重量	15/ 19.8 千克
弹容量	10 发
枪口初速	1 132 米 / 秒
有效射程	3 000 米

波兰 Bor 狙击步枪

Bor 狙击步枪是由波兰 OBRSM 公司研制的一款旋转后拉式枪机狙击步枪，目前已被波兰陆军正式采用。

性能解析

Bor 狙击步枪采用无托结构，制式型号重 6.1 千克，枪管长 680 毫米，目前已为空降部队研制出枪管长 560 毫米的型号。波兰陆军最初接收的 Bor 狙击步枪装有美国里奥波特 – 史蒂文斯公司的（4.5~14）×50 光学瞄准具和夜视瞄准装置，从 2009 年开始替换为波兰 PCO 公司的 CKW 昼 / 夜用瞄具。

基本参数	
制造商	OBRSM 公司
口径	7.62 毫米
全长	1 038 毫米
枪管长	560/ 680 毫米
重量	6.1 千克
弹容量	10 发
枪口初速	870 米 / 秒
有效射程	800 米

波兰 Alex 狙击步枪

Alex(阿历克斯) 是波兰 OBRSM 公司于 2005 年研制的一款狙击步枪，主要发射 7.62 毫米口径步枪弹，也有能发 8.58 毫米子弹的衍生型。

性能解析

Alex 狙击步枪为无托结构，采用旋转后拉式枪机。其枪管为自由浮动式重型枪管，长 680 毫米，枪口装有制动器，可减小 30% 的后坐力。Alex 狙击步枪安装了制式皮卡汀尼导轨，可配用多种机械和光学瞄具。

基本参数	
制造商	OBRSM 公司
口径	7.62/ 8.58 毫米
全长	1 400 毫米
枪管长	680 毫米
重量	6.8 千克

克罗地亚 RT-20 狙击步枪

RT-20 是克罗地亚研制的一款大口径狙击步枪，20 世纪 90 年代初被克罗地亚军队采用，目前仍有一部分在服役中。

性能解析

RT-20 狙击步枪采用的 20×110 毫米子弹能产生极高的终点打击有效性，但同时也会产生后坐力过大的问题。为此，RT-20 的设计者发展了一种相当实用的反后坐力系统。该系统的核心是 1 根长反作用管，位于枪管上面，前端被连接到枪管的中点附近。

基本参数	
制造商	RH-Alan 公司
口径	20 毫米
全长	1 330 毫米
枪管长	920 毫米
重量	19.2 千克
弹容量	1 发
枪口初速	850 米/秒
有效射程	1 800 米

反作用管的后面部分为反作用喷嘴，射击时会有一些热火药气体从枪管进入反作用筒，由于行进方向与枪支的后坐方向相反，可发挥抵消和减弱作用。另外，较大的枪口制动器也能进一步减少后坐力。RT-20 其余的系统相对简单。该枪采用枪机回转式工作原理，使用 3 个较大的凸块锁住枪管。由于没有设置弹匣，只能单发装填。触发器的肩架和手枪型手柄位于枪管之下。RT-20 没有机械瞄准具，但配有望远式光学瞄准镜，安装在枪管上并偏向左侧。

挪威 NM149S 狙击步枪

NM149S 是由挪威武器系统公司研制的一款旋转后拉式枪机狙击步枪，目前仍装备在挪威陆军和警察部队中。

性能解析

NM149S 狙击步枪采用旋转后拉式枪机，以 5 发弹仓供弹。枪托表面浸渍树脂，利用托底板垫片可调整长度。警用型也有可调托腮板。该枪有比赛用扳机，扳机力可调到 15 牛。NM149S 配有机械瞄准具，还配有施密特·本德公司的 6×42 瞄准镜，不用对武器调整归零，就可以随便装卸。如果有需要，该枪也可加装两脚架和消声器。

基本参数	
制造商	武器系统公司
口径	7.62 毫米
全长	1 120 毫米
枪管长	600 毫米
重量	5.6 千克
弹容量	5 发
枪口初速	880 米/秒
有效射程	800 米

日本九七式狙击步枪

九七式狙击步枪是日本于 1937 年研制的一款手动枪机式狙击步枪，由于以日本皇纪年份命名，故名为九七式狙击步枪。

性能解析

九七式狙击步枪具有 2 个突出特点。一是枪口在射击时的火焰不明显，有利于隐藏射手的位置。在太平洋战场上，美军官兵经常死于日军冷枪之下，但苦于无法标定日军狙击手的位置。不过由于日军狙击手的战术呆板，往往不会变换射击位置，因此经常被美军步兵呼来的坦克连同灌木丛一起摧毁。二是拥有低深平稳的弹道与终端弹道，尽管 6.5 毫米 Arisaka 枪弹初速仅有 760 米/秒，但仍能造成"一枪两眼"（贯穿力）的效果。被击中的美军士兵往往由于恶劣的卫生条件以及医疗资源的极度不足，最终死于败血症或破伤风。

基本参数	
口径	6.5 毫米
全长	1280 毫米
枪管长	797 毫米
重量	3.95 千克
弹容量	5 发
枪口初速	760 米/秒
有效射程	460 米

日本九九式狙击步枪

九九式狙击步枪是日本于 1939 年研制的九九式步枪的狙击型,是日本在二战中最重要的两种狙击步枪之一。

性能解析

九九式狙击步枪是在九九式短步枪的基础上加厚了枪管,加装了瞄准镜的一种变形枪。该枪配有日本光学会社专门研制的 4 倍率光学瞄准镜,视野为 7°,带有固定十字线。在战争后期生产的部分 4 倍率光学瞄准镜还有高低调节功能。

九九式狙击步枪通常使用特制的 7.7×58 毫米减装药子弹,但由于 7.7 毫米子弹装药量多于 6.5 毫米子弹,因此,九九式狙击步枪的发射特征比九七式狙击步枪的发射特征更为明显。在太平洋战场上,由于美军占据火力的绝对优势,因此日军狙击手更喜欢使用九七式狙击步枪。

基本参数	
口径	7.7 毫米
全长	1 058 毫米
枪管长	657 毫米
重量	3.75 千克
弹容量	5 发
枪口初速	730 米/秒
有效射程	900 米

美国 M1"加兰德"半自动步枪

M1"加兰德"(Garand)是世上第一种大量服役的半自动步枪,也是二战中最著名的步枪之一,其在 1957 年被 M14 自动步枪取代。

性能解析

与同时代的手动后拉枪机式步枪相比,M1"加兰德"的射击速度有了质的提高,并有着不错的射击精度,在战场上可以起到很好的压制作用。此外,该枪可靠性高、经久耐用、易于分解和清洁,在太平洋岛屿、东南亚丛林、非洲沙漠、欧洲战场,M1 步枪在二战的大多数战场上都有过出色表现,被公认为是二战中最好的步枪之一。美军士兵非常喜爱 M1"加兰德",部队报告称:"M1 步枪受到了部队的好评。这一称赞不仅来自陆军和海军陆战队,而且来自美军全军。该枪出色地通过了所有极限环境下的考验,几乎所有士兵都希望装备 M1 步枪,从未提出过要进一步改进之类的建议。"乔治·巴顿将军还评价它是"曾经出现过的最了不起的战斗武器"。

基本参数	
口径	7.62 毫米
全长	1 100 毫米
枪管长	610 毫米
重量	4.37 千克
弹容量	8 发
枪口初速	853 米/秒
射速	60 发/分
有效射程	457 米

M1"加兰德"半自动步枪采用导气式工作原理,枪机回转式闭锁方式。导气管位于枪管下方。枪弹击发后,部分火药气体由枪管下方靠近末端处一个导气孔进入 1 个小活塞筒内,推动活塞和机框向后运动。机框后坐时带动枪机回转实现解锁,枪机后坐过程中完成抛弹壳动作的同时,压倒击锤成待击状态。枪机框尾端撞击机匣后端面,由复进簧驱使开始复进。复进过程中完成子弹上膛,枪机闭锁。机框继续复进到位,枪又成待击状态。相对于同时代的后拉式枪机步枪,M1"加兰德"半自动步枪的射击速度有了质的提高。在战场上其火力优势可以有效压制手动装填子弹的步枪。

美国 M14 自动步枪

M14 是由美国春田兵工厂研制的一款自动步枪,在 20 世纪 50 年代末取代了 M1"加兰德"半自动步枪成为美军制式步枪,现已被 M16 取代,但其改良型仍在服役。

性能解析

M14 具有精度高和射程远的优点,使用 7.62×51 毫米北约标准步枪弹,有可拆卸的 20 发弹匣供弹。此外,该枪备有冬季用扳机、M6 刺刀、M76 枪榴弹发射插座和两脚架等可选件。

M14 服役后便在丛林作战中大量使用,由于枪身比较笨重,单兵携带弹药量有限,而且弹药威力过大,全自动射击时散布面太大,难以控制精度,在丛林环境中性能不如苏联 AK-47 突击步枪(使用中间型威力枪弹),导致评价较差并且很快停产。此后,经过现代化改造的 M14 才被美军重新启用。

基本参数	
制造商	春田兵工厂
口径	7.62 毫米
全长	1118 毫米
枪管长	559 毫米
重量	4.5 千克
弹容量	20 发
枪口初速	850 米 / 秒
射速	700~750 发 / 分
有效射程	460 米

M14 步枪枪机呈扁圆柱形,右前端有 1 个导轮,枪机框通过导轮带动枪机在机匣中前后运动。机匣两侧壁上有导引枪机运动的导轨。机匣内还有 1 根横梁,中间开有缺口。这样,当枪机复进尚未到达旋转闭锁位置时,即使击锤意外解脱而打击击针,也不会出现走火的危险。击针位于枪机内。拉机柄在机匣右前方,通过 1 个连杆与枪机连接。当最后一发弹发射后,枪机会被机匣左侧的空仓挂机扣住。

击发和发射机构的大部分零件与加兰德步枪相似,包括双钩击锤、扳机和扳机连杆(第一阻铁)以及位于第一阻铁后面的带阻铁簧的第二阻铁等。整个发射机构一起装在机匣后部,由保险机固定栓固定。

美国 M14 DMR 狙击步枪

M14 DMR 是以 M14 自动步枪为基础给美国海军陆战队开发的狙击步枪,其发射 7.62×51 毫米 NATO 步枪弹。

性能解析

M14 DMR 的枪机组件和 M14 自动步枪相同,同样采用气动、转栓式枪机。M14 DMR 采用 560 毫米不锈钢比赛级枪管,装有手枪式握把及可调式托腮板的麦克米兰 M2A 玻璃纤维战术枪托。

上机匣备有皮卡汀尼导轨,可安装所有对应此导轨的瞄准镜,可装配比较常见的 TS-30 日用瞄准镜系列、AN/PVS-10 或 AN/PVS-17 夜视瞄准镜、Leupold Mark 4 瞄准镜和 Unertl M40 10x fixed power 瞄准镜。大部分 M14 DMR 采用标准型 M14 的枪口消焰器,并装有哈里斯 S-L 两脚架。

基本参数	
口径	7.62 毫米
全长	1 118 毫米
枪管长	560 毫米
重量	5 千克
弹容量	5/10/20 发
枪口初速	865 米/秒
有效射程	800 米

美国 M39 EMR 半自动步枪

M39 EMR 是美国海军陆战队以 M14 DMR 改装的半自动步枪,目前已逐步取代了 M14 DMR。

性能解析

M39 EMR 的伸缩式金属枪托装有可调式托腮板及可调式枪托底板,M14 DMR 原有的手枪式握把也进行了改良,M39 EMR 版本更为舒适。M39 EMR 的机匣上具有 4 条皮卡汀尼导轨,可安装各种对应此导轨的瞄准镜及影像装置,原本为 M40A3 狙击步枪配发的 M8541 侦察狙击手日用瞄准镜现已成为 M39 EMR 的套件之一。此外,M39 EMR 所采用的改良型两脚架比哈里斯 S-L 两脚架耐用。

基本参数	
口径	7.62 毫米
全长	1 120 毫米
枪管长	559 毫米
重量	7.5 千克
弹容量	20 发
枪口初速	865 米/秒
有效射程	770 米

美国 SAM-R 精确射手步枪

SAM-R 是美国海军陆战队班一级单位装备的一种专用的精确射手步枪，其名称意为"班用高级神枪手步枪"。

性能解析

SAM-R 普遍使用 M16A4 改装，下机匣也是标准的 M16A4 型，所以只能进行单发和三发点射。为了提高精度，SAM-R 采用 M16A1 的一道火扳机。枪管是 508 毫米长的比赛级不锈钢 Krieger SS 枪管，由 CompassLake 生产，枪管前端安装标准的 A2 式消焰器。SAM-R 使用 KAC 生产的 M4 式狙击/比赛自由浮置式 RAS 护木，可通过 KAC 两脚架连接座安装哈里斯两脚架，还可安装 AN/PEQ-2 红外激光指示器、战术灯、AN/PVS-14 夜视镜等。

SAM-R 使用 KAC 的 600 米上翻式觇孔照门，第一种 SAM-R 使用一种特制匡堤科做的导气箍/刺刀凸笋，在导气箍顶部有皮卡汀尼导轨，通过导轨安装了 1 个 KAC 的翻转式准星。其有一些过渡型使用独立的导气箍并在枪管上附上刺刀凸笋。后来的该枪采用 KAC 特制的导气箍（目前不向民间销售），已经带有折叠准星和刺刀凸笋。配用的光学瞄准镜是用 ARMS 瞄准镜环固定的 TS-30 A2[军队指定的 Leupold Mk4 M（3.3~9）x 36 毫米 MR/T 带照明瞄准镜]，与 Mk 12 Mod 0/1 SPR 使用的相同。在夜间战斗中可用 AN/PVS-17B 瞄准镜。

现在的 SAM-R 仍然使用 KAC M4 狙击/比赛自由浮置式 RAS。护木可通过 KAC 两脚架连接座安装哈利斯两脚架，还可安装 AN/PEQ-2 红外激光指示器、战术灯、AN/ PVS-14 单目夜视镜等，或只安装 RAS 嵌板和前握把。

基本参数	
口径	5.56 毫米
全长	1 000 毫米
重量	4.5 千克
弹容量	20/30 发
枪口初速	930 米/秒
有效射程	550 米

美国 MK12 特种用途步枪

MK12 是美国研制的一款特种用途步枪，主要用于较近距离的狙击。

性能解析

总体来说，MK12 大量采用了高技术材料，如铝合金、钛合金、高强度玻璃纤维复合材料，既减轻了重量，又保证了武器的坚固性和可靠性。该枪采用模块化结构，各部件的组合非常合理；人机工效设计出色，即使小部件也考虑得很到位。由于配用专门的狙击弹，因此精度比 M16A2 高得多。该枪装弹 20 发，可连发，一般作为狙击手的支援武器。

MK12 的枪管由特殊合金制成，与机匣螺接在一起，外表光洁，能在保证精度的前提下延长使用寿命。枪口部设有钛质的枪口制动器，呈锥体状，撞击面大，两侧有 9~12 毫米的气室，可以明显减缓枪弹的后坐力。MK12 采用自由浮置式前托，护木不接触枪管，以消除枪管的不规则振动从而增加射击的准确性。该枪的两脚架安装在枪管套下方与之平行的圆形导轨里，总的调整量为 25 厘米，将枪身架在两脚架上可以向任何方向倾斜 20°。其圆形导轨前部与枪管套相接，后部位于枪机框中。两脚架本身可从其前方位置向后折叠到枪管套上并固定住，以便利索地携枪行动，不影响在隐蔽接敌过程中进入射击阵地。

基本参数	
制造商	阿玛莱特公司
口径	5.56 毫米
全长	952.5 毫米
枪管长	457.2 毫米
重量	4.5 千克
弹容量	20/30 发
有效射程	550 米

德国 Kar98K 手动步枪

Kar98k 是由 Gew 98 毛瑟步枪改进而来的手动步枪,它是二战中德国军队广泛装备的制式步枪,也是战争期间产量最多的轻武器之一。

性能解析

Kar98k 步枪的用途较多,可加装 4 倍、6 倍光学瞄准镜作为狙击步枪使用。Kar98k 手动步枪共生产了近 13 万支并装备部队,还有相当多精度较好的 Kar98k 被挑选出来改装成狙击步枪。此外,Kar98k 手动步枪还可以加装枪榴弹发射器以发射枪榴弹。这些特性使 Kar98k 成为德军在二战期间使用最广泛的步枪。

基本参数	
制造商	毛瑟公司
口径	7.92 毫米
全长	1 110 毫米
枪管长	600 毫米
重量	3.7 千克
弹容量	5 发
枪口初速	760 米/秒
有效射程	500 米

不过,战争后期德国物资匮乏,步枪的制作日益简陋,Kar98k 手动步枪的质量也每况愈下。而且战场上的对手装备了半自动步枪,性能优异的 Kar98k 也显得过时了,于是相继推出了 Gew 43、StG44 等新式步枪,但它们的产量及出现时间依然无法替代 Kar98k 手动步枪。

Kar 98k 手动步枪继承了 98 系列毛瑟步枪经典的毛瑟式旋转后拉枪机,枪机尾部是保险装置。子弹呈双排交错排列的内置式弹仓,使用 5 发弹夹装填子弹,子弹通过机匣上方压入弹仓,也可以单发装填。采用了下弯式的拉机柄,便于携行和安装瞄准镜,采用弧形表尺,V 形缺口式照门,倒 V 形准星,准星带有圆形护罩。Kar 98k 手动步枪成为纳粹德国军队在二战期间使用最广泛的步枪,是一种可靠而精准的步枪,也被认为是二战中最好的旋转后拉式枪机步枪之一。

总体设计

Kar 98K 手动步枪是一种弹夹供弹的旋转后拉枪机步枪。供弹系统与枪机是它最有特点的 2 个设计。而枪机部分的设计,更是已经成为世界手动步枪的经典设计而名留青史。

德国 HK417 精确射手步枪

HK417 是德国 HK 公司所推出的 7.62 毫米步枪，其具有准确度高和可靠性高等优点。它主要作为精确射手步枪，用于与狙击步枪作高低搭配，必要时仍可作全自动射击。

性能解析

HK417 采用短冲程活塞传动式系统，比 AR-10、M16 及 M4 的导气管传动式更可靠，有效降低维护次数，从而提高了效能。早期的 HK417 采用来自 HK G3、没有空仓挂机功能的 20 发金属弹匣，后期改用了类似 HKG36 的半透明聚合塑料弹匣，这种弹匣除了具空仓挂机功能外，更可直接并联相同弹匣而无须外加弹匣并联器。HK417 采用伸缩枪托设计，枪托底部装有缓冲塑料垫以降低射击时的后坐力，机匣及护木设有 5 条战术导轨，采用自由浮动枪管设计，整个前护木可完全拆下，以节省维护时间。

HK417 具有准确度高和可靠性高等的优点，因此主要以精确射手步枪作为主要用途，用于与狙击步枪作高低搭配，必要时仍可作全自动射击。400 毫米枪管的 HK417 突击型是 HK417 系列中唯一能与 MK 14 EBR 相竞争的产品，因为它缩起枪托后的长度只有 805 毫米。

基本参数	
制造商	HK 公司
口径	7.62 毫米
全长	1 085 毫米
枪管长	400/ 508 毫米
重量	4.23 千克
弹容量	10/ 20 发
枪口初速	789 米 / 秒
射速	600 发 / 分

德国 HK G28 精确射手步枪

G28 是德国 HK 公司研制的一款军用型精确射手步枪，发射 7.62×51 毫米 NATO 口径步枪弹。

性能解析

G28 狙击步枪采用短冲程活塞传动式系统，比 AR-10、M16 及 M4 的导气管传动式更可靠，有效减少维护次数，从而提高效能。该枪的枪管并非自由浮置式，但护木则是自由浮置式结构。这样的结构设计也是为了尽量减少外部零件对枪管的影响，以提高射击精度。G28 标准型使用的瞄准具为德国施密特-本德 PM II（3-20）×50 G28 型可变倍光学狙击镜。

基本参数	
制造商	HK 公司
口径	7.62 毫米
全长	1 062 毫米
枪管长	420 毫米
重量	5.8 千克
弹容量	10/20 发
有效射程	800 米

比利时 FN FAL 自动步枪

FAL 是由比利时枪械设计师塞弗设计的一款自动步枪，它是世界上最著名的步枪之一，曾是很多国家的制式装备。

性能解析

FAL 单发精度高，但由于使用的弹药威力大，射击时后坐力大，使连发射击时难以控制，还存在散布面较大的问题。不过瑕不掩瑜，由于 FAL 工艺精良、可靠性好，成为装备国家最广泛的军用步枪之一，FN 公司直到 20 世纪 80 年代仍在生产。

FAL 枪机框位于枪机上方。机框连杆用铰链结合于机框后端。机框后坐时，通过连杆压缩枪托中的复进簧，复进簧伸张，又通过连杆推动机框复进。机框内有开、闭锁斜面，在自动循环过程中与枪机上对应的开、闭锁斜面相互作用，使枪机后端上抬或下落，完成开、闭锁动作。机匣左侧有机柄和拉杆，关上机柄的保险卡笋，拉杆就不能向后移动。快慢机有保险、单发和连发 3 个位置。

基本参数	
制造商	FN 公司
口径	7.62 毫米
全长	1 090 毫米
枪管长	533 毫米
重量	4.25 千克
弹容量	20 发
枪口初速	840 米 / 秒
射速	650~700 发 / 分
射程	650 米

FAL 发射机座后端与枪托及枪托内的复进簧套管相连接。发射机座内装有机匣卡笋、扳机、击发阻铁、击锤和不到位保险阻铁。枪管护木后端卡在固定环中，前端由横销固定。后期生产的型号用金属护筒代替了木质护木。并采用机械瞄准具，柱形准星高度可调，准星护翼和导气箍连为一体。觇孔式立框表尺板可以横向移动。直到 20 世纪 80 年代后期，随着小口径步枪的兴起，许多国家的制式 FAL 才逐渐被替换。此外，在 20 世纪 60—70 年代，FAL 是西方雇佣兵最爱的武器之一，因此被美国的《雇佣兵》杂志誉为"20 世纪最伟大的雇佣兵武器之一"。

伊拉克 Tabuk 自动步枪

Tabuk(塔布克)是伊拉克以 AK-47 步枪为基础改进而来的系列自动步枪,主要有标准型、短突击型和狙击型 3 种类型。

性能解析

"塔布克"步枪 3 种类型颇为相似,其中狙击枪型可视为伊拉克自行研制的"混血"产品,它实际上就是 1 支加装了带制动器的长枪管、骨架式枪托和光学瞄具的半自动 AK-47 突击步枪。该枪发射的是 AK-47 的 7.62×39 毫米中间型枪弹,而非大多数狙击步枪使用的 7.62×54 毫米或 7.62×51 毫米枪弹。由于加长枪管后的外形颇似苏联 RPK 轻机枪,因此很容易被误认为是 RPK 的伊拉克版,但实际上"塔布克"狙击步枪是没有两脚架的。

基本参数	
制造商	国家兵工厂
口径	7.62 毫米
全长	1 110 毫米
枪管长	600 毫米
重量	4.5 千克
弹容量	10/20 发
枪口初速	804 米/秒
有效射程	800 米

日本丰和 64 式自动步枪

丰和 64 式是日本丰和工业公司研制的一款自动步枪，可加装光学瞄准镜变为狙击步枪。

性能解析

丰和 64 式自动步枪采用日本传统的步枪外形和枪机机构。闭锁方式为枪机偏转式，拉机柄在机匣的上方，左右手均可操作。活塞筒和活塞位于枪管上方，塑料制造的护木上有散热孔，其前端下方装有折叠式两脚架。该枪采用直形木质枪托和枪口制动器，单发射击精度较高。

基本参数	
制造商	丰和工业公司
口径	7.62 毫米
全长	990 毫米
枪管长	450 毫米
重量	4.4 千克
弹容量	20 发
枪口初速	700 米/秒
有效射程	400 米

此外，丰和 64 式步枪使用 7.62 毫米北约枪弹的减装药弹 (将火药量减少到 90%)。标准型 7.62 毫米北约枪弹是为了保持弹头威力，取消了弹头和发射火药之间的 2~3 毫米的空隙。这种做法使 7.62 毫米北约枪弹成为性能不稳定的枪弹。日本方面则通过减少火药量的方法，排除了枪弹本身存在的缺陷对枪体的影响。由于结构上采用了很多独特的设计，其外观具有日本独特的风格，在其他国家步枪中找不到类似的产品。64 式步枪被日本自卫队作为制式步枪采用时，被认为是杰出的步枪，得到了世界各国的好评。

Chapter 05

霰弹枪

　　霰弹枪是指无膛线（滑膛）并以发射霰弹为主的枪械，一般外形和大小与半自动步枪相似，但明显区别是有较大口径和粗大的枪管，部分型号无准星或标尺，口径一般达到18.2毫米。霰弹枪射击时的声音很大，被击中的物体像蜂窝状。这种武器火力大、杀伤面宽，是近战的高效武器，已被各国特种部队和警察部队广泛使用。

Chapter 05 霰弹枪

美国雷明顿 M870 霰弹枪

雷明顿 M870 是由美国雷明顿公司制造的一款泵动式霰弹枪,在军队、警队及民间市场中颇为常见。

性能解析

雷明顿 M870 霰弹枪在恶劣气候条件下的耐用性和可靠性较好,尤其是改进型 M870 霰弹枪,采用了许多新工艺和附件,如采用了金属表面磷化处理等工艺,采用了斜准星、可调缺口照门式机械瞄具,配备了 1 个弹容量为 7 发的加长式管形弹匣。在机匣左侧加装了 1 个可装 6 个空弹壳的马鞍形弹壳收集器,1 个手推式保险按钮,1 个三向可调式背带环和配用了 1 个旋转式激光瞄具。

基本参数	
制造商	雷明顿公司
最大口径	18.53 毫米
全长	1 280 毫米
枪管长	760 毫米
空枪重量	3.6 千克
有效射程	40 米
弹容量	5/7 发

雷明顿 M870 霰弹枪是 SWAT 和美国海军陆战队的全世界各种特种部队使用的近距离杀伤性武器。作为泵动装填霰弹枪在突击进入建筑或防守时有着超高的性能。这支泵动霰弹枪是民用的最万能的武器之一。它被用于狩猎、家庭防卫以及开锁。这种的泵动霰弹枪用起来很顺手,为世界上许多国家的警察所采用。M870 的改进型 M870-1 式霰弹枪已装备美国海军陆战队及警察,并向其他国家出口。

美国雷明顿 1100 霰弹枪

雷明顿 1100 是美国雷明顿公司研制的一款半自动气动式霰弹枪,其被认为是第一种在后坐力、重量和性能上获得满意改进的半自动霰弹枪,在运动射击中比较常见和流行。

性能解析

雷明顿 1100 拥有 12 号、16 号、20 号等多种口径。基础型号弹仓装弹为 5 发,但执法机构的特制型号为 10 发。由于其优异的设计和性能,该型霰弹枪还保持着连续射击 24 000 发而无故障的惊人纪录。直到今天,很多 20 世纪六七十年代生产的产品仍在使用。雷明顿公司还推出了很多纪念和收藏版本,此外该型还有供左撇子射手使用的 12 号和 16 号口径的型号。

基本参数	
制造商	雷明顿公司
口径	18.53 毫米
全长	1 250 毫米
枪管长	762 毫米
空枪重量	3.6 千克
有效射程	40 米
弹容量	10 发

美国温彻斯特 M1897 霰弹枪

温彻斯特 M1897 是由美国著名枪械设计师约翰·勃朗宁设计、美国温彻斯特连发武器公司生产的一款泵动式霰弹枪,其发射 12 号或 16 号口径霰弹。

性能解析

和其前身温彻斯特 M1893 相比,温彻斯特 M1897 霰弹枪有着较厚重的机匣,并可以发射使用无烟火药的霰弹。该枪有许多不同的枪管长度和型号可以选择,如发射 12 号或 16 号口径霰弹,并且有坚固的枪身和可拆卸的附件。16 号口径的标准枪管长度为 711.2 毫米,而 12 号口径则配有 762 毫米的长枪管。特殊枪管长度可以缩短到 508 毫米或是伸延到 914.4 毫米。

温彻斯特 M1897 是由众多温彻斯特霰弹枪中较坚固、较优秀的温彻斯特 M1893 改进而来的。和其前身 M1893 相比,M1897 霰弹枪有着较厚重的机匣,并可以发射使用无烟火药的霰弹,不过当时来说无烟火药不常见。M1897 在 1897 年还推出了"可拆式"设计,把枪管改为可拆式,这个设计和今天的雷明顿 M870 泵动式霰弹枪一样。

基本参数	
制造商	温彻斯特连发武器公司
口径	18.53 毫米
全长	1 000 毫米
枪管长	508(最短)/914.4 毫米(最长)
空枪重量	3.6 千克
有效射程	20 米
弹容量	6 发

美国温彻斯特 M1912 霰弹枪

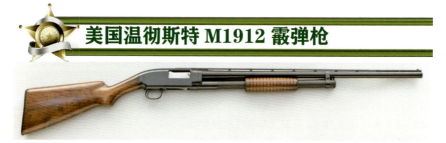

温彻斯特 M1912 是由美国温彻斯特连发武器公司生产的泵动式、内置式击锤设计及外部管式弹仓供弹的霰弹枪。

性能解析

温彻斯特 M1912 是有史以来第一种真正成功地大量生产的内置式击锤泵动式霰弹枪。它的管式弹仓是通过枪的底部进行装填。空的霰弹壳会从机匣右方长约 62 毫米的抛壳口排出。管状弹仓可以装填 5 发 12 号口径霰弹(将膛室之内的 1 发都计算在内的话就是 6 发)。当管状弹仓装上 1 个特殊的木质零件,管状弹仓就可以增加 2 发、3 发、4 发霰弹。

基本参数	
制造商	温彻斯特连发武器公司
口径	18.53 毫米
全长	1 003 毫米
枪管长	510 毫米
空枪重量	3.6 千克
有效射程	50 米
弹容量	5/7/8/9 发

美国 AA-12 霰弹枪

AA-12 是由美国枪械设计师麦克斯韦·艾奇逊于 1972 年研发的一款全自动战斗霰弹枪，发射 12 号口径霰弹。

性能解析

AA-12 的准星和照门各安装在 1 个钢质的三角柱上，结构简单。准星可旋转调整高低，而照门通过 1 个转鼓调整风偏。设计中采用 2 种形式的鬼环瞄准具，其中一种外形为 "8" 字形的双孔照门，另一种是普通的单孔照门。

目前的 AA-12 上没有导轨系统，MPS 公司打算将来会增加导轨接口以方便安装各种战术附件，如各种近战瞄准镜、激光指示器或战术灯等。AA-12 采用与 M1928 汤姆森冲锋枪类似的顶部拉机柄，有 1 个延长段充当防尘盖，防止异物通过拉机柄槽进入机匣内。射击时，拉机柄不随枪机运动。快慢机柄在枪的左侧，右手扣扳机时拇指可方便地操纵快慢机，现在正设计左右手都能操作的双面快慢机柄。

基本参数	
制造商	宪兵系统公司
口径	18.53 毫米
全长	991 毫米
枪管长	457 毫米
空枪重量	5.2 千克
有效射程	100 米
弹容量	32 发（弹鼓）

美国伊萨卡 37 霰弹枪

伊萨卡 37 是由位于美国纽约州伊萨卡市的伊萨卡枪械公司大量向民用、军用及警用市场销售的一款泵动式霰弹枪。

性能解析

伊萨卡 37 霰弹枪在结构上是一款传统式样的泵动霰弹枪,管状弹仓位于枪管下方,弹仓容量为 9 发。该枪采用起落式闭锁块闭锁,闭锁块位于枪机尾部,闭锁时向上进入机匣顶部的闭锁槽内。除了个别型号外,大多数伊萨卡 37 都配备简单的珠形准星和木质枪托、泵动手柄。手动保险为横闩式按钮,位于扳机后方,保险贯穿枪机,起作用时不仅卡住扳机,也卡住枪机不能运动。

基本参数	
制造商	伊萨卡枪械公司
口径	18.53 毫米
全长	1 006 毫米
枪管长	760 毫米
空枪重量	2.3 千克
有效射程	50 米
弹容量	9 发

总体设计

伊萨卡 37 霰弹枪 的最大特点就是由勃朗宁设计的底部抛壳系统,无论装填弹药还是抛出弹壳都通过机匣底部的同一个开口,因此在机匣两侧都没有其他开口。由于弹壳不是从侧面抛出,加上手动保险左右手都可操作,因此该枪受到一些左撇子射手的欢迎。

美国莫斯伯格 500 霰弹枪

Chapter 05 霰弹枪

莫斯伯格 500 是美国莫斯伯格父子公司专门为警察和军事部队研制的一款泵动式霰弹枪。

性能解析

莫斯伯格 500 霰弹枪有 4 种口径，分别为 12 号的 500A 型、16 号的 500B 型、20 号的 500C 型和 .410 的 500D 型。每种型号都有多种不同长度的枪管和弹仓、表面处理方式、枪托形状和材料。其中 12 号口径的 500A 型是最广泛的型号。莫斯伯格 500 的可靠性比较高，而且坚固耐用，加上价格合理，因此是雷明顿 870 有力的竞争对手。

基本参数	
制造商	莫斯伯格父子公司
口径	18.53 毫米
枪管长	762 毫米
空枪重量	3.4 千克
有效射程	40 米
枪口初速	475 米/秒
弹容量	9 发

有些人认为莫斯伯格 500 的部件比较松动，操作起来有零件晃动或撞击的声音，但另一些人则认为这是为了提高在恶劣环境中的可靠性而增大容留泥沙污垢空隙所致，如野战环境或在沼泽地带狩猎水禽。

美国 M26 模组式霰弹枪系统

M26 模组式霰弹枪系统是一款枪管下挂式霰弹枪，主要提供给美军的 M16 突击步枪及 M4 卡宾枪系列作为战术附件，也可装上手枪握把及枪托独立使用。

性能解析

M26 原本开发概念是 20 世纪 80 年代由士兵以截短型雷明顿 870 下挂于 M16 枪管的自制 Masterkey 霰弹枪。M26 比 Masterkey 握持时较为舒适，采用可提高装填速度的可拆式弹匣供弹，有不同枪管长度的型号，手动枪机、拉机柄可选择装在左右两边，比传统泵动霰弹枪更为方便，枪口装置可前后调较以控制霰弹的扩散幅度及提高破障效果。

基本参数	
口径	18.53 毫米
全长	610 毫米
枪管长	197 毫米
空枪重量	1.22 千克
有效射程	40 米
弹容量	5 发

意大利伯奈利 Nova 霰弹枪

Nova 霰弹枪是意大利伯奈利公司在 20 世纪 90 年代后期研制的一款泵动式霰弹枪，其流线型外表极具科幻风格。

性能解析

Nova 霰弹枪采用独特的钢增强塑料机匣，机匣和枪托是整体式的单块塑料件，机匣部位内置有钢增强板。枪托内装有高效的后坐缓冲器，因此发射大威力的马格努姆弹时也只有较低的后坐力。托底板有橡胶后坐缓冲垫，也有助于控制后坐感。

滑动前托也是由塑料制成，操作时舒适、畅顺。
Nova 霰弹枪仍然采回转式枪机，有 2 个闭锁凸笋在枪管节套内闭锁。战术型的管状弹仓可装 6 发弹药，如果使用较短的霰弹，则能带更多的弹药。Nova 战术型可选用缺口式瞄准具或鬼环式瞄准具，并可在机匣顶端安装可选择的附件导轨，这种导轨便于安装各种不同的瞄准镜，如红点镜或夜视镜。

基本参数	
制造商	伯奈利公司
口径	18.53 毫米
全长	1 257 毫米
枪管长	711 毫米
空枪重量	3.63 千克
有效射程	50 米
弹容量	6 发

意大利伯奈利 M1 Super 90 霰弹枪

M1 Super 90 系列是伯奈利公司在 20 世纪 80 年代中期为军队和执法机构研制的半自动霰弹枪。该枪采用惯性后坐原理实现自动装填,这是一种简单且可靠的自动原理,但缺点是不适合发射压力较低的弹药。M1 Super 90 的基本结构为传统的双管形式,即在枪管下面并排着管状的弹仓。

▌性能解析

枪管用镍铬钼钢制成,内膛镀铬。机匣采用高强度合金制造,表面经过发暗阳极氧化处理。枪托、小握把和护木采用防腐碳纤维材料。机械瞄准具有缺口式照门的霰弹枪瞄准具,也有鬼环式霰弹枪瞄准具可供用户选择。手动保险是横贯枪机的,其操作按钮在扳机护圈的前方。M1 Super 90 有空仓挂机功能,按压拉机柄下方的按钮可解脱空仓挂机。

基本参数	
制造商	伯奈利公司
口径	18.53 毫米
枪管长	508 毫米
空枪重量	3.63 千克
有效射程	40 米
弹容量	8 发

意大利伯奈利 M3 Super 90 霰弹枪

伯奈利 M3 Super 90 是一款可半自动可泵动式两用霰弹枪,发射 12 号口径霰弹,由意大利枪支制造商伯奈利公司设计及生产。

性能解析

M3 Super 90 霰弹枪是以半自动的 M1 Super 90 为基础改进而成,最多可装 7 发弹药。比较特别的是 M3 Super 90 霰弹枪可选择半自动或泵动运作。可靠与多用途令 M3 Super 90 霰弹枪受到警察部队和民间运动员喜爱。M3 Super 90 霰弹枪有多种衍生型,包括为了令执法单位较易携带而装上折叠式枪托的 M3T,还有更短版本。

基本参数	
制造商	伯奈利公司
口径	18.53 毫米
全长	1 200 毫米
枪管长	660 毫米
空枪重量	3.54 千克
有效射程	40 米
弹容量	7 发

M3 Super 90 霰弹枪采用与 M1 Super 90 霰弹枪相同的惯性后坐自动系统(ID 原理),但增加了泵动机构,射手可以迅速地把半自动模式转换成泵动模式,这种双装填系统也被伯奈利公司申请了专利。射击选择杆是前托前端的 1 个有凸边的转环,把控制杆逆时针转动并向前推,就可以使前托与枪管连接环闭锁,进行半自动射击;把控制杆逆时针转动并向后拉,就可以解脱前托,使之能做前后往复循环运动,同时锁住惯性簧使武器不能实现自动装填,而要像普通泵动方式一样手动抛壳、上膛。

惯性后坐系统的缺点是发射低压弹时可能没有足够的能量完成自动循环,而 M3 Super 90 霰弹枪采用双装填系统就是为了解决这个问题,霰弹枪可以用泵动工作方式射击低压弹,如非致命的橡胶弹或催泪弹等;或在半自动工作方式下快速射击全威力的战斗弹药,如大号铅弹或独头弹等。

除了双装填系统外,M3 Super 90 霰弹枪与 M1 Super 90 霰弹枪的结构基本相同,也是双管式结构,铝合金机匣,碳纤维枪托和护木,因此重量轻而强度大。瞄准具有缺口式或鬼环式,也可以安装多种附件。M3 Super 90 霰弹枪也保留了空仓挂机功能,而且在泵动工作方式下也起作用。

意大利伯奈利 M4 Super 90 霰弹枪

M4 Super 90 是由意大利伯奈利公司设计和生产的一款半自动霰弹枪（战斗霰弹枪），发射 12 号霰弹，被美军采用并命名为 M1014 战斗霰弹枪。

性能解析

M4 Super 90 是半自动霰弹枪，但采用了新设计的导气式操作系统，而不是原来的惯性后坐系统。枪机仍然采用与 M1 和 M3 相同的双闭锁凸笋机头，但在枪管与弹仓之间的左右两侧以激光焊接法并排焊有 2 个活塞筒，每个活塞筒上都有导气孔和 1 个不锈钢活塞，在活塞筒的前面螺接有排气杆，排气杆上有弹簧阀，多余的火药气体通过弹簧阀逸出。M4 Super 90 霰弹枪的伸缩式枪托很特别，其贴腮板可以向右倾斜，这样可以方便戴防毒面具进行贴腮瞄准。如果需要，伸缩式枪托可以在没有任何专用工具的辅助下更换成带握把的固定式枪托。

M4 super 90 霰弹枪机匣顶部有 RIS 导轨，可配备各种瞄准系统。首选的标准配件是 ACOG Reflex 瞄准镜。M4 super 90 霰弹枪拥有性能可靠的半自动发射方式、折叠式枪托，与 76 毫米以内所有类型的弹药相容。

基本参数	
制造商	伯奈利公司
口径	18.53 毫米
全长	885 毫米
枪管长	470 毫米
空枪重量	3.82 千克
有效射程	40 米
弹容量	8 发

意大利弗兰基 SPAS-12 霰弹枪

SPAS-12 是意大利弗兰基公司在 20 世纪 70 年代后期设计的一款特种用途、军队和警察的近战霰弹枪。

性能解析

SPAS-12 霰弹枪最大的特点是可以选择半自动装填或传统的泵动装填方式操作，以适合不同的任务需求和弹药类型。例如，在战斗中有时需要较快的射击速度，但有时又必须射击一些无法产生足够气体压力让半自动霰弹枪完成自动循环的弹药（例如，沙袋弹或催泪弹等），所以 SPAS-12 霰弹枪 提供了 2 种射击形式：它能在半自动模式下迅速发射全威力弹，例如，鹿弹；又能转换成泵动装填方式以便可靠地发射低压弹。

基本参数	
制造商	弗兰基公司
口径	18.53 毫米
全长	1 041 毫米
枪管长	609 毫米
空枪重量	4.4 千克
有效射程	40 米
弹容量	9 发

SPAS-12 霰弹枪的自动方式采用导气式系统。SPAS-12 霰弹枪上有 1 个弹仓隔断器，可以切断从弹仓供弹，这样射手就可以往弹膛里手动装填 1 发特种弹而不会从弹仓进弹。SPAS-12 霰弹枪在枪管外包覆有 1 个钢质的方形隔热罩，早期型号上的保险机构是位于扳机护圈前方的 1 个杠杆式保险机柄，但在后期生产的型号中改为在相同位置上的按钮式操作的保险。SPAS-12 霰弹枪瞄准具非常特别，由片状准星和开放式多功能照门组成。弗兰基公司为 SPAS-12 霰弹枪配有多种喉缩和消焰器，通过枪管口部的螺纹安装。

意大利弗兰基 SPAS-15 霰弹枪

SPAS-15 是由意大利弗兰基公司设计和生产的一款可半自动可泵动及弹匣供弹式霰弹枪(战斗霰弹枪),发射 12 号霰弹。

SPAS-15 霰弹枪的设计本身是针对 SPAS-12 的一些缺点进行了改进,其结构和原理很像突击步枪,在外形上也跟意大利军队装备的伯莱塔 AR-70/90 突击步枪显得很接近。为了加大火力,除了保留原来的导气式操作半自动装填外,还改用可拆卸的单排盒形弹匣供弹,可卸式弹匣比起传统管状霰弹枪弹仓能提高装填速度。此外,该枪还保留了既可半自动又可改用泵动的做法,允许发射膛压较低的非致命弹药。

基本参数	
制造商	弗兰基公司
口径	18.53 毫米
全长	1 000 毫米
枪管长	450 毫米
空枪重量	3.9 千克
有效射程	40 米
弹容量	9 发

SPAS-15 霰弹枪有 2 种操作模式。在自动模式下,采用导气式工作原理,旋转枪机在枪机框上运动。发射非致命性低威力枪弹或防暴枪弹时,前托锁定前面,按住枪托下方的按钮并稍微后拉可切换到滑动(泵动)式操作模式。拉机柄位于机匣上方、提把下方,提把上还装有机械瞄具。该枪提供 2 个独立的保险装置,发射最后一发子弹后,枪栓将保持打开状态,插入新弹匣后将自动将枪弹上膛,这在紧急情况下可极大地提高射击速度。

意大利伯莱塔 S682 霰弹枪

S682 系列是意大利伯莱塔公司设计和制造的一款霰弹枪,包括多向、双向和豪华 3 种模式。在历届奥运会和国际性射击比赛中多次获奖,深受各国

Chapter 05 霰弹枪

射手欢迎。S682 系列结构设计合理、加工精致、工作可靠、射击精度高。

该枪的机匣设计精细,褪光性能好。雅致的雕刻使漂亮的握把显得很突出。特殊的热处理工艺提高了耐磨性与耐用性,特殊的镀铬层提高了耐腐蚀性能。扳机可在 3 个位置调整,其行程为 8 毫米,一般可调整到大多数射手需要的位置。该枪可配不同结构的木托和护木,而且更换方便。S682 系列发射 12 号霰弹,枪口部装有 3×13 毫米发光型准星。

基本参数	
制造商	伯莱塔公司
口径	18.53 毫米
枪管长	864 毫米
有效射程	40 米
弹容量	2 发

俄罗斯 KS-23 霰弹枪

KS-23 霰弹枪的研制始于 20 世纪 70 年代,当时苏联内务部要寻找一种用于控制监狱暴动的防暴武器,经过反复研究后,决定用接近 4 号口径的霰弹枪,可以把催泪弹准确地投掷到 100~150 米远。为了达到预期的精度,还决定使用线膛枪管。按照这样的要求,中央精密机械工程研究所在 1981 年设计出了 23 毫米口径的 KS-23 霰弹枪。

KS-23 霰弹枪采用泵动原理供弹,管状弹仓并列于枪管下方,再加上所发射的弹药和霰弹结构很相似,都是铜弹底和纸壳,所以在许多资料中都被称为霰弹枪。但该枪却采用线膛枪管,其名称 KS-23 的意思其实是"23 毫米特种卡宾枪"。目前,KS-23 系列仍然是俄罗斯执法部队所使用的防暴武器。KS-23 还有一种民用型,名为 TOZ-123,与 KS-23 原型相比,改为标准的 4 号口径滑膛枪管。

基本参数	
制造商	中央精密机械工程研究所
口径	23 毫米
全长	1 040 毫米
枪管长	510 毫米
空枪重量	3.85 千克
有效射程	150 米
弹容量	3 发

KS-23 采用手动操作,回转式枪机有 4 个闭锁凸耳,枪机框通过塑料制作的滑动护木带动。击发机构是单动式,手动保险为按钮式,在扳机护圈前面,横过枪机。瞄具是步枪式的,包括固定式 V 形缺口照门和可调准星。KS-23 的枪托为木质,有橡胶质的托底板。KS-23M 有 1 个聚合物握把和 1 个可拆卸的金属枪托。

305

俄罗斯 Saiga-12 霰弹枪

Saiga-12 霰弹枪由俄罗斯伊兹玛什工厂在 20 世纪 90 年代早期研制,其结构和原理基于 AK 突击步枪,包括长行程活塞导气系统、2 个大型闭锁凸笋的回转式枪机、盒形弹匣供弹。

Saiga-12 霰弹枪有 .410 号、20 号和 12 号 3 种口径。每种口径都至少有 3 种类型,分别有长枪管和固定枪托、长枪管和折叠式枪托、短枪管和折叠枪托。

后者主要适合作为保安、警察和自卫武器,而且广泛地被很多俄罗斯执法人员和私人安全服务机构使用。作为一种可靠又有效的近距离狩猎或近战用霰弹枪,Saiga-12 的优点是比伯奈利、弗兰基和其他著名的西方霰弹枪要便宜得多。

Saiga-12 霰弹枪为半自动射击,机匣和枪机组被重新设计以适应尺寸较大的凸缘弹壳霰弹,单排塑料盒形弹匣的容量只有 5 发或 8 发。Saiga-12 霰弹枪根据发射弹药尺寸不同而分为"标准"和"马格南"两种设定。AK 传统的开放式瞄具由安装在导气管顶端的短肋式霰弹枪瞄具所代替,也可用侧式瞄准镜架安装红点镜。

基本参数	
制造商	伊兹玛什工厂
口径	18.53 毫米
全长	1 145 毫米
枪管长	580 毫米
空枪重量	3.6 千克
有效射程	100 米
弹容量	5/8 发

比利时勃朗宁 Auto-5 霰弹枪

勃朗宁 Auto-5（Browning Automatic 5，简称 Auto-5 或 A-5，意为"勃朗宁 5 发霰弹枪"）是由美国著名枪械设计师约翰·勃朗宁设计的一款由后坐作用操作的半自动霰弹枪，可发射 12 号霰弹、16 号霰弹或 20 号霰弹。

性能解析

Auto-5 是历史上第一种大规模生产的半自动霰弹枪，由约翰·勃朗宁在 1898 年设计完全并在 1900 年取得其专利权。它由 1902 年开始就大规模产生了接近 100 年，并由数家枪械制造商生产，直到 1998 年才停止生产。它采用一种独特的高尾部设计，使其赢得了"驼背"的绰号。Auto-5 顶部的枪机移动不会直接传到枪管前，这种设计可大幅减少对枪托的后坐力，增加射击速度。

基本参数	
口径	18.53 毫米
全长	1 270 毫米
枪管长	812.8 毫米
空枪重量	3.9 千克
有效射程	40 米
弹容量	5 发

Auto-5 霰弹枪是 1 支长距离后坐作用气动式操作的半自动霰弹枪。霰弹会储藏在枪管下方的管状弹仓，当枪膛之内的 1 发霰弹射击后，枪管和枪机就会一起向后移（向后移的距离大于弹壳长度），锁上击锤，弹出弹壳，然后下一发霰弹会从底部的管状弹仓拿出，装入枪膛内。

而装填霰弹时，下一发霰弹会因为底部的管状弹仓内部的弹簧拿出，然后会自动被推到枪膛内。大部分 Auto-5 霰弹枪的管状弹仓都有可拆卸塞子以防止装填超过 3 发霰弹（其中 2 发霰弹就在管状弹仓内，另外 1 发在枪膛之内）。这样是为了遵守美国联邦的枪械管制法律，以及一些国家枪械狩猎法律。但如果把塞子拆卸的话，全枪总容量就是 5 发霰弹。如果把枪膛开启（必须要把拉机柄拉后），第一发霰弹就会由管状弹仓直接装入枪膛内，枪机然后会自动闭锁，其他霰弹要由底部进一步装入管状弹仓内部。

南非"打击者"霰弹枪

"打击者"霰弹枪是由南非枪械设计师希尔顿·沃克于20世纪80年代研制并且由哨兵武器有限公司生产的一款防暴控制和战斗用途霰弹枪,发射12号口径霰弹。在20世纪80年代中期,这种霰弹枪在世界各地如南非、美国和其他一些国家都有出售。

性能解析

"打击者"霰弹枪的主要优点是弹巢容量大,相当于当时传统霰弹枪弹容量的2倍,而且具有速射能力。即使它在这方面是成功的,但另一方面它却有着明显的缺陷,其旋转式弹巢型弹鼓的体积也过大,而且装填速度较慢,一些基本动作并非没有

基本参数	
制造商	哨兵武器有限公司
口径	18.53毫米
全长	792毫米
枪管长	305毫米
空枪重量	4.2千克
有效射程	40米
弹容量	12发

其一定的缺陷。沃克在20世纪80年代后期重新设计他的霰弹枪,移除原来以专用发条操作的弹巢旋转机构,并且增加自动抛壳系统,通过前握把联动的方式以手动驱动弹巢。这种改进型霰弹枪被称为"守护者"。目前,"守护者"霰弹枪仍在生产,并且给南非军警使用或出口。

"打击者"霰弹枪是一款有独特之处的霰弹枪,因为其具有12发大容量弹巢和较短的总长度。除了枪管和转轮以钢制造,弹巢壳以铝合金制造外,前握把和包括手枪握把在内的整个发射机构都由塑料制成,而顶部的折叠式枪托则是由金属板制成。"打击者"霰弹枪的主要优点是弹巢容量大,相当于当时传统霰弹枪弹容量的2倍,而且具有速射能力。

韩国 USAS-12 霰弹枪

USAS-12 由美国吉尔伯特设备有限公司在 20 世纪 80 年代设计、交由韩国大宇集团所生产的一款全自动战斗霰弹枪，其发射 12 号口径霰弹。现在被韩国陆军和韩国警察的使用。USAS-12 霰弹枪采用导气式操作原理，导气系统位于枪管上方，枪机为回转式闭锁原理，为了降低后坐力，采用枪机长行程后坐，这样也降低了全自动时的射速。

USAS-12 霰弹枪使用大容量弹匣或弹鼓供弹，容弹量分别为 10 发和 20 发，这两种供弹具均由聚合物制成，其中弹鼓的背板为半透明材料，可让射手观察余弹数。USAS-12 霰弹枪 的缺点是很笨重，虽然这样的重量有助于抵消部分后坐力。

基本参数	
制造商	大宇集团
口径	18.53 毫米
全长	960 毫米
枪管长	460 毫米
空枪重量	5.5 千克
有效射程	40 米
弹容量	10/20 发

Chapter 06

机　　枪

机枪是过去 100 年战场上火力最强大的轻武器之一。两次残酷无情的世界大战中，机枪代表着火力，增加了获得胜利的筹码。这种武器对人类发动战争的方式造成了深远影响。虽然目前已有许多威力更大、技术更好的武器，但是机枪的作用仍不可小觑。

美国 M1918 轻机枪

M1918 轻机枪（又称 BAR）是由约翰·勃朗宁在一战期间设计的，不过在此次战争中该枪使用数量非常少，直到二战时它才被大量采用。

性能解析

M1918 轻机枪构造简单，分解结合方便。该枪可由单兵携行行进间射击，进行突击作战，压制敌方火力，为己方提供火力支援。但该枪的弊端是发射大威力步枪弹，这样一来后坐力非常大，全自动射击时难以控制射击精准度。

M1918 式轻机枪采用的是 7.62 毫米口径，使用弹药为斯普林菲尔德 0.30-06 枪弹，在射击时有半自动或全自动可供选择。该枪在使用全自动模式进行射击时，射速可以高达 550 发 / 分，由容量为 20 发的弹夹供弹，初速为 805 米 / 秒，可以对 600 米内的敌人进行有效射击。M1918 枪管长度为 610 毫米，重 7.25 千克。枪支表面的所有金属部件都经过蓝化工艺处理，机匣使用 1 块整金属加工而成，非常坚固耐用。

基本参数	
制造商	温彻斯特连发武器公司
口径	7.62 毫米
全长	1 214 毫米
枪管长	610 毫米
空枪重量	7.25 千克
有效射程	600 米
射速	300~550 发 / 分
弹容量	20 发

美国 M1941 轻机枪

M1941 最开始被设计出来时是一款采用短程反冲复进机构的军用步枪,后来经过一系列的改进之后才变成了轻机枪。相比当时很流行的 M1918 轻机枪来说,M1941 轻机枪的优势在于重量轻和分解结合比较容易。不过,M1941 轻机枪有一个缺点:在使用一段时间之后,枪管会有一点点扭曲变形的状况。

性能分析

美军在太平洋战争中装备了 M1941 轻机枪,但在使用中发现,该枪无法适应沙尘和泥水的环境,虽然后来经过改良(改良版为 M1944),但还是没能解决核心问题,于是 1944 年该枪停产。二战结束后,美国有不少的枪械设计都使用了 M1941 轻机枪的设计概念,例如,AR-10 自动步枪和 AR-15 自动步枪。

M1941 轻机枪采用军用步枪中少见的枪管后坐式原理的自动方式,枪机回转式闭锁方式,射击方式为半自动,采用弧形表尺。M1941 轻机枪发射 M1906"斯普林菲尔德"0.30-06 步枪弹(7.62×63 毫米步枪弹)。枪管在子弹击发后因后坐力而后退,应用这个所传递的能量来完成开锁、退壳、闭锁及上膛的动作。M1941 轻机枪的弹仓比较独特,由鼓形弹仓供弹,弹仓呈半圆形,容弹量可达 10 发。枪管的后半截有套筒,套筒上布满了圆孔,拉机柄在枪的右侧,其枪弹也由枪的右侧装入弹仓。M1941 轻机枪的枪管可轻易拆解,这使它颇受伞兵和特种部队欢迎,其具有质量轻、枪管容易拆卸、携行方便等特点。

基本参数	
制造商	FMA 武器公司
研发者	梅尔文·强生
口径	7.62 毫米
全长	1 100 毫米
枪管长	560 毫米
空枪重量	5.9 千克
枪口初速	853.6 米/秒
射速	200~600 发/分
弹容量	10 发

美国斯通纳 63 轻机枪

斯通纳 63 轻机枪是由尤金·斯通纳设计的。在越南战争中,该枪是美国"海豹"突击队的主要武器之一。

性能解析

斯通纳 63 轻机枪的枪管可快速更换,能在轻机枪与步枪之间转换。该枪具有良好的可靠性和通用性,即便是在潮湿闷热的越南丛林中仍可有效地操作。

使用情况

斯通纳 63 轻机枪于 20 世纪 60 年代提交美军做武器评估试验,并于 1966 年投产,随后装备美军部分部队进行实战试验,但由于该枪的设计复杂,造成维修困难,所以美军在 1971 年停止了试验。这时共生产了超过 4 000 支斯通纳 63 和斯通纳 63A,后来美军将这些枪命名为 Mk23 Mod 0,直到 20 世纪 80 年代该枪完全被 M249 班用机枪取代,其中大多数被销毁。

基本参数	
制造商	卡迪拉克仪表公司
口径	5.56 毫米
全长	1 022 毫米
枪管长	508 毫米
空枪重量	5.3 千克
有效射程	500 米
射速	700~1 000 发 / 分
弹容量	30/ 100 发

Chapter 06 机 枪

美国 M60E3 轻机枪

M60E3 轻机枪保留了早期 M60 通用机枪的所有功能，并增加了一些新特点，使其发展成为一种重量更轻、用途更广泛的机枪。

▎性能解析

M60E3 轻机枪标配枪管是重量轻的突击枪管，此外，还有 2 种枪管可供选择，一种是重量轻长度短的枪管，供突击和需要灵活机动的任务使用；还有一种是重枪管，用于需要持续射击的任务。

M60E3 与原型的 M60 一样是轻重两用机枪，但主要是作为地面部队的轻型机枪使用，虽然 M60E3 改进了 M60 的许多缺点并减轻了射手的负荷，但减轻重量要以限制陆战队员的持续火力

基本参数	
制造商	萨科防务公司等
口径	7.62 毫米
全长	1 077 毫米
枪管长	560 毫米
空枪重量	8.8 千克
有效射程	1 100 米
射速	650 发 / 分
供弹方式	M13 弹链

为代价的，所以新的轻型枪管只能够速射 100 发子弹，如果持续速射 200~300 发弹而不更换枪管会严重损坏枪管，因此安全的战斗射速往往达不到 200 发 / 分。

M60E3 轻机枪的主要部件可与 M60 互换，生产商还提供了 1 套 M60E3 转换工具包，可以将任何形式的 M60 机枪改装成 M60E3 型。M60E3 改用直径较小的轻型枪管，以减轻枪身重量，并采用新的消焰器。还采用了冬用扳机护圈，即使射手戴保暖手套也可射击。

美国斯通纳 86 轻机枪

斯通纳 86 是由尤金·斯通纳设计、奈特军械公司生产的一款轻机枪,除了在美军有少量服役外,丹麦皇家海军和一些其他军事团体(例如雇佣军)也有所采用。

性能解析

斯通纳 86 轻机枪采用了长行程导气活塞式工作原理,枪机回转式闭锁机构。标准斯通纳 86 轻机枪枪机框由不锈钢和碳钢制成,其他部分是由高强度铝合金制成,所有部件都具有耐磨和防腐性能。另外,虽然说斯通纳 86 轻机枪保留了模块化设计,但是只能在弹链供弹和弹匣供弹 2 种模式间转换。

基本参数	
制造商	奈特军械公司
口径	5.56 毫米
全长	810 毫米
枪管长	550 毫米
空枪重量	5.47 千克
有效射程	700 米
射速	600~1 000 发/分
弹容量	100/200 发

美国阿瑞斯"伯劳鸟"轻机枪

"伯劳鸟"是由美国阿瑞斯防务系统公司设计并生产的一款轻机枪,空枪重量为3.4千克,这比其他同类产品(如 FN Minimi、HK MG4 轻机枪等)更轻便。

性能解析

"伯劳鸟"轻机枪的特点是既能够达到轻机枪的实际射速,又能像突击步枪那样轻盈和紧凑。阿瑞斯防务系统公司的目的就是让"伯劳鸟"轻机枪成为最轻的弹链供弹机枪。

后来阿瑞斯防务系统公司在"伯劳鸟"轻机枪的基础上又研发并推出了EXP-1、EXP-2和阿瑞斯AAR等不同的衍生型号。这些衍生型配备了5条皮卡汀尼战术导轨,这使它们能够安装各种商业型光学瞄准镜、反射式瞄准镜、红点镜、全息瞄准镜、夜视镜、热成像仪和战术灯等。"伯劳鸟"轻机枪具有气动式活塞传动操作、固定式顶部空间的可快速更换式枪管和皮卡汀尼战术导轨的战术配件安装接口。它可以使用标准的 30 发 M16 可拆卸式弹匣、100 发可拆卸式 C-Mag 弹鼓、100 发或 200 发 M27SAW 用可散式弹链装于软袋内或 200 发 M27 SAW 用可散式弹链装于硬质塑料弹箱内射击。

基本参数	
制造商	阿瑞斯防务系统公司
口径	5.56 毫米
全长	711.2~1 016 毫米
枪管长	330.2~508 毫米
空枪重量	3.4 千克
射速	625~1 000 发 / 分
弹容量	30/ 100/ 200 发

美国 M60E4 轻机枪

M60E4 轻机枪是 M60E3 的改进版,两者从工作原理到零部件设计上都继承了旧版 M60 轻机枪,并融入了导轨接口系统等"时尚"设计,使其可靠性和使用舒适性进一步提高,用途更加广泛。目前,M60E4 轻机枪已被美国海军采用,并正式命名为 MK43 轻机枪。

性能解析

M60E4 轻机枪在下护手侧面增设了导轨,遮住了枪管侧面,而且内部有铝质隔热层,所以能防止连续射击时灼热的枪管烫手。M60E3 轻机枪的前握把为手枪握把形状,M60E4 轻机枪的后握把为扫帚把形状的整体式垂直握把,装在下护手下方的导轨上,使用比较舒适。该枪供弹凸轮形状有所改进,提高了供弹机构的可靠性,即使泥沙等异物进入仍能正常工作。另外,M60E4 轻机枪的两脚架改为简单的管状结构,不仅有较高的强度,而且生产成本较低。

基本参数	
制造商	萨科防务公司等
口径	7.62 毫米
全长	1 105 毫米
枪管长	958 毫米
空枪重量	10.5 千克
有效射程	1 100 米
射速	550 发/分
供弹方式	M13 弹链

美国 M249 轻机枪

M249 轻机枪是美国以比利时 FN 公司的 FN Minimi 轻机枪为基础改进而成的,从 1984 年开始在美军中服役,另外包括克罗地亚、匈牙利以及阿富汗等多个国家也使用过 M249 轻机枪。

性能解析

M249 轻机枪使用装有 200 发弹链供弹,在必要时也可以使用弹匣供弹。该枪在护木下配有可折叠式两脚架,并可以调整长度,也可以换用三脚架。此外,相对 FN Minimi 轻机枪来说,M249 轻机枪的改进包括加装枪管护板,采用新的液压气动后坐缓冲器等。

基本参数	
制造商	FN 公司
口径	5.56 毫米
全长	1 041 毫米
枪管长	521 毫米
空枪重量	7.5 千克
有效射程	1 000 米
射速	750~1 000 发 / 分
供弹方式	M27 弹链

M249 采用开放式枪机及气动式原理运作,当扣动扳机时,枪机和枪机连动座在受到复进簧的推力下向前移动子弹脱离弹链并进入膛室,击针击发子弹后膨胀气体经枪管进入导气管回到枪机内,并使弹壳、弹链扣排出同时拉入弹链及带动枪机和枪机连动座回到待击状态,多余的气体会在导气管末端排气口排出。M249 枪管膛线缠距为 180 毫米,气冷式的枪管可通过枪管提把进行更换并由凸轮自动校正定位,护木下的折叠式两脚架可调整长度也可对应三脚架或车用甚至空用射架。

美国加特林机枪

加特林机枪是一款手动型多管旋转机枪,是由美国人理查·乔登·加特林于1861年设计的。该枪的设计理念影响了美国其他重机枪的设计,例如,M61重机枪等。

性能解析

转管机枪的原理是:弹膛不动而枪管连续不断地旋转,每个发射管都有自己的闭锁机构,分别依次完成进弹、闭锁、击发及抛壳等动作,一般采用电机驱动。这种设计有几个优点,第一,枪管高速旋转可加速冷却;第二,由于枪是由外能源带动,所以有较高的可靠性。

转管机枪(加特林原理机枪)与转膛机枪的区别是:多根发射管和弹膛相对于各自的枪机之间的距离和位置不变,但所有枪机会整体进行连续不断的旋转,这种原理的工作特点是每个根发射管都有自己的枪机和闭锁机构,依次完成进弹、闭锁、击发及抛壳等动作。而转膛原理是由1个能够容纳多发弹药的旋转弹膛配合保持静止的同1根发射管同1套枪机及闭锁机构来依次对准并击发各膛中枪弹,同时由处于其他位置的弹膛依次装填和退壳。相比转管机枪的射速更高,并可通过改变电机的功率来调节射速;枪管高速旋转可加速冷却,另外若枪是由外能源带动,则有较高的可靠性,不会因不发火而影响连续射击。

基本参数	
研发者	理查·乔登·加特林
操作人数	4人
口径	7.62毫米
全长	1 079毫米
枪管长	673毫米
空枪重量	27.2千克
射速	200发/分

美国 M1917 重机枪

M1917 重机枪是由美国著名枪械设计师勃朗宁研发的，于 1917 年成为美军制式武器，是一战和二战中美军的主力重机枪。

性能解析

M1917 重机枪的枪管使用水冷方式冷却，在枪管外套上有 1 个可以容纳 3.3 升水的套筒。该枪体积不算太大，但是算上脚架却有 47 千克重，因此显得非常笨重。除此之外，该枪总体来说性能还算优秀（相对于当时来说），在一战中被广泛使用，二战以及之后的局部战争中也有使用。

基本参数	
研发时间	1917 年
口径	7.62 毫米
全长	965 毫米
枪管长	610 毫米
空枪重量	47 千克
最大射程	900 米
射速	450 发 / 分
弹容量	250 发

美国 M1919A4 重机枪

珍珠港事件发生后，M1919A4 逐步取代了大多数 M1917 及其改进型 M1917A1，成为二战期间美国陆军最主要的连级机枪。

性能解析

M1919A4 重机枪的全枪重量相比 M1917 来说大为减轻，并且它既可作为车载武器又可用于步兵携行作战。该枪外观上明显的特征是枪管外部有 1 个散热筒，筒上有散热孔，散热筒前有助推器。

基本参数	
口径	7.62 毫米
全长	964 毫米
枪管长	610 毫米
空枪重量	14 千克
有效射程	1 500 米
射速	400~600 发 / 分
弹容量	250 发

美国 M1919A6 重机枪

研制 M1919A6 重机枪目的是弥补美军战场上火力空缺，其设计借鉴于 M1919A4。

性能解析

M1919A6 重机枪继承了 M1919A4 重机枪的一些优点，2 种机枪相比，前者比后者重量要轻，这样增加了机动能力。M1919A6 重机枪在散热筒前增加了两脚架，还增加了鱼尾形的枪托，这样可以兼作轻机枪使用。该枪重达 14.7 千克，事实证明它不能完全满足战场上官兵作战地点不断变化的要求。即便如此，该枪仍生产了 4.3 万挺。

基本参数	
口径	7.62 毫米
全长	1 346 毫米
枪管长	610 毫米
空枪重量	14.7 千克
有效射程	1 000 米
射速	400~500 发 / 分
弹容量	250 发

美国 M2 重机枪

M2 重机枪出现在一战时期，是 M1917 的口径放大重制版本，它的出现是为了对抗英军坦克。

性能解析

M2 重机枪使用 12.7 毫米口径 NATO 弹药，并且有高火力、弹道平稳、极远射程的优点，450~550 发/分（二战时空用版本为 600~1 200 发/分）的射速及后坐作用系统令其在全自动发射时十分稳定，射击精准度高。

M2 重机枪采用枪管短后坐式工作原理，卡铁起落式闭锁，结构独特。射击时，随着弹头沿枪管向前运动，在膛内火药气体压力作用下，枪管和枪机同时后坐。弹头飞出枪口后，闭锁卡铁离开楔闩上的闭锁支承面，其两侧的销轴被定型板上的开锁斜面压下，于是整个闭锁卡铁脱离枪机下的闭锁槽，枪机开锁。随后，枪管节套猛撞内设的钩形加速子，加速子上端撞击枪机尾部，加速枪机后坐。该枪设有液压缓冲机构，枪管和节套后坐时，液压缓冲器的活塞被推向后方，压缩缓冲器管内的油液，使其从活塞四周的油管内壁之间的缝隙向前溢出，对后坐产生缓冲作用。

枪机复进时，枪机尾部的凸起撞击加速子上端使其向前回转，加速子释放液压缓冲器簧，推动枪管和节套复进。闭锁卡铁在楔闩上的闭锁斜面的作用下强制上抬，进入枪机下的闭锁槽中，枪机闭锁。M2 重机枪采用单程输弹、双程进弹的供弹机构，拨弹杆尾端的导柱卡入枪机顶部的曲线槽内，当枪机做往复运动时，实现供弹动作。

基本参数	
口径	12.7 毫米
全长	1 650 毫米
枪管长	1 140 毫米
空枪重量	38 千克
有效射程	1 830 米
射速	450~550 发/分
供弹方式	M9 弹链

美国 M61 重机枪

M61 重机枪主要被用于短程的空对空射击用途，以弥补在这个范围内因为距离太短、应变时间不足而无法使用导弹等较复杂装备的缺陷。

性能解析

M61 重机枪的 6 根枪管在每转 1 圈的过程中只需轮流击发 1 次，因此，无论是产生的温度还是造成的磨损，都能限制在很小的限度内。该机炮可以做到高达 100 发/秒的高速射击，这让战机驾驶员能在最短时间内，以最大火力击杀对手。

基本参数	
枪管	6 根
口径	20 毫米
全长	1 827 毫米
空枪重量	112 千克
枪口初速	1 050 米/秒
射速	6 000 发/分

美国 M60 通用机枪

M60 通用机枪从 20 世纪 50 年代末开始在美军服役,直到现在仍是美军的主要步兵武器之一。

性能解析

该枪总体来说性能还算优秀,但也有一些设计上的缺点,例如,早期型 M60 的机匣进弹有问题,需要托平弹链才能正常射击。而且该枪的重量较大,不利于士兵携行,射速也较低,在压制敌人火力点的时候有点力不从心。

基本参数	
制造商	春田兵工厂
口径	7.62 毫米
全长	1 077 毫米
枪管长	560 毫米
空枪重量	12 千克
有效射程	1 100 米
射速	550 发 / 分
供弹方式	M13 弹链

M60 的枪管首次采用了衬套式结构;机匣、供弹机盖等都采用冲压件,枪内还广泛采用减少摩擦的滚轮机构;枪机组件由机体、击针、枪机滚轮、拉壳钩、顶塞等组成;该枪准星为片状,固定式;该枪主要发射北约 7.62 毫米枪弹,也可发射 7.62 毫米穿甲弹和训练弹。

M60 通用机枪是美军在越南战场中的制式机枪,作为支援及火力压制武器,为各西方国家的机枪发展史奠定了基础。M60 由于火力持久而颇受美军士兵爱戴,被多国军队采用,甚至在越南战争的 UH-1 直升机机身图腾上也有 M60 机枪的踪影。但随着多种相同功能机枪的出现及轻兵器小口径化,M60 的设计已显得过时,除部分特种部队外,美军以 M240 将其取代,而 M60B/C/D 车载型及航空机枪则仍旧使用。

美国 M134 重机枪

M134 重机枪于 1963 年研发并于当年服役，其主要装备于武装车辆、舰船以及各型飞机。由于该枪火力威猛、弹速密集，常常被戏称为"迷你炮"。虽然该枪已诞生 50 多年，但是其依然在多个国家的军队中服役，其中包括美国、英国、法国、德国、澳大利亚和加拿大等。

性能解析

M134 重机枪采用回转联动装置，组件包括 6 根枪管、枪管夹持部件、枪管套管部件、1 台驱动电机、后部枪支架和 2 个快速释放销等。该枪单支枪管的寿命为 10 万发，整枪寿命高达 600 万发。该枪采用的是加特林机枪原理，用电动机带动 6 根枪管转动，在转动的过程中依次完成输弹入膛、闭锁、击发、退壳、抛壳等系列动作。其电机电源为 24~28V 直流电，工作电流 100A，启动电流为 300A。

M134 机枪是在 M61 火神式机炮的基础上发展而来，其旋转速率可以达到 3000 转/分，主要用于安装在美军的直升机和军用车辆、各型舰船上。该机枪重量不到 16 千克，即便加上电动机和供弹系统也仅仅 26 千克，在施瓦辛格主演的未来战士中甚至直接拿在手上射击。M134 机枪使用的瞄准装置为机械瞄准具，通常由环形照门和柱形准星所组成。使用的弹药为 7.62×51 毫米北约标准弹药，以塑料输弹带供弹，由电机带动。初速为 869 米/秒，最大射程 1 000 米。

基本参数	
制造商	通用电气公司
口径	7.62 毫米
全长	800 毫米
枪管长	559 毫米
空枪重量	15.9 千克
最大射程	1 000 米
射速	2 000~6 000 发/分

美国 XM312 重机枪

XM312 是美国通用动力公司研制的一款 12.7 毫米重机枪,它是在 XM307 25 毫米自动榴弹炮的基础上研制而成。

性能解析

该机枪重量为 13.6 千克,即便加上三脚架也只有 19 千克。空枪重量约为 M2 重机枪的 36%,长度也从 M2 的 1 650 毫米缩短到 1 350 毫米,其有效射程却超过了 2 000 米,能够为步兵提供长时间、高精度、大威力的火力支援。由于该枪的设计优秀,而且使用了很多高科技,所以它的后坐力很小,射击精度极高,而且还配置了新型的夜视装置,能够在夜间执行射击任务。

虽然 XM312 重机枪整体性能优秀,但是在一些方面依然有所不足,比如成本。由于该枪采用了非常复杂的降低后坐力系统,所以成本较高,而且这种系统还会影响机枪射速。

基本参数	
制造商	通用动力公司
口径	12.7 毫米
全长	1 350 毫米
枪管长	914 毫米
空枪重量	13.6 千克
有效射程	2 000 米
射速	260 发 / 分

美国 M2E2 重机枪

M2 重机枪(包括它的改进型 M2HB)已经在美军服役将近 1 个世纪了。美军曾想用 XM312 重机枪来取代 M2,但在 XM312 推出后却反响平平。之后,美国通用动力公司推出了一款新型重机枪——M2E2 重机枪,他们打算用这款重机枪来取代老旧的 M2 重机枪。

性能解析

M2E2 重机枪有着良好的安全性和生存能力。另外,M2 或者 M2HB 重机枪在更换枪管的时候需要设定上部空间和时机,这使得士兵在更换枪管时容易长期暴露在敌方火力之下,而 M2E2 重机枪具有固定的上部空间和时机操作系统,使其在战区能够极大地减少准备和备战时间。此外,M2E2 重机枪还减少了枪口火焰,使其具备更强的夜视能力。

基本参数	
制造商	通用动力公司
口径	12.7 毫米
全长	1 650 毫米
枪管长	1 140 毫米
空枪重量	56 千克
有效射程	1 850 米
射速	450~550 发/分

德国 MG13 轻机枪

MG13 轻机枪由 M1918 水冷式轻机枪改造而来。该枪是德军在 20 世纪 30 年代的主要武器装备之一，并在二战中使用。

性能解析

MG13 轻机枪的气冷式枪管可迅速更换，发射机构可进行连发射击，也可单发射击。该枪设有空仓挂机，即最后一发子弹射出后，使枪机停留在弹仓后方。MG13 轻机枪使用 25 发弧形弹匣供弹，也可使用 75 发弹鼓，所用弹药为德国毛瑟九八式 7.92 毫米枪弹，弹壳为无底缘瓶颈式。另外，该枪使用机械瞄准具，配有弧形表尺、折叠式片状准星和 U 形缺口式照门。

基本参数	
研发者	路易斯·斯坦格
口径	7.92 毫米
全长	1 148 毫米
枪管长	718 毫米
空枪重量	12 千克
射速	750 发/分
弹容量	25/75 发

MG13 轻机枪采用枪管短后坐式工作原理，双臂杆式闭锁机构。双臂杆的回转轴在节套上，闭锁时双臂杆前端支撑枪机，击发后枪管节套和杠杆一起后退，杠杆后端遇到机匣上开锁斜面即行回转、开锁。枪机加速机构为杠杆凸轮式，加速凸轮的回转轴在机匣上。开锁后，枪管迫使加速凸轮回转，加速凸轮长臂迫使枪机加速后退。供弹方式为容纳 25 发弹的弧形弹匣，也可使用 75 发鞍形弹鼓供弹。发射机构可进行连发射击，也可单发射击。该枪设有空仓挂机机构，即最后一发子弹射出后，使枪机停留在弹仓后方。气冷式枪管可迅速更换。

德国 MG30 轻机枪

MG30 轻机枪是德国莱茵金属公司于 20 世纪 30 年代研制的。尽管该枪只有少量装备于德军,但开启了德国气冷式轻机枪的先河。

性能解析

MG30 轻机枪的结构简单,容易大规模生产,采用弹匣供弹,性能比较可靠。MG30 轻机枪大部分被奥地利和瑞士军队所装备,由于 MG34 通用机枪的出现,MG30 轻机枪很快便从一线部队退出,仅在二线部队中使用。

基本参数	
研发者	莱茵金属公司
口径	7.92 毫米
全长	1 172 毫米
空枪重量	12 千克
有效射程	1 000 米
射速	600~800 发 / 分
弹容量	30 发

德国 MG34 通用机枪

MG34 通用机枪是 20 世纪 30 年代德军步兵的主要机枪，也是其坦克及车辆的主要防空武器。

性能解析

MG34 通用机枪发射机构具有单发和连发功能，扣压扳机上凹槽时为单发射击，扣压扳机下凹槽或用两个手指扣压扳机时为连发射击。MG34 可用弹链直接供弹，作为轻机枪使用时的弹链容弹量为 50 发，作为重机枪使用时使用 5 节弹链，弹容量为 250 发。此外，该枪还可用 50 发弹链装入的单室弹鼓或 75 发非弹链的双室弹鼓挂于机匣左面作供弹。

基本参数	
制造商	毛瑟公司等
口径	7.92 毫米
全长	1 219 毫米
枪管长	627 毫米
空枪重量	12.1 千克
有效射程	800 米
射速	800~900 发 / 分
弹容量	50/ 75/ 250 发

MG34 通用机枪的枪管可以快速更换，只需将机匣与枪管套间的固定锁打开，再将整个机匣旋转即可取出枪管套内的枪管。该枪的扳机设计独特，扳机护环内有 1 个双半圆形扳机，上半圆形为半自动模式，而下半圆形设有按压式保险的扳机则为全自动模式。

作为轻机枪模式时的 MG34 连两脚架重 12.1 千克，而中型及重机枪模式时可选重 6.75 千克的三脚架或较大型、重 23.6 千克，名为 MG34 Laffette 的三脚架，除了一个可调式照门外，机匣左面有另一个翻开式的长程照门，也可加望远式瞄准镜作长程射击用途，甚至可加装潜望镜以令射手保持在战壕中射击而无须暴露在火线范围内。

德国 MG42 通用机枪

MG42 通用机枪是德国于 20 世纪 30 年代研制的,它是二战中著名的机枪之一。

性能解析

MG42 通用机枪采用枪管短后坐式工作原理,滚柱撑开式闭锁机构,击针式击发机构。该枪的供弹机构与 MG34 通用机枪相同,但发射机构只能连发射击,机构中设有分离器,不管扳机何时放开,均能保证阻铁完全抬起,以保护阻铁头不被咬断。

MG42 的枪机采用开放式枪机;一般枪支为闭锁式枪机,上膛后枪机会先被拉柄带到复进端之后再被复进簧弹回药室端闭锁(手动枪机当然靠射手自己),同时完成进弹的动作准备待发。开放式枪机大部分的冲锋枪或者机枪为上膛后被阻铁固定在复进端中,枪机同时压缩复进簧与击锤,等待射手扣下扳机。

基本参数	
制造商	毛瑟公司等
口径	7.92 毫米
全长	1 120 毫米
枪管长	533 毫米
空枪重量	11.57 千克
有效射程	1 000 米
射速	1 200 发/分
弹容量	250 发

德国施瓦茨劳斯机枪

施瓦茨劳斯机枪采用布质弹带供弹,结构简单,可靠性较高,而且成本仅是马克沁机枪的一半左右,因此,一些欧洲国家相继采用了不同口径的型号。荷兰直到1940年还在生产该枪,而意大利和匈牙利一直将其视为二线武器,服役至1945年。一战后期,该枪进行了一系列改进之后,开始用于航空飞机,从而跃身成为世界上最早的航空机枪之一。

基本参数	
口径	8毫米
全长	945毫米
枪管长	530毫米
空枪重量	41.4千克
射速	400~580发/分
弹容量	250发

性能解析

在海拔300米左右的时候,由于受到气压的影响,该枪的射击速度会减缓甚至完全停止射击。另外,当时的飞机都是螺旋桨式,要想将子弹准确无误地射击出去,必须保证机枪发射的子弹与引擎旋转同步,这点对于当时的科学技术来说难以实现,因此施瓦茨劳斯机枪作为航空机枪来使用还是存在一些弊病。即便如此,施瓦茨劳斯机枪在当时也算是一种不错的防御型航空机枪。

德国 MG45 通用机枪

由于二战末期德国物力不足，MG45 仅生产了 10 挺，但其设计对战后的多款枪械都有启迪作用。

性能解析

MG45 通用机枪将 MG42 通用机枪的滚轴式枪机改为延迟反冲枪机，因此理论上所需要的工时与成本又进一步减少，并且净重量下降到了 9 千克。MG42 通用机枪的枪管为浮动式，而 MG45 通用机枪的枪管是固定的，这是它们之间最大的区别。此外，MG45 通用机枪不需要在发射前完全关闭膛室，由此增加了射速并简化了设计和结构。在外观上，由于不需要安装枪口增压器，因此相比 MG42，MG45 的枪管较短。

基本参数	
制造数量	10 挺
口径	7.92 毫米
空枪重量	9 千克
最大射程	4 000 米
射速	1 350~1 500 发 / 分
弹容量	75/ 200 发

德国 HK 21 通用机枪

HK 21 通用机枪是 HK 公司于 1961 年以 HK G3 战斗步枪为基础研制的,目前仍在亚洲、非洲和拉丁美洲多个国家的军队中服役。HK 21 通用机枪采用击发调变式滚轮延迟反冲式闭锁。枪机上有 2 个圆柱滚子作为传输元件,以限制驱动重型枪机框的可动闭锁楔铁。

性能解析

该枪的机械瞄具由带护圈的柱形准星和觇孔式照门组成。照门的风偏和高低可调,表尺分划为 100~1 200 米,每分划间隔 100 米。另外,该枪也可装配高射瞄准镜、望远式瞄准镜或夜视仪。

该枪除装配两脚架作为轻机枪使用外,还可装在三脚架上作为重机枪使用。两脚架可安装在供弹机前方或枪管护筒前端两个位置,不过安装在供弹机前方时,虽然可以增大射界,但精度也有所下降;安装在枪管护筒前端时,虽射界减小,但可提高射击精度。HK 21 通用机枪通常采用可散弹链供弹,如德国的 DM60、美国的 M13 等弹链。必要时,也可采用德国 DM1 不可散弹链供弹。卸下弹链供弹机并装上弹匣适配器后,还可使用 20 发直弹匣、80 发鞍形弹鼓供弹。改换枪管、枪机和供弹机后,可发射 5.56×45 毫米枪弹或苏式 7.62×39 毫米枪弹。

基本参数	
制造商	HK 公司等
口径	5.56/7.62 毫米
全长	1 021 毫米
枪管长	450 毫米
空枪重量	7.92 千克
有效射程	1 200 米
射速	800~900 发/分
供弹方式	M13 弹链

德国 MG3 通用机枪

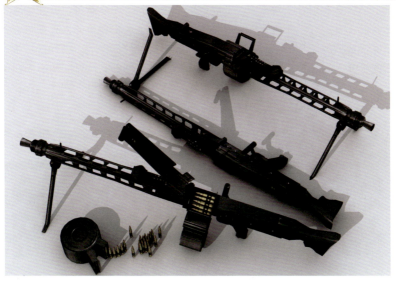

MG3 通用机枪于 1969 年在德军服役，由于该枪性能优良，所以直到今天，依然可在其他国家军队中可以看到它的身影。

性能解析

MG3 通用机枪采用枪管短后坐式原理，中间零件闭锁机构。该枪的瞄准装置有地面瞄准具和高射瞄准具 2 种，地面瞄准具由 U 形缺口照门和准星组成，高射瞄准具则是由同心环状的前照准器和位于表尺左侧的后照准器组成。MG3 及其变形枪与原来的 MG42 都有着很高的零件通用性。MG3 全枪由枪管、机匣、枪机、机柄、供弹机、发射机构、枪尾、两脚架、瞄准具等组成。

基本参数	
制造商	巴基斯坦军械厂等
口径	7.62 毫米
全长	1 225 毫米
枪管长	565 毫米
空枪重量	11.5 千克
有效射程	1 200 米
射速	1 150 发/分
弹容量	50/100 发

枪管和节套通过螺纹连接，节套内有闭锁卡槽。枪管前部有 2 条凸缘，用以固定消焰助退器。机匣组件包括机匣和枪管护筒。机匣上部有受弹器口，下面有抛壳口，左侧为机柄导槽，内部有枪机导槽和枪管复进装置。枪管结合在机匣与护筒内之后，消焰助退器和套箍限制板导引枪管正确运动，弓形座则使

枪管在击发瞬间定位,以保证射击精度。枪管护筒右侧的长槽和护筒盖环是为了便于快速更换枪管而设计的。

　　枪机由机头、机体组成。机头上对称的 2 个凹槽内,分别装有 1 个闭锁滚柱。枪机上还结合有击针、楔铁、拉壳钩和抛壳挺。击针无击针簧,靠楔铁平移撞击击针而击发。机头两侧有纵槽,便于机匣套箍上的定型板伸入,以带动枪机开锁并使枪机加速。机体通孔容纳楔铁、抛壳挺推杆和套筒。楔铁既可撞击击针击发枪弹,又是开、闭锁和加速的必不可少的中间件。机体尾部有与机匣导轨配合的导棱和带动供弹机构动作的滚轮。

德国 MG15 航空机枪

　　MG15 航空机枪是德国莱茵金属公司、博尔西希公司在 MG30 轻机枪基础上研制的,二战中曾将其临时装上枪托和脚架作为地面武器使用。

性能解析

　　MG15 航空机枪采用枪管短后坐式工作原理,供弹机构为马鞍形弹鼓。击发机构为击针式,利用复进簧能量击发。发射机构为连发发射机构,由阻铁直接控制枪机成待发状态。

　　退壳机构为弹性拉壳钩与摆动式刚性退壳挺。枪管缓冲器为矩形断面螺旋弹簧。该枪外表光滑,整个枪身近似长圆筒形。MG15 航空机枪设有手枪式握把,采用机枪中部的 2 个水平对称耳轴与 1 个轻型两脚架连接,作为地面武器使用。

基本参数	
制造商	莱茵金属公司等
口径	7.9 毫米
全长	1 078 毫米
枪管长	690 毫米
空枪重量	12.4 千克
枪口初速	755 米/秒
射速	1 000~1 050 发/分
弹容量	75 发

德国 MG17 航空机枪

MG17 是二战中德国空军固定在飞机上使用的一种航空机枪，由莱茵金属公司、博尔西希公司制造。该枪曾被安装在 Bf-109、Bf-110、Fw-190、Ju-87、Ju-88C、He-111 等作战飞机上。

性能解析

二战后期，MG17 航空机枪开始被更大口径的机枪和机炮代替，到了 1945 年已没有飞机再使用这种机枪了。此外，部分 MG17 航空机枪还被改装为步兵使用的重型武器。截至 1944 年 1 月 1 日，德国官方公布的生产数量为 24271 挺。

基本参数	
制造商	莱茵金属公司等
口径	8 毫米
全长	1 175 毫米
枪管长	710 毫米
空枪重量	10.2 千克
枪口初速	855 米/秒
射速	1 200 发/分
弹容量	500 发

德国 MG81/MG81Z 航空机枪

MG81 航空机枪是一款在二战期间服役于德国空军军机上的机枪,采用该枪的原因主要是为了取代老式的 MG15 航空机枪,它于 1942 年开始量产。将 2 挺 MG81 航空机枪合二为一,就组装成了 MG81Z。

性能解析

MG81Z 航空机枪主要被德国空军安装于特殊的目标上。以 Do 217 轰炸机为例,MG81Z 航空机枪主要是安装在机尾的圆锥体区域,可以让 Do217 轰炸机机组成员发现有尾随敌机时瞬间发出大量火力。

基本参数	
制造商	莱茵金属公司等
口径	7.92 毫米
全长	965 毫米
枪管长	475 毫米
空枪重量	6.5 千克
枪口初速	790 米/秒
射速	1 400~1 600 发/分

俄罗斯 DP/DPM 轻机枪

DP 轻机枪于 1928 年装备于苏联红军，DPM（"M"表示改进型）轻机枪是 1944 年在 DP 轻机枪的基础上改进而来的，这 2 种轻机枪都是苏联在二战中装备最多的轻机枪之一。

性能解析

DP 轻机枪结构简单，全枪只有 65 个零件，而且该枪制造工艺要求不高，适合大量生产，这也是它被苏军广泛采用的原因之一。圆状弹盘是该枪最大的特征，它平放在枪身的上方，由上下两盘合拢构成，上盘靠弹簧使其回转，不断将子弹送至进弹口。

该枪的瞄准装置由柱形准星和带 V 形缺口照门的弧形表尺组成，准星上下左右均能调整，两侧有护翼，表尺也有护翼，该护翼兼作弹盘卡笋的拉手。DPM 与 DP 轻机枪没有太大差别，仍采用弹盘供弹，但是在机匣后端配用弹簧缓冲器，另外就是使用厚管壁重型枪管。

该枪采用导气式工作原理，闭锁机构为中间零件型闭锁卡铁撑开式（俗称鱼鳃撑板式）。闭锁时，靠枪机框复进将左右 2 块卡铁撑开，锁住枪机。

基本参数	
研发者	捷格加廖夫
口径	7.62 毫米
全长	1 270 毫米
枪管长	604 毫米
空枪重量	9.12 千克
有效射程	800 米
射速	600 发 / 分
弹容量	47 发

俄罗斯 RPD 轻机枪

RPD 轻机枪是捷格加廖夫于 1943 年设计的,该枪有结构简单、组装紧凑、质量较小、使用和携带较为方便等优点。

性能解析

RPD 轻机枪采用导气式工作原理,闭锁机构由 DP 轻机枪改进而成,属于中间零件型闭锁卡铁撑开式,借助枪机框击铁的闭锁斜面撞开闭锁片实现闭锁。该枪采用弹链供弹,供弹机构由大小杠杆、拨弹滑板、拨弹机、阻弹板和受弹器座等组成,弹链装在弹鼓内,弹鼓挂在机枪的下方。该枪击发机构属平移击锤式,机框复进到位时由击铁撞击击针。

基本参数	
制造商	科夫罗夫机械局
口径	7.62 毫米
全长	1 037 毫米
枪管长	521 毫米
空枪重量	7.5 千克
有效射程	800 米
射速	650 发/分
弹容量	100 发

RPD 轻机枪拥有 2 根可以叠起来的脚架。其弹药从弹鼓中透过 1 条 100 发子弹的金属弹链输送。弹鼓装在机匣下方,弹链从左边进入机匣。RPD 轻机枪使用 7.62×39 毫米子弹,但因使用专门的金属弹链来给弹,并无法直接使用一般步枪的弹匣。枪托和手柄是木质的,其余部分是钢质的。在制动机制方面,RPD 采用瓦斯气压传动式,在枪机左右两侧各有 1 凸耳,利用这 2 个凸耳,使枪机与枪机容纳部完成闭合,属于典型的捷格加廖夫设计。

Chapter 06 机 枪

俄罗斯 PK 通用机枪

1959 年，PK 通用机枪开始少量装备苏军的机械化步兵连。20 世纪 60 年代初，苏军正式使用 PK 通用机枪取代了 SGM 轻机枪，此后，其他国家也相继装备 PK 系列通用机枪。

性能解析

PK 通用机枪的原型是 AK-47 自动步枪，两者的气动系统及回转式枪机闭锁系统相似。PK 通用机枪发射 7.62×54 毫米口径弹药，弹链由机匣右边进入，弹壳从左边排出。

PK 通用机枪大量减轻了枪身的重量，枪机容纳部分使用钢板压铸成型法制造，枪托中央也挖空，并在枪管外围刻了许多沟纹，以至于 PK 通用机枪只有 9 千克。PK 通用机枪的设计除可用作一般射击有生目标外，也可作为防空机枪使用。

基本参数	
制造商	捷格加廖夫设计局等
口径	7.62 毫米
全长	1 173 毫米
枪管长	658 毫米
空枪重量	9 千克
有效射程	1 000 米
枪口初速	825 米/秒
射速	650 发/分

与苏联设计的其他枪支一样，在所有前华沙条约国家都能发现 PK 枪族的身影。除在俄罗斯生产外，PK 机枪还被许可在保加利亚、哈萨克斯坦、波兰、塞尔维亚和罗马尼亚生产，从铭文可以获知枪支的原产国。

该枪曾参加苏联入侵阿富汗战争、车臣战争、两伊战争、海湾战争、阿富汗战争（2001 年）、伊拉克战争、塔吉克内战、2008 年南奥塞梯战争、2011 年利比亚内战等。

俄罗斯 RPK 轻机枪

　　RPK 轻机枪是以 AKM 突击步枪为基础发展而成的，它具有重量轻、机动性强和火力持续性较好的特点。与 AKM 突击步枪相比，RPK 轻机枪的枪管有所增长，而且增大了枪口初速。

性能解析

　　该机枪沿用了 AKM 突击步枪著名的冲铆机匣，枪机内部的冲压件比例大幅度提高，并把铆接改为焊接，如枪管节套和尾座点焊在 1 毫米厚的 U 形机匣上，机框枪机导轨点焊在机匣内壁上。RPK 轻机枪的弹匣由合金制成，并能够与原来的钢质弹匣通用，后期还研制了一种玻璃纤维塑料压模成型的弹匣。该枪的护木、枪托和握把均采用树脂合成材料，以降低枪支重量并增强结构。RPK 轻机枪还配备了折叠的两脚架以提高射击精度，由于射程较远，其瞄准具还增加了风偏调整。

基本参数	
制造商	图拉兵工厂
口径	7.62 毫米
全长	1 040 毫米
枪管长	590 毫米
空枪重量	4.8 千克
最大射程	1 000 米
射速	600 发/分
弹容量	60/100 发

俄罗斯 Pecheneg 通用机枪

Pecheneg 通用机枪由俄罗斯联邦工业设计局研发设计,其设计理念借鉴了苏联的 PK 通用机枪。

性能解析

与 PK 通用机枪相比,Pecheneg 通用机枪最主要的改进有以下几点:第一,该枪使用了 1 根具有纵向散热开槽的重型枪管,从而在枪管表面形成上升热气以及保持枪管冷却,使其射击精准度更高、可靠性更好;第二,该枪能够在机匣左侧的瞄准镜导轨上,安装上各种快拆式光学瞄准镜或是夜视瞄准镜,以额外增加其射击精准度。Pecheneg 通用机枪的枪管即使持续射击 600 发子弹,也不会减短其寿命。Pecheneg 通用机枪以 PKM 为基础,有 80% 的零件可以通用。与 PKM 相比 Pecheneg 通用机枪最主要的改进是强制气冷的新枪管,但不能像大多数现代通用机枪那样进行迅速更换。新枪管表面纵向散热开槽,并包裹有金属衬套。在射击时,枪口发出的火药气体会产生引射作用,使衬套内的空气向前方流动,从起到冷却枪管的作用。

Pecheneg 通用机枪在利用两脚架射击时,其命中效果比 PKM 通用机枪高出 2.5 倍,如果用三脚架或车载射架,则比 PKM 高出 1.5 倍。强制气冷也使 Pecheneg 具有另一个优点——在长时间射击时不会像 PKM 那样在枪管表面形成上升热气,因而不会干扰射手瞄准目标。

基本参数	
制造商	联邦工业设计局
口径	7.62 毫米
全长	1 155 毫米
枪管长	658 毫米
空枪重量	8.7 千克
有效射程	1 500 米
射速	650~800 发/分
弹容量	100/200/250 发

俄罗斯 AEK-999 通用机枪

AEK-999 通用机枪是由 PKM 通用机枪改进而来的，目前主要在俄罗斯特种部队中服役。

性能解析

为了提高耐用性，该枪大部分零件采用航炮炮管用钢材。枪管有一半的长度外表有纵向加劲肋，起加速散热的作用，枪管顶部有 1 条长形的金属盖，作用是减少枪管散热对瞄准线产生的虚影现象。另外，枪管下增加了塑料的下护木，便于在携行时迅速进入射击姿势。

基本参数	
制造商	捷格加廖夫设计局
口径	7.62 毫米
全长	1 188 毫米
枪管长	605 毫米
空枪重量	8.74 千克
有效射程	1 500 米
射速	650 发 / 分
弹容量	100/ 200 发

AEK-999 通用机枪有 1 个非常独特的装置，那就是它的多用途枪口装置——枪口消声消焰器，这个装置具有提高精度、降低枪口噪声、削弱射击声音等特点；消除枪口焰光，可使射手在夜间射击时不会被枪口火焰影响视线。

俄罗斯 DShK/DShKM 重机枪

DShK 重机枪是捷格加廖夫于 20 世纪 30 年代设计的，DShKM 重机枪是其改进型号。该枪在二战期间被步兵分队广泛应用于低空防御和步兵火力支援，也在一些重型坦克和小型舰艇上作为防空机枪使用。

性能解析

DShK 机枪采用开膛待击，闭锁机构为枪机偏转式，依靠枪机框上的闭锁斜面，使枪机的机尾下降，完成闭锁动作。自动机系统与 DP-27 轻机枪类似，但按比例增大了枪机和机匣后板上的机框缓冲器组件。

该枪使用不能快速拆卸的重型枪管，枪管前方有大型制退器和柱形准星，枪管中部有散热环增强冷却能力，枪管后部下方有用于结合活塞套筒的结合槽，上方有框架形立式照门。导气箍上有气体调整器，用于调整作用于活塞上的气体，以保证复进机有适当的后坐速度。DShK 与 DShKM 类似，主要的变化是供弹机构。DShK 机枪的供弹机构由拨弹滑板、拨弹杠杆和拨弹臂等组成，受弹机盖呈低矮的方形，这是区别 DShK 与 DShKM 的 1 个明显外观标志。

DShK/DShKM 机枪采用科列斯尼科夫设计的多用途枪架。该枪架由 2 个前脚架、1 个后脚架和座盘组成，还有 1 对轮子，便于步兵拖行。后脚架上有 1 个鞍座，射手可坐在这个鞍座上射击。枪架左侧还配有可拆卸的钢盾。

基本参数	
制造商	图拉兵工厂
口径	12.7 毫米
全长	1 625 毫米
枪管长	1 070 毫米
空枪重量	34 千克
有效射程	1 500 米
射速	600 发 / 分
弹容量	30 发

俄罗斯 SG43 重机枪

SG43 重机枪是二战中苏联军队的制式装备，主要作用是增强捷格加廖夫系列轻机枪的火力，对付低空飞行目标。

性能解析

SG43 重机枪采用导气式工作原理，闭锁机构为枪机偏转式，机框上的靴形击铁与枪机上的靴形槽相互作用，使枪机偏转进行闭锁。该枪瞄准装置由圆柱形准星和立框式表尺组成，照门为方形缺口式，上有横表尺，可进行风偏修正。表尺框左边刻度为发射重弹用的分划，右边刻度为发射轻弹用的分划。准星可上下左右调整，准星两侧有护翼。

基本参数	
研发者	彼得·马克西莫维奇·戈留诺夫
口径	7.62 毫米
全长	1 150 毫米
枪管长	720 毫米
空枪重量	13.8 千克
有效射程	1 500 米
射速	500~700 发 / 分
弹容量	200 发

俄罗斯 NSV 重机枪

由于 NSV 重机枪整体性能卓越,且多处结构有所创新,所以曾被华约成员国广泛作为步兵通用机枪,其地位与勃朗宁 M2 重机枪不相上下。

性能解析

NSV 重机枪全枪大量使用冲压加工与铆接装配工艺,这样既简化了结构,又减轻了全枪质量,生产性能也较好。在恶劣条件下使用时,该枪比 DShK 重机枪的性能更可靠,机匣的结构能确保射击中从后方泄出的火药燃气较少,从而可以作为车载机枪或在阵地上使用。

基本参数	
口径	12.7 毫米
全长	1 560 毫米
空枪重量	25 千克
有效射程	2 000 米
射速	700~800 发 / 分
弹容量	50 发

NSV 重机枪没有传统的抛壳挺,弹壳被枪机的抽壳钩钩住,从枪膛拉出,枪机后坐时利用机匣上的杠杆使弹壳从枪机前面向右滑,偏离下一发弹的轴线。枪机复进时,推下一发子弹入膛,复进到位后,枪机左偏而闭锁,弹壳脱离枪机槽,被送入机匣右侧前方的抛壳管,从该管排到枪外。由于机匣侧面或下面无抛壳孔,因此具有火药燃气泄漏少等优点。该枪作为车载机枪使用时,抛壳管排出的火药燃气容易被导向车外。

俄罗斯 Yak-B 重机枪

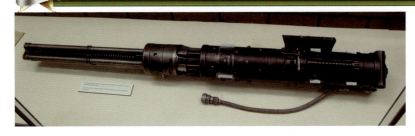

Yak-B 重机枪主要装备在米-8、米-24 等武装直升机上。该枪为内能源转管武器，在枪弹未击发前，将首发枪弹送至击发位置并击发的动作不是靠电机带动来完成，而是靠火药弹产生的高压燃气，通过首发起动装置来实现的，这是与采用外能源的转管武器不同之处。

性能解析

其首发起动装置中安装有 3 发火药弹，第 1 发火药弹是专供首发起动的，第 2、3 发是专供排除停射故障用的，如果说因为某种原因导致在射击过程中产生瞎火弹或停射之前未储能，可使用第 2 发或第 3 发火药弹重新起动机枪进行发射。

基本参数	
制造商	KBP 仪器设计厂
口径	12.7 毫米
全长	1 345 毫米
枪管长	970 毫米
空枪重量	45 千克
有效射程	1 500~1 800 米
射速	4 000~5 000 发/分
弹容量	750/1470 发

俄罗斯 Kord 重机枪

Kord 重机枪的设计目的是对付轻型装甲目标。目前，Kord 重机枪已经建立了其生产线，它正式通过了俄罗斯军队测试并且被俄罗斯军队所采用。

性能解析

Kord 重机枪的性能、构造和外观上都类似于苏联的 NSV 重机枪，但内部机构已经被大量重新设计。这些新的设计让该枪的后坐力比 NSV 重机枪小了很多，也让其在持续射击时有更高的射击精准度。

与绝大多数重机枪不同的是，Kord 重机枪新增了构造简单、可以让步兵队更容易使用的 6T19 轻量两脚架，这样使 Kord 重机枪可以利用两脚架协助射击。这一点对于 12.7 毫米重机枪而言是一个独特的功能。

基本参数	
制造商	V.A. 狄格特亚耶夫工厂
口径	12.7 毫米
全长	1 625 毫米
枪管长	1 070 毫米
空枪重量	27 千克
有效射程	2 000 米
射速	650~750 发 / 分
弹容量	50/ 150 发

俄罗斯 ZPU 系列高射机枪

ZPU 系列高射机枪是苏联枪械设计师弗拉基米诺夫在 1949 年研制的,于 20 世纪 50 年代初开始装备苏军部队。该枪采用多管联装,枪架装有轮子,便于使用汽车牵引。此外,该枪配有光学瞄准镜,极大地提高了其地面部队的有效作战空域,增强了对空作战的能力。

性能解析

该枪的闭锁方式为机头回转式,闭锁时,机头的断隔螺与枪管上的断隔螺扣合。供弹方式为弹链供弹,属双程进弹、单程输弹。为了提高射速,该枪还装有膛口助推器。该枪采用光学瞄准具,由斜距装定器、斜距修正器、航路航速装定器、平行瞄准器、航路确定器、高射瞄准镜以及平射瞄准镜等组成。此外,在枪身上尚有机械瞄准具,准星为圆柱形,表尺为正切型 U 形表尺。

该枪的缺点是体积太大、过于笨重、不方便携带,一旦遇到山地、丛林、峡谷等复杂地形时会让士兵感到吃力。所以一般该枪是以汽车牵引方式在公路上或在平坦的地形上作战。

基本参数	
研发者	弗拉基米诺夫
口径	14.5 毫米
全长	3 900 毫米
空枪重量	621 千克
有效射程	2 000 米
射速	150 发/分(单管)

英国刘易斯轻机枪

刘易斯轻机枪的性能和实用性都非常优秀,又历经了一战和二战的洗礼,可谓是名副其实的老枪。

性能解析

影响自动武器连发射击精度和枪管寿命的重要因素是散热。刘易斯轻机枪散热设计非常独特,枪管外包有又粗又大的圆柱形散热套管,里面装有铝质散热薄片。射击时,火药燃气向前高速喷出,在枪口处形成低压区,使空气从后方进入套管,并沿套管内散热薄片形成的沟槽前进,带走热量。这种独创的抽风式冷却系统,比当时机枪普遍采用的水冷装置更为轻便实用。

基本参数	
制造商	伯明翰轻式武器公司
口径	7.7 毫米
全长	1 283 毫米
枪管长	666 毫米
空枪重量	11.8 千克
枪口初速	745 米 / 秒
射速	550~750 发 / 分
弹容量	47 / 97 发

英国布伦轻机枪

布伦轻机枪是英国在二战中装备的主要轻机枪之一,也是二战中表现最好的轻机枪之一。

性能解析

布伦轻机枪采用导气式工作原理,枪机偏转式闭锁方式。该枪的枪管口装有喇叭状消焰器,在导气管前端有气体调节器,并设有4个调节挡,每挡对应不同直径的通气孔,可以调整枪弹发射时进入导气装置的火药气体量。该枪拉机柄可折叠,并在拉机柄、抛壳口等机匣开口处设有防尘盖。

基本参数	
制造商	恩菲尔德兵工厂
口径	7.62 毫米
全长	1 156 毫米
枪管长	635 毫米
空枪重量	10.35 千克
有效射程	550 米
射速	500~520 发/分
弹容量	30/100 发

使用情况

布伦轻机枪不但装备英军,而且还曾被包括保加利亚、印度、尼泊尔、荷兰、波兰、斯里兰卡、印度尼西亚、希腊等国使用。自1938年装备英军以来,布伦式轻机枪在世界多场战争和武装冲突中亮相,其中包括二战、第一次中东战争、第二次中东战争、印巴战争、爱尔兰内战、波斯湾战争等众多战争和武装冲突。

英国 L7 通用机枪

L7 通用机枪是 FN MAG 通用机枪的改进版(两款主要衍生型,L7A1 和 L7A2),英国陆军的当前版本正式给予编号为 L7A2 GPMG 通用机枪。

性能解析

L7 通用机枪在 1957 年的试验以后被英军方所采用,并取代了长期服役于英军的维克斯通用机枪和布伦轻机枪。该枪由原本的皇家轻武器工厂、恩菲尔德船闸工厂以及目前的曼莱尔工程公司生产。

基本参数	
制造商	皇家轻武器厂等
口径	7.62 毫米
全长	1 235 毫米
枪管长	487.5 毫米
空枪重量	12.1 千克
射速	650 发/分
供弹方式	M13 弹链

英国马克沁重机枪

马克沁重机枪是由海勒姆·史蒂文斯·马克沁于 1883 年发明的,之后,其他国家的重机枪的设计都有借鉴于它。

性能解析

由于枪管连续的高速发射子弹会导致发热,为了解决这个问题,马克沁重机枪采用水冷方式帮助枪管冷却。为了保证有足够子弹满足这种快速发射的需要,马克沁发明了帆布子弹带,带长 6.4 米,弹容量 330 发。弹带端还有锁扣装置,以便可以连接更多子弹带。

基本参数	
研发者	海勒姆·史蒂文斯·马克沁
口径	7.69 毫米
全长	1 079 毫米
枪管长	673 毫米
空枪重量	27.2 千克
有效射程	2 000 米
射速	500 发/分
弹容量	330 发

英国维克斯重机枪

在两次世界大战期间,英国有两件绝不可忽视的武器,它们就是李·恩菲尔德式步枪和维克斯重机枪。在二战前,维克斯重机枪已经是57岁"年近花甲"了,直到1968年,英军才正式宣布维克斯重机枪"下岗"。

性能解析

为了避免在持续射击时枪管过热,维克斯重机枪配备了可快速更换的枪管,包覆于连接了容量4升的冷凝罐的水桶中。一般来说,维克斯重机枪连续发射约3 000发子弹后,水桶中的水就会达到沸点;此后,每发射约1 000发子弹,就会蒸发约1升的水。但是如果用1根橡胶管把水桶与冷凝罐连接起来,就可以令水循环使用。

基本参数	
制造商	维克斯工厂
口径	7.7毫米
全长	1 156毫米
枪管长	724毫米
空枪重量	18.2千克
有效射程	1 500米
射速	500发/分
弹容量	250发

维克斯重机枪采用的是枪管短后坐式工作原理，其闭锁机构为曲柄连杆式。在闭锁时，2个连杆臂在机匣内成水平状态，在枪管和枪机共同后坐6毫米、膛内压力下降到安全线下后，曲柄连杆后部的开锁凸轮会撞击机匣侧壁上的卡笋，从而使连杆翻转而实现枪机开锁。

维克斯重机枪采用的是击针击发式，以弹链供弹。其机头端面的抓弹器能够上下移动，在枪机后坐抽出弹壳的同时抓取1发新弹，抓弹器被上盖板上的斜面下压使得新弹对准弹膛，同时将弹壳抛出。

比利时蒙蒂尼重机枪

蒙蒂尼重机枪构造有些奇特，该枪有 37 根枪管被"裹"在 1 个圆筒中，子弹装在圆形枪机闭锁块上的 37 个小孔中。枪手把装好子弹的闭锁块放在枪身后端的缺口处，再推动 1 个杠杆，将闭锁块向前推，完成闭锁，此时子弹正好跟每个枪管对正。然后枪手转动位于后方的 1 个摇杆，击发装置就将这 37 颗子弹逐一击发。之后，枪手拉动杠杆，闭锁块后滑，枪手将闭锁块取出，将另一个装好子弹的闭锁块放入，开始另一轮射击。

基本参数	
研发者	法斯詹普斯
口径	11 毫米
空枪重量	910 千克
有效射程	380 米
射速	200 发 / 分

法国陆军想与普鲁士打上一仗，可害怕普鲁士的德雷赛针枪，虽然说他们有针对德雷赛针枪的武器，但数量太少，无法在短时间内让所有的士兵都装备上。于是，法国陆军看上了蒙蒂尼重机枪，将其当作制胜的秘密武器。由于蒙蒂尼重机枪外形像 1 门小炮，又装有轮子，所以法军并不是把它们拿来当作步兵支援武器，反而被当成炮兵武器使用。

比利时 FN MAG 通用机枪

FN MAG 通用机枪的设计借鉴了美国 M1918 轻机枪和德国 MG42 通用机枪，秉承了它们的优点，同时也有所创新。

性能解析

FN MAG 通用机枪主要特点是采用了双程供弹方式，内外拨弹齿交替起拨弹和阻弹作用，使弹链在枪机复进和后坐过程中各移动 1/2 链距。该枪机匣为长方形冲铆件，前后两端有所加强，分别容纳枪管节套活塞筒和枪托缓冲器。机匣内侧有纵向导轨，可以支撑和导引枪机和机框往复运动。闭锁支承面位于机匣底部，当闭锁完成时，闭锁杆抵在闭锁支承面上。机匣右侧有机柄导槽，抛壳口在机匣底部。机匣和枪管节套用断隔螺连接，枪管可以迅速更换。枪管正下方有导气孔，火药燃气经由导气孔进入气体调节器。

气体调节器装在导气箍中，导气箍与枪管采用压配合，并用销子固定。气体调节器套筒内有 1 个气塞，气塞上有 3 个排气孔。通过气体调节器的调节，可使射速在 600~1 000 发 / 分的范围内变化。

基本参数	
制造商	FN 公司
口径	7.62 毫米
全长	1 263 毫米
枪管长	487.5 毫米
空枪重量	11.79 千克
有效射程	600 米
射速	600~1 000 发 / 分
供弹方式	M13 弹链

FN MAG 采用导气式工作原理、闭锁杆起落式闭锁机构。自动机系仿美国勃朗宁 M1918 式 7.62 毫米自动步枪，闭锁杆起落式闭锁机构的闭锁部位有所改动。弹链供弹机构照搬德国 MG42 式机枪双程供弹装置。平时配两脚架，需要时可以装在三脚架式高射架上射击。

由于该枪把各种武器结构特点有机地结合在一起，取得了设计上的成功，因而在某些方面比美国的 M60 式机枪还要优越。FN MAG 采用机械瞄准具。准星为片状，准星座装在横向的燕尾槽中。表尺为立框式，可折叠。表尺平放时，射程装定为 200~800 米，表尺竖直后，射程装定为 800~1 800 米。

比利时 FN Minimi 轻机枪

FN Minimi 轻机枪是 FN 公司在 20 世纪 70 年代研发的，主要装备步兵、伞兵和海军陆战队。美国的 M29 轻机枪就是在该枪的基础上改进的。

性能解析

FN Minimi 轻机枪采用开膛待击的方式，增强了枪膛的散热性能，有效防止枪弹自燃。导气箍上有 1 个旋转式气体调节器，并有 3 个位置可调：1 个为正常使用，可以限制射速，以免弹药消耗量过大；1 个位置在复杂气象条件下使用，通过加大导气管内的气流量，减少故障率，但射速会增高；还有 1 个是发射枪榴弹时用。

基本参数	
制造商	FN 公司
口径	5.56 毫米
全长	1 038 毫米
枪管长	465 毫米
空枪重量	7.1 千克
有效射程	1 000 米
射速	750 发 / 分
弹容量	20/ 30/ 100 发

比利时/美国 Mk 48 轻机枪

Mk 48 轻机枪目前正在多个美国特种部队司令部辖下的部队服役，比如，美国海军海豹突击队和美国陆军游骑兵部队等。

性能解析

Mk 48 轻机枪主要为美国特种部队研制，用户也仅为美国特种作战司令部，为了提高战术性能，在机枪上装有 5 条战术导轨，能够安装各种枪支战术组件。Mk 48 轻机枪的两脚架连接在导气活塞上，为内置整体式，并有连接三脚架的配接器。该枪的枪托为固定聚合物枪托，也有一些型号的 Mk 48 轻机枪使用了伞兵型旋转伸缩式管形金属枪托。

Mk 48 轻机枪枪机上装有提把，能够在不使用辅助设备的情况下快速更换枪管，这种设计对因长时间射击而变热的机枪枪管来说非常重要，能够增大机枪的耐用性。

基本参数	
制造商	FN 公司等
口径	7.62 毫米
全长	1 009.65 毫米
枪管长	501.65 毫米
空枪重量	8.2 千克
有效射程	800 米
射速	710 发 / 分
弹容量	100/ 200 发

比利时/美国 Mk 46 轻机枪

21世纪初,美国海军特种作战部根据自身需要对M249轻机枪进行了改进,改进后的机枪于2001年定型,并改名为"Mk 46轻机枪"。Mk 46轻机枪的大多数内部零件与M249轻机枪相同,不同的地方就是,Mk 46轻机枪在枪管上方的隔热罩顶部加了1段皮卡汀尼导轨。

性能解析

Mk 46轻机枪的枪管上刻有散热槽,既可延长枪管寿命,也可减轻重量,它的枪管可快速更换。该枪的枪机和枪机框表面进行了化学镀镍处理,可以在不涂润滑油的情况下连续发射1 000发子弹。

Mk 46轻机枪使用了QD消焰器和湿式消声器。该枪取消了气体调节系统,改为1个"整块"式的导气系统。这种设计的优点是射手在拆卸机枪时简单方便,不会丢失零件,擦拭时也不需要进行分解,只从外部擦拭就行了。取消了M249的提把,背带的后连接点前移。伞兵型枪托换成了固定塑料枪托,这种枪托能在戴防毒面具时实施瞄准射击,不过使用者也可以改用伞兵型枪托。

基本参数	
制造商	FN公司等
口径	5.56毫米
全长	908毫米
枪管长	406.4毫米
空枪重量	5.75千克
有效射程	800米
射速	750发/分
弹容量	100/200发

比利时 FN BRG15 重机枪

FN BRG15 重机枪诞生于 1980 年（其设计有借鉴 M2HB 重机枪等），不过当时并没有大量生产，直到 1989 年才开始生产。该枪发射专用的 15×115 毫米口径枪弹，枪口动能极高，穿甲能力极强。

性能解析

FN BRG15 重机枪采用传统的导气式工作原理和枪机回转闭锁机构。枪管外部加工有散热用纵向槽，枪口部装有消焰器，枪管可以快速更换，但活塞导杆组件也同枪管一起更换。

该枪使用机械瞄准具，前方有柱形准星，无护罩，装在机匣前部；后方有缺口式照门，可调高低和风偏。机匣用冲压钢制成，内部装有缓冲器，因此该枪可以装在多种支架上射击。该枪最突出的特点是可以左、右弹链供弹，枪上有 1 个选择杆可使射手选择供弹方向。此外，该枪的保险机构有着多种作用，第一，当弹链取出时，将不能射击；第二，假如活动件没后坐到位，枪机框后边的卡笋将限制射击；第三，枪机未完全闭锁时，击针是锁定的。

基本参数	
制造商	FN 公司
口径	15 毫米
全长	2 150 毫米
空枪重量	60 千克
有效射程	2 000 米
射速	600 发 / 分

捷克共和国 ZB-26 轻机枪

ZB-26 轻机枪诞生于 1926 年，它是世界上最著名的轻机枪之一，曾装备数十个国家的军队。诸如英国布伦式轻机枪之类的"二战王牌轻机枪"，其设计都有借鉴于它。

性能解析

ZB-26 轻机枪的结构简单，动作可靠，在激烈的战争中和恶劣的自然环境下也不易损坏。该枪使用和维护很方便，只要更换枪管就可以持续射击。另外，机枪手经过简单的射击训练就可以使用该枪作战，大大提高了实战效能。

该枪枪管外部加工有圆环形的散热槽，枪口装有喇叭状消焰器。枪管上靠近枪中部有提把，方便携带和快速更换枪管。枪托后部有托肩板和托底套，内有缓冲簧以减少后坐力，两脚架可根据要求伸缩。由于弹匣位于机匣的上方，从下方抛壳，因此瞄准具向左偏移。

ZB-26 的工作方式为活塞长行程导气式，闭锁方式为枪机偏转式，即靠枪机尾端上抬卡入机匣顶部的闭锁卡槽实现闭锁。该枪采用弹匣供弹，容弹量为 20 发。后来的型号采用 30 发弹匣，抗战末期甚至出现加长型 40 发装弹匣。弹匣位于机匣的上方，从下方抛壳。

基本参数	
制造商	布鲁诺兵工厂
口径	7.92 毫米
全长	1 150 毫米
枪管长	672 毫米
空枪重量	10.5 千克
有效射程	550 米
射速	500 发/分
弹容量	20/30/40 发

捷克共和国 Vz.59 通用机枪

Vz.59 通用机枪诞生于 20 世纪 50 年代末期，并在 20 世纪 60 年代取代了 Vz.52 通用机枪。同 Vz.52 通用机枪相比，该枪简化了操作，工艺性也较好。

性能解析

Vz.59 通用机枪采用导气式设计、开放式枪机，而其枪机容纳部下方的握柄具有枪机拉柄的功能，只要移动此握柄，便可让枪机上膛。

枪管定位方式较好，便于消除枪管与机匣间的间隙松动，因此射击时枪管振动不大。该枪可配装轻型枪管和两脚架作为班用机枪，也可配装重型枪管和两脚架作为连用机枪。

Vz.59 通用机枪的缺点是初速偏低、平射时方向散布较大、三脚架外形尺寸大、机动性差、射角太小，不利于行军和山地、丛林作战。其改进型 Vz.59T 式主要用作坦克并列机枪，安装在 OT-62 型装甲输送车等装甲车辆上。

基本参数	
制造商	Zbrojovka Brno(ZB) 公司
口径	7.62 毫米
全长	1220 毫米
枪管长	694 毫米
空枪重量	9.6 千克
有效射程	1000~1500 米
射速	700~1000 发 / 分
弹容量	50 发

法国 AAT-52 通用机枪

AAT-52 通用机枪的重心太靠后、操作性能差和枪管质量不高等缺点，但结构简单、生产方便等优点使其在军队中还是占有一席之地的。

性能解析

AAT-52 通用机枪其内部的反冲式操作系统是以杠杆作为基础，此系统主要分为两部分——闭锁杠杆和闭锁槽。发射子弹时，在高压气体的压力推动下，闭锁杠杆会自动卡入机匣内部的闭锁槽内，使得枪机主体快速向后坐，然后闭锁杠杆经过旋转后，与机匣的闭锁槽自动解脱。在经过一定的时间以后，击针会拉动枪机机头，然后自动抽弹壳、压缩复进簧，把弹壳排出、从弹链中抽出下一发子弹并送入膛室。因此该枪可以在没有完全闭锁下射击，这是 AAT-52 通用机枪较为特别的地方。

基本参数	
制造商	王·区蒂兵工厂
口径	7.5 毫米
全长	1 080 毫米
枪管长	600 毫米
空枪重量	10.6 千克
有效射程	1 200 米
射速	700~900 发/分
弹容量	200 发

法国 M1909 轻机枪

M1909 轻机枪的设计师是劳伦斯·V. 贝尼特和亨利·梅尔西，该枪在一战和二战时期是法国陆军的主要机枪之一。相比 M1900 轻机枪和 M1907 轻机枪而言，M1909 轻机枪将零部件数量减到最少，取消了笨重的三脚架，安装了更加结实且重量轻的固定架(后来逐渐换为两脚架)。该枪基本上只需要 2 名士兵就可以完成操作，1 名士兵负责射击操作，1 名负责供弹。

基本参数	
制造商	哈·奇开斯公司
口径	7.62 毫米
全长	1 230 毫米
枪管长	640 毫米
空枪重量	12 千克
最大射程	3 800 米
射速	400 发 / 分
弹容量	30 发

性能解析

该枪的致命缺点是枪弹外露，在到处都是沙尘和泥土的战壕里，笨拙的弹板式换弹方式很容易引起供弹不良。一战结束后，很多国家都把 M1909 轻机枪从一线部队中撤换，用新型机枪取而代之，法国也不例外。

法国 FM24 轻机枪

1924年，法国军队为了取代旧式的 Chauchat 轻机枪，研发了 FM24 轻机枪。由于该枪具有良好的可靠性，很快就在法国军队中普及。不过，该枪也存在缺陷：第一，该枪在战斗状态下不能很快地更换枪管；第二，位于机匣上方的弹匣在射击时会阻挡射手的视线。

性能解析

FM24 轻机枪采用导气式工作原理，枪机偏移式闭锁机构，击锤式击发机构。该枪的特别之处在于它有 2 个扳机：扣动前面的扳机是单发发射，扣动后面的则是连发发射。该枪采用可以避免虚光的机械瞄具，片状表尺。该枪初期使用 7.5×57 毫米子弹，1929 年的版本改为使用 7.5×54 毫米子弹。

基本参数	
口径	7.5 毫米
全长	1 080 毫米
枪管长	600 毫米
空枪重量	9.75 千克
枪口初速	830 米/秒
射速	450 发/分
弹容量	25 发

以色列 Dror 轻机枪

1946年12月，以色列组建了一个主要是用来制造轻机枪的国营兵工厂。在设计新型机枪时，为了不浪费他们数年来辛苦收集的数百万英国7.62毫米口径的子弹，以色列国营兵工厂决定使用温彻斯特武器公司 M1941 轻机枪（口径为7.62毫米）来进行改良。

1947年，以色列国营兵工厂开始在一处秘密的生产车间进行机枪改良，最终他们的产品就是 Dror 轻机枪。

基本参数	
制造商	国营兵工厂
口径	7.62 毫米
全长	1 240 毫米
枪管长	680 毫米
空枪重量	10 千克
有效射程	1 000 米
射速	250~950 发/分
弹容量	20 发

以色列 Negev 轻机枪

Negev 轻机枪 (Negev 一般音译为 "内盖夫") 是以色列国防军的制式多用途轻机枪，装备的部队包括所有的正规部队和特种部队。

性能解析

Negev 轻机枪使用的枪托可折叠存放或展开，这个灵活性已经让 Negev 被用于多种角色，如传统的军事应用或在近距离战斗使用中。值得一提的是，正当以色列国防军打算采用 Negev 轻机枪时，半路杀出个 FN Minimi 机枪，这 2 种枪在性能上相差无几，并且在 1990 年以色列就已经装备了少量的 FN Minimi 机枪。相对于 Negev 轻机枪来说，FN Minimi 机枪的优势就在于经历过实战检验，而且价格便宜。

基本参数	
制造商	IMI 公司
口径	5.56 毫米
全长	1 020 毫米
枪管长	460 毫米
空枪重量	7.5 千克
有效射程	1 000 米
射速	650~850 发 / 分
弹容量	35/ 50 发

但后来 FN Minimi 机枪没有得到适当的维护，导致性能下降，所以在以色列国防军中的声誉也开始有所下滑；另外，以色列军事工业公司通过政治手段向军方施压，要求军方"支持国产"，因此，以色列国防军才最终决定采购比 FN Minimi 价格高的"国产货"Negev 轻机枪。

与 FN Minimi 机枪相同，Negev 机枪也能以弹链及弹匣供弹，但弹匣口改为机匣下方，配有塑料套的两脚架及皮卡汀尼导轨，其两脚架更可充当前握把。后期型 Negev 配有独立前握把及可拆式镭射指示器，也可装上短枪管，枪托折叠时不会阻碍弹盒，设计紧凑。

日本大正十一式轻机枪

大正十一式轻机枪是日本在二战中使用较多的一种机枪。为便于贴腮瞄准，该枪枪托向右弯曲，故在中国俗称"歪把子"机枪。

▶ 性能解析

十一式轻机枪采用了类似传统步枪枪托的"枪颈"，同时由于其瞄准基线偏于枪面右侧，为了避免使用者在瞄准时过于向右歪脖子，所以将本来就十分细长的枪颈向右弯曲，以使枪托的位置能满足抵肩枪瞄准，这就是"歪把子"的由来。

大正十一式机枪采用导气式自动方式，闭锁机构为楔闩横动闭锁，楔闩位于枪机后部，由枪机框上的开闭锁斜面带动楔闩做上下起落运动。枪管上有螺纹状散热片，使用与三八式步枪相同的6.5×50毫米步枪弹（但在绝大多数情况下，考虑到连发情况下枪管的寿命，使用的是减装药的机枪弹）以及标准的5发弹夹。该枪使用方便、射程较远、精度较高，但枪弹威力不大。

在供弹方式上使用的是弹斗供弹原理，开放的供弹弹斗容量为30发，弹斗位于机枪枪身左侧，可以容纳6个水平放置的5发弹夹，弹斗上方的盖子向

基本参数	
制造商	南部铳制造所
口径	6.5毫米
全长	1 100毫米
枪管长	443毫米
空枪重量	10.2千克
射速	150发/分
弹容量	30发

下施加压力使最底层弹夹打完后叠在上面弹夹会进入输弹位置。弹斗底部的推弹装置将弹夹中的枪弹推向给弹口推弹入膛，依次反复。仿效法国"哈奇开斯"用润滑油润滑子弹，弹壳需要润滑才可以靠枪机后坐提供的动能退壳。机枪上配有油壶，子弹需要经过油刷给弹壳涂润滑油否则容易退壳不畅。理论上只要不断向弹斗中装填弹夹即可持续射击，但是由于弹药装填烦琐，实际射速不能达到理论射速，很难达到150发/分。在实战中存在枪管过热（不能换枪管）、结构复杂、易出故障等问题。

日本九六式轻机枪

九六式轻机枪原本是要取代较旧的十一式轻机枪，不过由于当时十一式已有大量生产，因此这两种武器直到战争结束后仍在使用。

性能解析

九六式轻机枪与十一式轻机枪设计基本相同，都是采用了气冷式、导气式设计。它们之间最大的差异就是九六式轻机枪使用的弹匣为曲形可卸式盒状弹匣，这种弹匣设计增加了九六式轻机枪的可靠性，并且减轻了该枪的重量。此外，该枪的枪管还设计有侧翼，以便在必要时迅速地更换枪管。

该枪的缺陷在于弹壳容易卡在弹膛中，从而引起故障。为了确保可靠的填弹，只好用装在弹匣装填器中的油泵为子弹上油。可是问题来了，上了油的子弹更容易沾上沙尘，导致问题更加严重。

基本参数	
制造商	南部铳制造所
口径	6.5毫米
全长	1 070毫米
枪管长	550毫米
空枪重量	9千克
射速	450~500发/分
弹容量	30发

日本三式重机枪

三式重机枪是根据美国 M2 重机枪改造而来的，不过该枪不是使用美式 12.7 毫米口径子弹，而是 13.2 毫米口径法式子弹。三式重机枪和 Ho-103 重机枪是日军非常重要的两款重机枪，但是这两款重机枪使用不同口径的子弹，导致在生产方面不是很方便、经济。

另外，三式重机枪被日本海军当作机载重机枪，采用的机械运动方式也和大多数重机枪一样，即用发射子弹时的后坐力推动枪机后退去完成退壳和子弹重新上膛。

基本参数	
制造商	南部铳制造所
口径	13.2 毫米
全长	1 500 毫米
枪管长	900 毫米
空枪重量	28 千克
有效射程	1 500 米
射速	800 发 / 分

新加坡 Ultimax 100 轻机枪

Ultimax 100 轻机枪由新加坡特许工业有限公司研发生产，其特点是重量

轻、命中率高，除了被新加坡军队采用外，也出口到了其他国家。

性能解析

Ultimax 100 轻机枪采用旋转式枪机闭锁系统，枪机前端附有微型闭锁凸耳，只要产生些许旋转角度便可与枪管完成闭锁。该枪最特别之处是它采用恒定后坐机匣运作原理，枪机后坐行程大幅度加长，令射速和后坐力比其他轻机枪低，但射击精准度要高。

Ultimax 100 轻机枪是世界上重量最轻而命中率高的班用轻机枪之一。Ultimax100 轻机枪采用气动、开放式枪机，将部分的射击瓦斯导入枪管上方的瓦斯气缸，利用瓦斯的压力使活塞后退来打开枪机，进而发射弹药。该枪在同等级 5.56 毫米口径机枪中的后坐力是最低的，因此在射击时可以轻易地保持枪支的稳定性，也可将其枪托拆下进行射击。

基本参数	
制造商	特许工业有限公司
口径	5.56 毫米
全长	1 024 毫米
枪管长	508 毫米
空枪重量	4.9 千克
有效射程	460 米
射速	400~600 发/分
弹容量	30/100 发

新加坡 CIS 50MG 重机枪

CIS 50MG 重机枪是 20 世纪 80 年代后期，由新加坡特许工业有限公司自主研发和生产的一款气动式操作、弹链供弹式重机枪。

性能解析

CIS 50MG 重机枪装有 1 根可以快速拆卸的枪管，配备 1 个与枪管整合了的提把，即使不戴隔热石棉手套，也可以在作战或是实战演习时快速方便地更换过热或损毁的枪管。该枪有一独特之处，就是它的双向弹链供弹系统。该供弹系统让机枪快速、容易转换发射的枪弹，如发射标准圆头实心弹时，可以改为发射另一边的 Raufoss MK 211 高爆燃烧穿甲弹。

该枪采用模块化设计，由 5 个基本模块组成。导气式自动原理，开膛待击。闭锁系统采用人们熟悉的枪机回转式闭锁，击针是枪机组件的一部分，气体活塞的惯性运动驱动击针击发底火。实际上，为了避免发生扭矩回曲，枪管下方有 2 个气体活塞和气缸。枪管可快速更换并加装有效的制退器。双弹链供弹，机匣两侧各 1 条，机枪手可根据需要选择其中之一。该枪可安装在三脚架或装甲输送车的炮塔上。

基本参数	
制造商	新加坡特许工业有限公司等
口径	12.7 毫米
全长	1 778 毫米
枪管长	1 143 毫米
空枪重量	9 千克
有效射程	1 500 米
射速	400~600 发/分
供弹方式	M15A2 可散式弹链

瑞士富雷尔 M25 轻机枪

富雷尔 M25 轻机枪是二战期间瑞士军队的制式武器，号称"保卫阿尔卑斯山的秘密武器"。该枪以高射击精准度著称，即使在今天，它的结构设计仍值得设计者借鉴。

性能解析

富雷尔 M25 轻机枪采用枪管短后坐式自动方式，而没有像当时的很多机枪那样采用导气式自动方式，因此降低了机件间的猛烈碰撞，使抵肩射击时变得容易控制，从而提高了射击精度。单发射击时，富雷尔 M25 轻机枪的射击精准度相当于狙击步枪。

该枪还设计有源于刘易斯机枪的后坐缓冲装置机构，这种缓冲机构是该机枪设计成功的关键部件。在富雷尔生活的那个年代，刘易斯机枪的射击精准度是最好的，后来出现的很多机枪，如布伦轻机枪、勃朗宁轻机枪等，射击精准度都不如刘易斯机枪。

基本参数	
制造商	W+F 布伦兵工厂
口径	7.5 毫米
全长	1 163 毫米
枪管长	585 毫米
空枪重量	8.65 千克
有效射程	800 米
射速	450 发/分
弹容量	30 发

芬兰 M26 轻机枪

M26 轻机枪与日军的十一式轻机枪一样，常常在战场上被当作精准射击武器来使用。在芬兰战场上该枪向世人证明了，无论是单发还是连发，它的精准度比当时芬兰战场上的任何机枪都要高。

M26 轻机枪是由芬兰枪械设计师提拉和沙勒仑共同设计的。1926 年，该枪与勃朗宁、柯尔特和哈奇开斯等多个世界名牌机枪，共同参加了芬兰陆军新型轻机枪的竞争项目。

最终 M26 轻机枪以其高射击精准度和枪管可以快速更换等优势拿下了冠军，成为芬兰军陆军新一代的制式轻机枪。

基本参数	
研发者	提拉·沙勒仑
口径	7.62 毫米
全长	1 180 毫米
枪管长	500 毫米
空枪重量	9.3 千克
有效射程	400 米
射速	450~550 发 / 分
弹容量	25 发

丹麦麦德森轻机枪

麦德森机枪是世界上第一种大规模生产的实用轻机枪,1905—1950年不少于36个国家装备过该枪。

性能解析

在战场上,军方一般会选择能大批量生产的机枪,显然麦德森轻机枪不具备量产特性,因为该枪零部件公差要求小、结构复杂,导致生产成本较高。该枪之所以在当时备受欢迎,是因为它射击精度高、性能可靠和重量轻。

麦德森机枪的自动原理比较特殊,为枪管长后坐式,枪管后退的行程较大(长于枪弹长度),自动机往返时间也较长,因此射速较慢。闭锁机构为枪机摆动式,这种枪机是由马蒂尼步枪衍生而来的。尽管这样的结构明显很复杂,零部件也多,而枪弹的装填路线是走曲线的,看起来很容易出问题,但是事实上麦德森生产质量很高,工作起来也相当可靠,故障率很低。射击时枪管后坐,使受弹器旋转,将枪弹左移至进弹口,再由推弹杆推入弹膛。退壳机构为拨壳式,枪管后退使拨壳挺下端与机匣退壳面相撞产生回转,上端将弹壳从膛内拨出,并从下方滑出枪外。其枪管和枪机在运动中始终保持连接,但运动方向不一致。由机匣导板上的曲线槽控制枪机上下摆动,完成开闭锁动作。

木质枪托连接在机匣尾部,折叠式两脚架安装在准星后面的枪管护套上。有些型号上还在机匣前方的枪管护套上加装折叠提把。可选的配件中还有一种后脚架,使用时装在枪托底部。

基本参数	
制造商	麦德森公司
口径	6.5 毫米
全长	1 143 毫米
枪管长	584 毫米
空枪重量	9.07 千克
射速	450 发/分
弹容量	30 发

波兰 UKM-2000/UKM-2013 通用机枪

1999 年，波兰加入了北约组织，因此军队需要使用北约制式弹药，于是便把苏联的 PKM 改造成了可以发射北约制式弹药的 UKM-2000 通用机枪。

性能解析

波兰在 UKM-2000 通用机枪的基础上，推出了它的改进版 UKM-2013 通用机枪，于 2012 年 9 月在波兰国际国防工业展开首次公开。与前者相比，UKM-2013 通用机枪内部变化不大，主要是外观上的改变，其实就是换上新的折叠和伸缩枪托，在前托整合皮卡汀尼导轨。

除标准枪管外，UKM-2013 通用机枪还增加了 1 种 440 毫米长的短枪管作为选配，此外，将钢质弹链箱改为软质弹链袋。

基本参数	
制造商	Zaklady Mechaniczne Tarnów
口径	7.62 毫米
全长	1 203 毫米
枪管长	547 毫米
空枪重量	8.4 千克
射速	600~700 发/分
弹容量	100/200 发

西班牙阿梅利轻机枪

阿梅利轻机枪的外形特点是准星呈倒V形,装在凸出的底座上,也可将准星座扳倒,紧贴护木,表尺安装在提把后固定座上。该枪还带有夜视瞄准具,配用美国M193或北约SS109弹药。另外,该枪既可配装两脚架,也可配装三脚架,目前,仍在生产并装备西班牙陆军。

性能解析

阿梅利轻机枪采用半自由枪机式工作原理,闭锁机构为滚柱闭锁式,由可散弹链供弹。机匣由可分开的2块冲压钢板组成,以便容易拆卸连接枪管和活动枪机的锻造枪管节套。机匣前部既可作为枪管护套又可作为护木使用,后部装有活动部件、复进机和缓冲器组件,以及供弹槽、小握把、增强塑料枪托和容纳供弹机构的护盖。所有这些部件均由对穿销钉固定。

阿梅利轻机枪枪管前部装有消焰器、定心环和嵌入枪管节套前槽内的2个凸笋。枪机上装有1个带推杆的退壳挺,它穿过枪机框并承受复进簧导杆的冲力,因此,只有在枪机开启时,退壳挺才伸进弹底窝,从抓壳钩上推出弹壳。

基本参数	
口径	5.56 毫米
全长	970 毫米
枪管长	400 毫米
空枪重量	5.2 千克
最大射程	1 650 米
射速	800~1 200 发/分
弹容量	100/200 发

意大利布瑞达 Mod.30 轻机枪

二战期间的机枪或以火力强大闻名，或以性能可靠闻名，而 Mod.30 轻机枪出名靠的是"丑陋"的外貌。该枪枪身到处是坑坑洞洞，与德军优雅的 MG42 通用机枪相比简直是天壤之别，就连老掉牙的布伦式机枪都比它"英俊"。

该枪没有设计提把，携带行走时，得用手抓着枪握把和折叠双脚架，还要担心凸起的地方钩到衣服和其他装备，这些对于枪手来说苦不堪言。此外，该枪枪托和扳机组仿佛是用夹子向后接合在机箱的末端，如果要清理它的话，必定是极其困难，要是这项工作是在沙漠里进行可就更令人畏惧了。

如果一定要找出该枪"出彩"的地方，可能就是它的操作系统。该枪采用反冲式操作系统，虽然这个系统有时会出现动力不足的问题，导致无法把弹壳抛出，但解决的方法很简单，就是子弹进膛时在弹壳上涂抹一层油即可。

基本参数	
制造商	布瑞达公司
口径	6.5 毫米
全长	1 230 毫米
枪管长	450 毫米
空枪重量	10.6 千克
有效射程	800 米
射速	475 发/分
弹容量	20 发

南非 SS77 通用机枪

SS77 通用机枪由南非利特尔顿工程公司于 1977 年研制,是根据苏联的 PKM 机枪改进而来,于 1986 年装备南非国防军。虽然该枪知名度不如同时代的其他机枪,但大部分轻武器专家认为它是最好的通用机枪之一。

性能解析

该枪结构简单,活动部件数量不多,只有活塞、枪机框、枪机和复进簧。供弹装置位于机匣盖里面,采用常规双程供弹方式。它的扳机设计有旋钮式手动保险,位于手指可及处,即使在伸手不见五指的黑夜,也可方便地检查武器的保险情况。

在该枪的右侧,装填拉柄和活动机件分开的,其上裹有尼龙衬套。枪管结构和比利时的 MAG 机枪相似,气体调节器安装在导气箍上。此外,枪管后半部外部有纵槽,既可减轻枪管重量,又可增加枪管的散热面积。

基本参数	
制造商	利特尔顿工程公司
口径	7.62 毫米
全长	1 155 毫米
枪管长	550 毫米
空枪重量	9.6 千克
有效射程	1 800 米
射速	600~900 发 / 分
供弹方式	M13 弹链

韩国大宇 K3 轻机枪

K3 轻机枪是由韩国大宇集团研发生产的,该枪是韩国继 K1A 卡宾枪和 K2 突击步枪之后开发的第三种国产枪械,设计理念借鉴了 FN Minimi 轻机枪。

性能解析

该枪只能进行连发发射,因此发射机构十分简单,由扳机、阻铁和横闩式保险组成。与 FN Minimi 轻机枪一样,K3 轻机枪扳机底端开有 1 个圆孔,该圆孔上可以加装冬季用扳机,以方便冬天戴手套时扣动扳机。

2007 年,K3 轻机枪同众多名枪参加了菲律宾轻机枪竞标,最初菲律宾军方决定采用 FN Minimi 轻机枪。但不久菲律宾军方被亚洲武器生产商猛烈批评,说菲律宾偏袒西方枪械公司。在舆论的压力下,最终,菲律宾军方向韩国购买了 2 000 挺 K3 轻机枪。

基本参数	
制造商	大宇集团
口径	5.56 毫米
全长	1 030 毫米
枪管长	533 毫米
空枪重量	6.85 千克
有效射程	600~800 米
射速	900 发 / 分
弹容量	200 发

与 FN Minimi 轻机枪一样,该枪采用导气式自动原理,枪机旋转式自动方式。由于该枪采用枪管和枪机直接闭锁的方式,因此对机匣强度的要求不高,有利于整体的轻量化。该枪可配用 2 种供弹具:一种是弹链,采用这种供弹方式时,可将容纳 200 发枪弹的弹链装入挂在机匣下方的弹链包内使用;另一种是采用北约标准的 30 发弹匣供弹。当然,该枪也可以采用大宇公司自行设计的 K1、K2 步枪的弹匣。为了兼顾使用装于机匣顶部的弹链及插于机匣左侧的弹匣,K3 轻机枪的枪机前端面必须有 2 个不同的推弹面,另外,枪机上还要安装抽壳钩,因此其采用外形差别较大且不对称的 5 个闭锁凸笋。

南斯拉夫 M72 轻机枪

M72 轻机枪是由扎斯塔瓦武器公司生产的，装备于南斯拉夫武装部队。该枪也可用作装甲车辆和对空支援武器，可对付 800 米内的地面目标和 500 米内的空中目标。

M72 轻机枪采用导气式工作原理，枪机回转闭锁机构。在活塞筒下的枪管部分有螺纹式的散热片，以利于枪管散热。快慢机选择装置在枪机右边的扳机护圈上方，可以选择半自动射击或全自动射击。M72 轻机枪还配有可与普通弹匣槽配合的 75 发弹鼓，该弹鼓装满枪弹时质量为 2.175 千克。两种枪的瞄准装置均由准星和表尺组成，准星为圆柱形；表尺为板式，带有 V 形缺口照门，刻度为 100~1 000 米，每分划间隔为 100 米。

基本参数	
制造商	扎斯塔瓦武器公司
口径	7.62 毫米
全长	1 025 毫米
枪管长	540 毫米
空枪重量	5 千克
有效射程	800 米
射速	600 发 / 分
弹容量	30/ 75 发

参考文献

[1]《兵典丛书》编写组. 枪械——经典名枪的战事传奇 [M]. 哈尔滨：哈尔滨出版社，2011.

[2] 理查德·约翰逊 安德鲁·怀特. 简氏枪械鉴赏指南（典藏版）[M]. 北京：人民邮电出版社，2012.

[3] 莱茵. 机枪史话（图文珍藏版）[M]. 上海：东方出版社，2011.

[4] 秋林. 重机枪 2 [M]. 北京：北京理工大学出版社，2011.

[5] 福特. 冲锋枪和机枪 [M]. 北京：中国市场出版社，2012.